江苏特色小镇
历史文化保护与发展研究

赵茂锦　著

吉林出版集团股份有限公司

图书在版编目（CIP）数据

江苏特色小镇历史文化保护与发展研究 / 赵茂锦著
. -- 长春：吉林出版集团股份有限公司，2020.10
ISBN 978-7-5581-9252-4

Ⅰ．①江… Ⅱ．①赵… Ⅲ．①小城镇－城市建设－研
究－江苏 Ⅳ．①F299.275.3

中国版本图书馆CIP数据核字(2020)第191021号

书　名	:江苏特色小镇历史文化保护与发展研究

作　者/赵茂锦 著

责任编辑/蔡宏浩

责任校对/朱进

封面设计/海图航轩

开　本/787mm×1092mm　1/16

字　数/250千字

印　张/17.5

版　次/2020年10月第 1 版

印　次/2021年1月第 1 次印刷

出　版/吉林出版集团股份有限公司（长春市人民大街4646号）

发　行/吉林音像出版社有限责任公司

地　址/长春市福祉大路5788号

电　话/0431-81629674

印　刷/长春市博美图文印业有限公司

ISBN　978-7-5581-9252-4　　　　　　　　定　价：78.00元

前　言

习近平总书记多次强调，走向生态文明新时代，建设美丽中国，是实现中华民族伟大复兴的中国梦的重要内容。因此，在特色小镇、小城镇发展进程中，一定要深刻领会习近平总书记的重要指示精神，牢固树立以人为本的新型城镇化理念。

江苏高度重视特色村镇的创建，全省各地都在如火如荼地进行各类特色村镇的评选、培育计划制定、远景规划等工作。江苏自然资源丰富，历史文化悠久，产业特色突出，经济实力强劲，而且村镇建设起步较早，基础扎实，成效显著，在特色村镇建设中具有诸多优势。但特色村镇建设毕竟还是一个全新的概念，在实际操作中难免出现建设误区。如何对江苏特色村镇进行准确定义和定位，如何健康培育和建设，都是亟待解决的现实问题。

特色小镇是相对独立于城市地区，具有明确产业定位、文化内涵、旅游功能、社区特征的空间发展载体。是实现生产、生活、生态融合的未来城市发展方向，试图用最小的空间达到资源的最优布局。这与上述的经典思想非常相符，也与新兴城镇化的方向一致。随着城镇化的深入，大城市病愈加严重，农村经济乏力，如何通过特色小镇建设实现城乡一体化并解决大城市病和促进乡村发展，是我国实现新型城镇化的具体实践探索。

特色小镇发展发展过程中也出现了一些这样或那样的问题,值得高度警惕,例如借助特色小镇建设之名行房地产开发之实;缺乏有效产业支撑,单纯集中居民区建设;巨资打造人造景观园区,进行旅游开发活动;行政摊派任务,赶工政绩工程;盲目引进工业产业,严重污染环境;等等。诸如此类,都是应当认真思索和避免的。一方水土养一方人,村镇之所以形成特色,在于它独特的自然环境、历史传承和文化积累,当然也有建构在此基础上的创新。特色村镇建设的过程中,要充分发挥市场在资源配置中的作用,通过激活主体、激活要素、激活市场,促进特色村镇的发展,这也需要一系列制度与机制的创新来支持,如相关法律、产权制度、融资渠道、人才支持、共享经济等等。总之,作为乡村振兴的重要平台和有效途径,特色村镇建设有很大的发展空间,但这一建设也是一项长期的历史任务,要科学规划、注重质量、从容建设,不追求速度,更不能刮风搞运动,而应咬定目标,久久为功,通过特色村镇建设,推进乡村振兴战略的发展。

2017年江苏高校哲学社会科学研究基金项目"乡村·记忆·形态"——江苏特色小镇历史文化保护与发展研究"(2017SJB1432)苏州农业职业技术学院科技培育项目基金资助"主体认知视角下乡村聚落营建的策略和方法"(PY2001)

苏州农业职业技术学院

赵茂锦　著

目 录

第一章 中国特色小镇建设的现状

第一节 中国特色小镇概述

一、特色小镇及其类型划分

(一) 特色小镇概述

1.何为特色小镇。特色小镇是相对独立于城市地区,具有明确产业定位、文化内涵、旅游功能和社区特征的发展空间载体,是实现生产、生活、生态融合的未来城市发展方向。它既有特色产业,又是一个宜居宜业的大社区;既有现代化的办公环境,又有宜人的自然生态环境、丰富的人性化交流空间和高品质的公共服务设施。它是地区发展过程中具有某类特色元素的聚集区(或居民点),试图用最小的空间资源达到生产力的最优化布局;是一个"产、城、人、文"四位一体、有机结合的功能平台,也是融合产业功能、文化功能、旅游功能和社区功能的城镇地区。在这样的地区,产业是支柱,文化是内核,旅游是生活,社区是归属。

特色小城镇在管理方面是指以建制镇的行政区划单元为基础,进行新型城镇化探索的一种特殊的空间。一般来说,特色小镇是小城镇的核心聚集区,小城镇的其他地区是特色小镇的腹地。城镇化的具体实施进程是以特色小镇为起点,逐步向外推进,最终促使整个建制镇地区实现美丽小城镇的发展目标。

(1)特色小镇与行政建制镇:特色小镇是指在特定空间上形成的聚集区(或聚集点),其产业(产品或服务)在一定地区范围内有很高的知名度,居民生活和社区组织有自身独特的运行体系。其发展依赖的资源基于本地,资本却可以来自区外的任何一个地方;区位条件基于本地,服务可以远至区外;居民包括本地居民与游客,以及生产者和投资者。政府通过培育特色小镇,集聚人才、技术和资本等生产要素,推进产业集聚、产业创新和产业升级,实现"小空间大集聚、小平台大产业、小载体大创新",从而形成新的经济增长点。

一般来说,城镇的发展主要通过城镇化过程实现,是一个相对自然和自发的过程。但由于各国的政治体制和管理制度不同,在引导城镇发展过程中,政府与市场关系有诸多差异。因此,特色小镇既可以是地区居民自发行动,共同朝着一个目标努力而形成的具有他们自由意愿的特色城镇,也可以是在政府主导下有意识、有目标、有计划地推动的城镇化进程。前者主要在欧美国家基层民主基础上进行,我国的"特色小镇"建设无疑更接近后一种情形。

国外的建制镇是根据人口在特定空间的密集程度而设立的,只要人口在这个空间共同居住、使用和享受相似的公共服务,这个地方就可以设立为镇。如果一个建制镇的产业和服务业以及其运行体系具有上述特色小镇的融合性和独特性特征,那么它就是一个特色小镇。因而,一个特色小镇就是一个建制镇。例如,由位于美国加州纳帕谷地一带的各种酒庄形成的纳帕小镇群、瑞士格劳宾登州的达沃斯镇和美国康涅狄格州的格林威治镇。它们本身就是建制镇,而且其管理机构也与任何规模的城市平级,同属于地方政府。

我国城镇的行政体系包括了直辖市、副省级城市、地级城市、县级城市、建制镇五个级别。建制镇又分县城所在地和独立镇,仅是最低一级的行政区划单元,而不是真正意义上的聚集区;而特色小镇却是建制镇或城市行政区的核心聚集区。因此,特色小镇地处城市的行政区或乡村(县)的行政区,可以是城市行政区范围内相对独立的区块或街区,也可以是城市郊区某个区(县)的乡镇内的聚集区,还可以是边远农村乡镇内的聚集中心;可以是一个村落、一个园区的核心部分,也可以是一个独立性的特殊地区,其部分城市功能可以与所在的行政中心共享。特色小镇仅是建制镇内的一个特殊聚集中心,核心区规模一般是3~5平方公里,周边区域也大致在10平方公里范围内。其中,发达地区的特色小镇人口可以为3万~5万人,总人口不超过10万人;而多数发达地区的建制镇人口都超过了10万,面积也远大于10平方公里。因此,其核心区面积和人口都小于一个建制镇,往往属于乡镇所在地的一个特殊空间范围,这个特殊区域是该行政镇的中心地区或具有特色文化、特色产业、特色服务业、特色景点的一个聚集中心。但是由于我国经济社会等各种管理以及生产单位和社会单元都是以行政区划进行的,特色小镇虽然与行政建制镇不完全重合,但却是以建制镇为单元实施管理和建设的,因而各种经济和社会行为往往需要落实在建制镇的行政级别上,尤其是政府的管理行为。

本次新一轮的特色小镇非行政概念,不是行政区划单元的建制镇,也不是产业园区,更不是工业生产和旅游区等产业功能区或产业园、旅游景点和文化设施的叠加,而是具有明确产业定位、文化内涵、旅游资源和一定社会功能的聚集发展平台,是产业发展载体,是同业企业协同创新、合作共赢的企业社区,是企业为主体、市场化运作、空间边界明确的创新创业空间。例如,浙江杭州市西湖区云栖小镇是因阿里云开发者和云栖大会在此召开而形成的,以云计算为核心、云计算大数据和智能硬件产业为特点的特殊聚集中心;美妆小镇位于浙江省湖州市吴兴区埭溪镇的化妆品生产基地,是一个围绕着化妆品的全产业链,包含设计、研发、生产、包装等环节的核心聚集区,随着各种项目的扩建和完善,其范围逐渐向全镇扩大;一些以自然风景和文物古迹旅游而形成的小镇其核心地区也仅是景点及其周围部分区域,而不是建制镇。

(2)特色小镇的缘起:特色小镇2015—2016年成为国家层面和地方层面以及学界关注的热点,其实由来已久。古代的人口和商业聚集中心本身就是特色小镇。这是因为古代小镇都体现了当地民俗和生活风格,是地方产业、商业和文化的中心,从今天的角度来看,过去的城池基本都可以称为特色小镇。真正与城市发展结合,是从建国之初对梁陈方案(建筑学家梁思成和陈占祥为保护北京古城而提出的《关于中央人民政府行政中心区位置的建议》)的争论开始,后来在城市规划界也一直存在城市历史建筑保护方面的不同观点。真正探索城市经济和社会发展的特色小镇,始自20世纪80年代费孝通先生的《小城镇,大问题》报告。于是自20世纪90年代开始,学界和地方政府开始了对城市特色的认识,包括文化特色、民族特色、古镇特色、产业特色、空间特色等全方位的内容。产业界使用特色小镇主要指房地产开发中的特色小区建设和文化旅游业发展。真正作为政府指导工作的文件最早始于1996年中共昆山市委、市政府的小城镇建设经验。随后,尤其是"十二五"期间,各地政府分别在生态城市建设和小城镇建设等方面不断提到各具特色的小城镇。但是以上内容主要以建制镇的行政边界为基础,来讨论城镇化进程中最低级别行政区的发展。例如,北京市于2011年设立100亿元的小城镇发展基金,引导42个特色小城镇建设;天津市在"十二五"期间重点建设了周边50个小镇;黑龙江省首先在哈尔滨市开始了六类21个特色小城镇建设;同期云南省安排专项资金重点扶持和鼓励社会投资参与包括现代农业型、旅游型、商贸型和边境口岸型四类210个特色小城镇建设;江西省以南昌市为开端,分批分期建设包括历史文化名镇、旅游休闲名镇和都市现代农业休闲观光名镇三类17个不同类型的特色小城镇;安徽省的目标是力争打造200个特色小城镇。事实上,这些城镇在经过五年建设后多数成了著名的旅游城镇和全国的重点镇。真正突破行政界限而探索其聚集功能的始自浙江省为解决"块状"经济出现的缺乏创新、产业低端、资源利用粗放等问题带来的后续发展乏力而提出的,代表了新型城镇化改革方向的特色小镇。因此,从其发展脉络来看,特色小镇实则是我国重点镇的延续,只是强调的内容、空间界定和功能以及作用,随着新时期城镇化的需要而发生了一些改变。

浙江省原省长、现任中共江苏省委书记李强于2014年10月在杭州西湖云栖小镇举行的首场阿里云开发者大会上首次提出"特色小镇"的概念,之后浙江省的研究机构开始了对特色小镇的集中研究;2015年1月"加快规划建设一批特色小镇"被列入浙江省政府2015年重点工作,并成为2015年1月浙江省十二届人大三次会议通过的《政府工作报告》中的一个关键词;同年4月22日浙江省政府公布的《关于加快特色小镇规划建设的指导意见》明确了特色小镇的定位和要求,将100个特色小镇建设作为推动全省经济转型升级和城乡统筹发展,贯彻国家新型城镇化和产城融合发展战略做出的重大决策。2016年6月1日浙江公布第一批列入省级创建名单的37个特色小镇,6月24日浙江省特色小镇规划建设工作现场推进会召开,标志着浙江省特色小镇正式步入实施阶段,浙江继而成为我国首个发起和实施特色小镇的省份。截止到2016年底,浙江省首批37个特色小镇中约三分之一已初具规模。如杭州西湖云栖小镇,依托阿里巴巴、富士康等优势平台资源,集聚各类涉云企业近300家,涵盖APP开发、互联网金融、数据挖掘等多个领域;宁波市江北动力小镇,以高端海洋工程动力装备制造业为主导产业,发展新材料、机电与电子、信息与控制、新能源等上下游配套产业,打造了国内一流的高端海洋工程动力装备制造业;杭州市龙坞茶镇,以"龙井茶文化产业"为主导,集乡村旅游与民宿体验、文创产业及文化商业、运动休闲产业、养生健身产业于一体,成为全国最大的西湖龙井茶集散地和最具茶文化竞争力的特色小镇之一。

为贯彻党中央、国务院关于推进特色小镇、小城镇建设的精神,贯彻落实《国民经济和社会发展第十三个五年规划纲要》中关于加快发展特色镇的要求,2016年《国务院关于深入推进新型城镇化建设的若干意见》中明确指出要加快培育中小城市和特色小城镇。国家发展改革委、住建部、财政部三部委对全国各地推荐特色小镇提出了明确要求,计划到2020年培育1000个各具特色的小镇,引领带动全国小城镇建设,不断提高建设水平和发展质量。2016年10月13日,住建部公布中国特色小镇第一批名单。

与此同时,2016年,各地相继将特色小镇建设作为新型城镇化的主要工作,纷纷推出重大举措,推动特色小镇建设。河北省委河北省人民政府出台《关于建设特色小镇的指导意见》,计划每个小镇投资20亿元,力争通过3年至5年的努力,培育建设100个产业特色鲜明、人文气息浓厚、生态环境优美、多功能叠加融合、体制机制灵活的特色小镇。北京设立100亿元的小城镇发展基金,该基金主要由市政府、国开金融公司以及其他央企、京企、民企、社保基金、海外资金等共同出资。北京市政府分两个阶段,力争10年把42个重点小城镇打造成旅游休闲、商务会议、园区经济等五类特色小镇。山东省推出创建特色小镇实施方案,计划投资6亿元,到2020年创建100个左右产业上"特而强"、机制上"新而活"、功能上"聚而合"、形态上"精而美"的特色小镇,这些小镇将成为创新创业高地、产业投资注地、休闲养生福地、观光旅游胜地,打造区域经济新的增长值。安徽省住房和城乡建设厅、安徽省发展改革委员会、安徽省财政厅三部门发文要求加强特色风貌的设计和建设,培育特色小镇。福建省人民政府《关于开展特色小镇规划建设的指导意见》中,要求在特色为本、产业为根、精致宜居、双创载体、项目带动、企业主体的基础上,通过提供要素保障、资金支持、人才扶持、改革创新等途径,创建一批特色小镇。甘肃省政府在《关于推进特色小镇建设的指导意见》中,通过四个阶段,建设18个绿色低碳、生态良好、风貌优美、功能完善、产业集聚、特色鲜明、机制高效、体制创新的特色小镇。广州市将通过《广州市美丽乡村建设三年行动计划》,建设一批产业特色鲜明、人文气息浓厚、生态环境优美的特色小镇;争取2020年前建成30个以上特色鲜明、产城融合、惠及群众的特色小镇。贵州省从2015年开始,以改革为动力、以项目为载体、以产业为支撑、以绿色为亮点,全力打造以城乡统筹的融合点为核心的示范小城镇,目前45个小镇已被列入全国宜居小镇名单。江苏省政府在《关于进一步加强城市规划建设管理工作的实施意见》中,强调实施特色小镇培育与小城镇建设整治行动,推动小城镇多元特色发展。四川省将以深化"百镇建设行动"为主线,培育创建省级特色小镇。天津市制定了特色小镇规划建设工作推动方案,到2020年将创建10个市级实力小镇、20个市级特色小镇,在现代产业、民俗文化、生态旅游、商业贸易、自主创新等方面竞相展现各地特色,建设成"一镇一韵"、"一镇一品"、"一镇一特色"的花园小镇、实力小镇和特色小镇。可见,特色小镇已经成为各级政府关注和建设的重点,也成为新的经济增长点和新型城镇化的实验基地。

2.特色小镇的特征。特色小镇不同于过去的政策区,它必须有突出的发展主题,需要运用各种政策工具对符合这个主题的资源和要素进行空间重组,是对新型城镇化道路进行探索的实验区,贯穿着创新、协调、绿色、开放、共享五大发展理念在基层的探索与实践,体现着个性化、主题化、文化创意特色化的地方发展道路。从内涵特征来看，体现着产业"特而强"、功能"聚而合"、形态"精而美"、机制"新而活"的特征。

（1）产业发展环境为核心：与以往画地为界的小镇建设不同，特色小镇的核心是产业。按照产业发展的空间规律，产业的竞争力主要是基于地区比较优势，将产业链以及相关服务机构和服务行业在一个具有相对比较优势的地区进行整合，充分利用各种渠道来筹集设备和技术，通过特殊的自然、人文以及公共服务环境，吸引人才、整合资源。在产业集群化的基础上，进一步将专业化资产变为通用资产，提高可交易性。与此同时，强化产业集群网络，形成产业链中特殊环节的资源整合价值，并强调这个特殊环节的横向扩展而非纵向延伸或规模扩大。因此，特色小镇的产业竞争力提升，需要以企业为主体，通过聚集效应实现资源整合、项目组合和产城融合，打造文化培育、社区建设等平台。这个平台通过为企业提供创业创新环境，所需办公场所及必要的公共重大装备、实验室、图书馆，以及为从业人员提供舒适、惬意的休闲和人居环境，降低企业成本和提高劳动生产率；同时，采用空间规划和服务引导等措施，如改善交通、鼓励商业和商务等多项城市服务业，使各种优质要素在小镇聚集；并通过城镇的聚集功能，支持企业、社会组织、从业者等人员充分参与生产和建设，使之成为同业企业协同创新、合作共赢的企业社区，以及以企业为主体、市场化运作、空间边界明确的创新创业空间。因此，以产业为核心是特色小镇的重要基础，是良好的产业生态系统，是嵌入特定区域及其历史人文背景下的"产业生态位"。这些产业聚集形成的区位共生特征，也是特色小镇核心竞争力得以持续提升的关键，而不是以往产业园区开发模式中，企业仅在特定空间的地理集中。

（2）位置和空间优化：特色小镇是一个对地理区位非常敏感的特殊空间聚集体，不但需要这个空间内部有符合条件的资源和要素，还需要周边的相邻空间或更大尺度的地区范围内有资源和要素的相互联系与配合，因此，需要进行位置选择。当然，不同类型的小镇对区位条件和要素的要求存在差异。

在位置选择上,城市和乡村地区都可以出现特色小镇。在城市地区的特色小镇主要位于中心城市外围地区,与中心城市有一定绿地或农村隔离,呈相对独立的空间,以便远离外界干扰,保持一定的私密性与安全性;同时,交通方便,尤其是与中心城市可达性好,可以实现与高端接轨。因此,特色小镇往往在城乡接合部或大城市腹地,而不是在远离城市的偏远之地。另外,这样的选址和规模,有利于承接政府绿色发展财政补贴,贯彻和实施节能减排措施,为环境友好型发展提供经验。虽然有些村镇具有特色产业基础,且有产业转型升级的集聚效应,但在交通、信息等方面较落后,也不宜进行特色小镇建设。

在边远落后地区或乡村,特色小镇往往选择在区位条件好(比如交通发达可以使小镇与外界的经济中心紧密连接)、自然资源丰富、人文底蕴深厚、有发展潜力的地区,如云南斗南花卉城、贵州茅台镇等。现有的西部地区和一些落后地区简单的地区特色经济带,可以是特色小镇成长的基础,但尚不具备交通和发展潜力等主要条件。

特色小镇的空间特征不同于大城市的新城建设和园区建设,是独立行政单元内的特殊区域。特色小镇作为重点发展地区的核心聚集区,在空间布局上要集中连片,规划面积一般控制在3平方公里左右,建设面积控制在1平方公里左右,其中建设面积不能超出规划面积的50%。外形设计上要从小镇功能定位出发,强化建筑风格的个性特点,并把视角从建筑单体转移到整个城镇,从建筑和城镇设计的各个细节上,系统规划品牌打造、市场营销和形象塑造,让传统与现代、历史与时尚、自然与人文完美结合,把新的和旧的、现代的和传统的、地方的和世界的、私人的和公众的都包容进去,寻求把过去的与未来的统一在现在之中,并产生对话。总之,小镇的城市设计代表着未来城市的形态之美,是一个将独特的自然风光之美、错落的空间结构之美、多元的功能融合之美和深厚积淀的历史人文之美有机结合的整体空间。

另外,特色小镇作为特色小城镇行政单元内的一部分,是能代表这个建制镇经济特色和文化聚集力的聚集核心,其外围有一定的腹地,这个腹地可以是所在的建制镇,也可以是周围相邻行政单元区域。这个聚集小镇不仅是指规划中的连片区域,它还需要与周围腹地一起共同组成一个城镇与腹地在经济上相互融合、产业上相互衔接、景观上相互协调、文化上相统一的共同体,能成为既能代表当地特色,又能辐射和影响当地发展的核心地区,成为"核心—腹地"双层结构(如图1-1所示)。

图1-1 特色小镇空间的双重结构

图1-1显示,特色小镇尽管是指聚集核心区,但其发展却离不开腹地,没有腹地就不会有聚集中心;同时,有什么样的腹地,就有什么样的小镇。这种双层结构反映了作为聚集中心的小镇核心与腹地是一种经济共同体关系,而不是经济上孤立、产业上割裂、文化上隔离、景观上突兀于周围腹地的特殊地区。如浙江黄岩模具小镇是在黄岩地区模具产业集群发展起来的,小镇范围内有模具工业企业、研发中心、民宿、超市、银行、主题公园等多种业态,产业功能完备、设施齐全,呈现出五脏俱全的城镇功能。杭州梦想小镇采取有核心、无边界的建设理念,通过修筑绿网、水网、路网等设施,在街区之间,以及街区与小镇外围地区之间建立了网络状联系,使仓前地区新老空间得到了统一。

从空间形态来看,由于受地区发展程度、地形等自然条件所限,聚集区既有单核结构,也有多核结构,多个核心聚集区就成为特色小镇群。

一般来说,腹地规模较小的小镇往往呈单核;腹地规模大,涉及多个行政单元的呈多核分布。如美国旧金山北部的纳帕谷是由分布在该谷地的数个村庄以酿酒为特长而形成的数十个特色酒庄小镇群;旧金山南部的硅谷则是由35个创新小城镇群组成；云南临沧鲁史镇则由于地形所限，小镇呈小镇群镶嵌在周围山沟之中。从对外竞争力来看，多核特色小镇群远胜过单核特色小镇。四川西部甘孜藏族自治州内的理塘、康定、亚丁、稻城、色达，以及云南的香格里拉，均处于青藏高原西缘，景色宜人、藏寨风格独特，但景观和地域特征相似，以旅游为开端基本形成了旅游型特色小镇群的雏形。贵州省黄平县的旧州镇在打造文化生态旅游古镇时，采用了"1+N"镇村联动发展模式，建成了珠串型小镇，以安顺中心城区的屯堡大道为主线，改造提升区内路网和对外通道，把周边的双堡、七眼桥、大西桥和刘官、黄腊等乡镇串联起来，形成具有辐射带动作用的城镇集群并构建了"以镇带村、以村促镇、镇村融合"的联动发展模式。河北省馆陶县，以县城为中心，依托已建成的特色小镇，试点推进"一镇三社区"的万人粮画小镇，"一镇四社区"的羊洋花木小镇、黄瓜小镇、"八村联建"的黄梨小镇。这些小镇全部以本地农产品为主，带动了周边村镇，实现了"共扬小镇文化、共创主导产业、共享基础服务"，形成了多区联动的城乡一体化发展新格局。

需要注意的是，这类小镇群需要统一行动，龙头企业或政府联手对资源进行整合，否则一盘散沙各自为政，将导致粗放开发资源。

（3）功能复合性：特色小镇是集产业、创新、文化、旅游、社区和自然环境建设为一体的产城融合、人文与自然融合、创新与传统融合、生产与生活融合的包容性发展空间载体。其目的是推动新型城镇化，所以不但要有产业基础，还要有宜人的居住环境和完善的城市服务，只有这样才能吸引人才居住，并带动企业成长和创新创业。特色小镇与产业园区、产业集群、观光小镇既有联系，又有明显区别，它突破了纯粹的行政区划与园区空间限制，可以在不受行政范围限制和不受园区政策限制的条件下，仅针对市场形成的聚集区和产业生态系统，将传统产业与现代产业以及信息化高度融合，如淘宝镇等。特色小镇是生产与生活的有机融合，是本地居民与外来人口的良性互动，集产业培育功能、生态居住功能和旅游度假功能为一体，是"产、城、人、文"四位一体的新型社区，更是一个多功能复合的创新空间。在其初期阶段，功能较为单一,但是经过各种要素的配合与产业的融合,成熟阶段的特色小镇可以实现多功能融合,如目前很多以特色产业为特征的小镇都已经兼具了旅游特征。

(4)历史传承性:作为城镇化的示范地区,特色小镇的首要任务是保持该地居民和村镇发展的历史传承性。小镇需要建立在一定的历史积淀和丰厚的文化底蕴基础之上,只有充分发挥各个地区、各种文化、各类人群的多样性和他们各自的特性,才能体现其特色,而不是复制或臆造出与本地无关或没有继承性的“特色”。此外,特色小镇还需要充分利用历史资源增强企业与镇民的文化认同感和心灵归属感,也可以使所在企业增值;将地方文化融入特色小镇建设中。尤其是,在历史传承性方面,特色小镇应努力保留原有生活形态和“一方水土养一方人”的居民生活和生产方式,充分体现当地“天人合一”的思想,并通过判断认识历史遗产的有形和无形价值上,实现各种历史资源的区域综合价值,而不是停留在单一文物古迹和景点的旅游价值上。只有充分建立在地方发展演化轨迹上的小镇,才能使特色具有地域根植性。

(5)居民多样性:小镇中的常住人员主要包括生产过程中的从业人员。尽管有些创新小镇以高智力者、高技能者为主,但也离不开当地居民的广泛参与,以及在借用外界资本和资源过程中的投资者,另外还有各地的游客等。因此,特色小镇居民具有来源复杂、文化多元化、需求多样性等特点。特色小镇有着区别于城市的标示性风格,企业和镇民会因此而自豪和珍惜小镇。作为地域性社会生活共同体的社区和多元化人口工作生活栖息的舞台和家园,小镇建设时刻要以多样性的人本需求为目标,强化各种人群的地域认同感和文化认知感,朝着生活舒适、更有质量和更人性化的方向努力,形成一个自然融合而成、独具个性的生活形态,而不应该仅以游客为中心,忽视当地居民生活和生产发展。比如,有一些旅游小镇为了建设古镇和开发古镇旅游项目,将原有居民赶出核心区,然后重新修建古镇。

(6)治理创新性:特色小镇是一个超越综合配套改革实验区的特殊区域,需要在基层治理上进行创新实验,并将成为我国城镇化改革的突破口。加之,目前我国的基层政府管理薄弱,自治水平低,现有的专业小镇、产业园区、中心镇的管理基本为政府主导型,居民特别是外来创业者和从业者参与镇区管理的机制与渠道多不健全。国际经验表明,社区自治水平的高低在很大程度上将决定特色小镇能否成功及其可望达到的成功水平。因此,特色小镇需要建立一套自由运行的社区体系,探索一种日常管理与服务事务由镇民选举的自治性组织负责,镇政府或管委会则主要负责行政管理和外围环境配套,增强社区自治与自我服务能力。以共同治理为理念,转换政府的角色关系,成为平衡利益关系的调节者而不是矛盾的制造者。使作为"经济发展之主体"的企业和作为美好环境和生活创造者的居民,都成为生活共同体的利益维护者,共同创造良好的氛围。在此基础上,探索以PPP为框架的多元化的投融资和一揽子的城镇运营模式。

3.特色小镇的功能。在城市与乡村之间建设特色小镇,实现生产、生活和生态融合,是强化生产与生活功能配套,又实现自然环境美化的有效途径,是中国城镇化转型的具体措施,也符合现代都市人的生产和生活追求。因此,特色小镇在城镇化过程中,对于大城市和乡村,本土发展与外部力量,内发型与外向型发展方式,都承担着承上启下和内联外通的节点作用。

(1)大城市疏解功能:大城市病日益严重,导致大城市的各项事业发展都受到了限制。疏解大城市功能,使之向周边地区扩散正在成为我国大城市可持续发展的重要举措。但是,在经过了卫星城、产业开发区和新城建设等一系列疏散措施后,这些问题并未得到根本解决,反而使城市摊大饼的局面越演越烈。

在卫星城建设阶段,新的卫星城大都选在紧邻中心城市的周边一带,所以设有隔离带使卫星城保持相对独立的空间;另一方面,卫星城与中心城市仍然在同一个行政单元内,没有相对独立的公共服务体系,难以形成相对独立的聚集中心。如自20世纪50年代开始一直到90年代,北京市明确提出要在通州、亦庄、黄村、良乡、房山(含燕山)、长辛店、门城、沙河、昌平(含南口、捻头)、延庆、怀柔(含桥梓、庙城)、密云、平谷和顺义(含牛栏山、马坡)等远郊区建设14个卫星城。2001

年《北京市"十五"时期城市化发展规划》对北京市14个卫星城的功能定位及发展方向提出了具体要求,强调卫星城的发展要为分担市区功能和带动本地区经济社会发展服务,并选择了区位条件相对优越、经济发展基础较好的通州、昌平、亦庄、黄村、良乡、顺义6个卫星城进行重点开发建设。但由于没有明确的功能,不能有效吸引市区人口,以及卫星城发展过于滞后,交通等基础设施不完善,缺乏公共服务,这些卫星城并没有真正起到疏解城市功能的作用。

在城市新城建设过程中,我国70个大中城市中有34座已经、正在或计划搬迁;搬迁的距离也在逐渐拉大,2005年之前大都在10公里以内,之后大都超过了10公里。北京市2004年总体规划构想中的"两轴一两带一多中心"新城建设,更是分散中心城市功能的具体举措。但是,大城市病依然没有得到有效控制,除了上述卫星城没有成功的原因依然存在以外,主要还在于这些规划中的新区都没有摆脱行政单元的束缚,都设想在一个行政中心构建多个聚集中心。由于基础设施和公共服务是政府的主要职能,是实现城市聚集的先导条件,所以这些设想完全违背了以基础设施和公共服务为先导的城市聚集的基本规律。发达国家行政中心与聚集中心重合的经验说明,"一城一中心"原则是城市聚集形成和发展的基本原则,在行政资源强的中国,城镇化更应遵循这一原则。

特色小镇试图通过空间与大城市地区相对独立,并与行政单元有错位的聚集中心,为基层摆脱行政单元束缚、实行创新性的基层自治提供条件,为聚集中心脱离行政中心开启可以探索的窗口。通过这个特殊的聚集中心,特色小镇进行创新实验,可以更灵活地采用公私合作伙伴(Public-Private Partnership,PPP)模式建设基础设施和完善公共服务,以此来实现卫星城和新区不能实现的城市功能转移。

(2)小城镇升级功能:由前所述,我国城镇化的障碍之一就是乡镇发展滞后。小城镇发展薄弱一直是我国城镇化的短板,并且制约着城镇体系的发育和城镇化的整体进程,也成为大城市市民化程度低、城镇化质量不高的原因之一。除了长期以来的城乡分制以外,在一个地域多样性和地区差距巨大的环境下,全面提升乡镇地区发展能力在整体层面上收效甚微。特色小镇可以选择条件好的地区,借助外部资本和技术等力量,为企业提供创业创新环境,为居民提供舒适、惬意的休闲和人居环境,为地区发展提供交通等基础设施和公共服务,并依赖周边大城市的人流和信息资源,先于其他乡镇在环境友好、绿色发展、产城融合、聚集创新等方面得到发展,并探索出城镇化的创新经验。与此同时,与美丽乡村建设相结合,分别对自上而下和自下而上的发展道路进行取长补短,从地方发展角度推动城镇化,提升基层发展能力,补充城镇化过程中底层发展不足的短板。

(3)聚集创新功能:作为经济发展的新平台,特色小镇的目的是推进产业转型升级,而转型升级的基础是技术创新,技术创新的关键是人才。特色小镇需要在已有产业和生活方式基础上,建设宜人的居住环境,吸收科技人才与其他人才入住,通过内外部力量的结合,带动地方的创新与创业。中国台湾、韩国和日本等一些亚洲发达地区和国家在城镇化成熟后,很多乡村地区采用营造宜人环境和良好创新氛围,吸引年轻人回乡创业,并取得了显著成效。所以,特色小镇首先要发挥自然环境优势,建设相当于或好于大城市的人文环境,完善基础设施和公共服务,通过良好环境和自由的创新氛围,吸引人才、资本与企业;注重宜居、宜产与宜创的融合,为人才集聚、创新创业提供新的平台;通过城市人才与技术的植入,促进小镇产业的转型升级,使之成为我国经济可持续发展的新动能。

4.特色小镇的作用。特色小镇是通过要素的空间最优化配置,破解城镇化过程中大城市与小镇脱节、需求与供给脱节、发展与保护脱节、土地城镇化与人口城镇化和市民化脱节等难题。

(1)整合资源:随着城镇化进入成熟期,一些城市面临产业转型而进入衰退期,目前我国约有150座资源型城市面临产业转型。同时,很多城市已有的开发区(工业园区)、新区(新城)以及产业聚集区建设都因功能单一等原因而不同程度地存在资源浪费、土地扩张过快等问题,需要进行资源整合。但城市往往因为面积广、人口多、市场和行政事务复杂,部门协调难度大,资源整合工作尚无明确头绪。

特色小镇可以将产业发展、城市建设与管理等融为一体,通过专业的城市运营,建设城市运营商务平台,对城市进行修复,即城市空间修复、生态修复、产业升级修复。通过在特定地区重新审视已有的产业政策和土地开发政策,特色小镇将开发区和新区建设政策与经验融入地方发展实践中,选择合适的地点,以城市共同体的方式对这些政策进行空间整合,从而为新兴产业与传统产业对接、制造业与服务业对接、市场要素与政府服务对接、自然与人文对接、生产与生活对接、地方发展与外部资本对接、产业与人才对接、实业与商务服务对接、旅游开发与地方发展对接,提供平台和新的增长空间。

(2)增加有效供给:我国经济面临的巨大瓶颈是有效供给不足带来的产能过剩,供给侧改革的主要目标就是通过对劳动力、土地、资本和创新四大要素的提升,调整经济结构,使要素实现最优配置,从而提高经济增长的质量和数量。但是,由于传统产业规模小、风险大,或者项目分散、发展粗放、标准低,在接续新兴产业过程中,改造升级过程所需要的劳动力、土地、资本及创新要素难以得到满足。此外,缺少有能力的劳动力、充裕的资本和创新要素分布分散(即需求和供给存在空间错配),这都不利于进行供给侧改革。如浙江省有大量传统制造业,绍兴纺织、大唐袜业、嵊州领带、海宁皮革等都曾是浙江省的产业支柱,并名噪一时。但由于这些传统制造业仍停留在"块状"经济状态,缺乏创新、产业低端、资源利用粗放,一直未能从"微笑曲线"底端走出来,导致产业转型升级滞后于市场升级和消费升级,从而导致有效供给不足和消费需求外溢。

特色小镇可以选择最有基础、最有特色、最具潜力的主导产业,按照产业生态的竞争规律,在符合条件的地区,通过在产业链的某个优势环节构建复杂的横向联系网络,用特殊区域价值吸引人才、技术和资金,扩大有效投资,增强发展的传承性,使具有区域比较优势的各种资源和要素在特殊空间进行重组,对符合未来发展方向的产业要素进行高端聚合,创建有竞争力的产业生态系统,提升产品质量。

(3)搭建城乡一体化桥梁:城乡一体化发展的短板是小城镇和乡村发展过于滞后,尤其是小城镇产业空心化导致大量人口流向发达的大城市地区。事实上,根据梯度推移原理,我国东部发达地区尤其是发达的城市地区在经过了三十多年高速增长后,产业向中西部地区转移的现象也已进行了若干年。目前中西部的大城市地区也相继出现了土地和劳动力成本高的难题。与此同时,广大的乡村地区(包括乡村城镇)却由于人才等优势要素严重缺乏,发展梯度过低而不能承接需要转移的产业,甚至处于首都经济圈的河北广大地区在承接北京产业转移过程中都面临诸多困难。这说明,一方面乡村地区仍有很大的发展空间,另一方面需要增强其承接产业转移的能力。

特色小镇一般地处城乡接合部,是在接近乡村的地区所选择的聚集中心。特色小镇应充分利用这个地区的区位条件、自然资源、土地等,通过有重点地进行基础设施建设和完善公共服务,探索一种新型的社区治理模式和发展路径,创造环境友好、具有文化特征和历史传承性的创新氛围,从而吸引人才、技术和资金,在发展落后的乡村地区首先打造出一片"高地",将承接产业转移和改造传统产业相结合,最终实现"村镇如城市、城镇是乡村"的完美融合。特色小镇首先应实现居民基本权益平等化、城乡要素配置合理化、城乡公共服务均等化、城乡居民收入均衡化、城乡产业发展融合化,从而为城乡一体化开辟道路。

(二) 特色小镇的类型

拥有一个特色鲜明、内容突出的发展主题是特色小镇的主要特征之一,同时,特色小镇的目标又是融合发展,因此,无论当初是因为哪种因素成长起来,成熟的小镇都具有旅游、休闲和创新功能,因此成为复合功能型小镇。这里对其类型进行划分,目的主要在于理解各小镇的成长因素及其内在的特质,尤其是对处于初期阶段的小镇有一个更明确的认识,而不在于其最终的功能。

目前对于特色小镇的类型划分很不统一,很多是按照产业或行业划分,但在产业小镇内部,还可以根据其产品所属行业,分为农产品型、制造业型、服务业型;在服务业内部又可分为金融型、创意产业型。随着服务业等新行业的不断出现,比如,健康产业等,还会不断产生新类型的特色小镇。因此,如果按照行业划分又会陷入传统的专业化分工的模式,难以突出小镇的地区发展特色。尤其是,随着特色小镇逐渐进入成熟期,各种行业之间将有很大程度的融合,如农业与旅游融合、制造业与农业融合、制造业与创意融合,甚至农业、制造业、旅游、创意都可以融合在一个特色小镇中,这样就很难从行业角度进行划分了。

由于不同主题需要的要素和成长路径各异,为了了解每种小镇的成长因素和发展路径,以及将来的发展方向和潜力,我们根据其发展主题和成长规律,将小镇划分为旅游、产业、事件、科教、创新空间等不同的类型,以便有针对性地了解其发展规律和存在的问题,总结发展模式和运行机制,寻找共同治理的解决办法。

1. 旅游型特色小镇。一般来说,旅游业的发展可以分为三个阶段:人均GDP达到1000美元,主要属于观光旅游,属于经济型,消费保守,旅游层次较低;人均GDP达到2000美元后,开始向休闲旅游转化,旅游消费进入快速增长期;人均GDP达到3000美元,转向度假旅游,旅游消费与中等收入阶层消费能力匹配;人均GDP达到5000美元,开始进入成熟的度假经济时期,旅游集娱乐、度假和体验为一体,向纵深发展。2015年底我国人均GDP超过8000美元,进入旅游业发展的高级阶段。旅游业不仅规模巨大、增长快,而且游客对旅游产品的要求更高,尤其更注重旅游的地点、自然环境和人文环境、历史底蕴和文化内涵,属于体验式消费。旅游型特色小镇正迎合了居民收入水平提高后的这种高层次的旅游需求,是针对成熟期的旅游业发展需求而开发、建设、服务和管理的体验型和综合型服务的城镇。

根据小镇依赖的旅游资源,还可以将旅游型小镇划分为自然资源型和历史文化型。由于目前特色小镇形成的历史短、数量少,故本书还没有进行亚类划分。

(1)旅游特色小镇与旅游景点的区别:一般认为,旅游小镇是指以开发当地具有旅游价值的自然或人文景观或在此基础上开展旅游服务的地区。但是旅游特色小镇与一般旅游景点不同的是,前者紧紧围绕旅游的自然资源、历史文物古迹或景观,是以单纯景点开发和运营为主的产业地区;后者是针对旅游成熟期游客对旅游地全方位的深度需求,在环境良好、交通方便、具有一定产业基础的地区,以某个特色元素为主题,围绕高端游客对旅游地城市生活的多样化体验而进行的城镇建设、管理和服务的产业和公共服务活动,是在当地居民真实生活基础上,让游客充分融入当地城镇生活。从这个意义上说,游客也是当地居民的组成部分。因此,旅游特色小镇首先是一座小城,其次才是旅游业和旅游服务,在这样的城镇生活既有归属感又有新鲜感。如我国获得国际慢城俱乐部的城镇有江苏高淳的桠溪镇、广东梅州雁洋镇、山东曲阜的九仙山—石门镇、广西富川的福利镇、浙江温州文成玉壶镇和安徽旌德的旌阳镇。这些慢城尽管在旅游方面已经打出了自己的品牌,但其共同特点是环境优美、拥有地方特色产品和产业,而且所有特征都反映了基于自身发展基础上的原汁原味的小镇生产和生活方式,所以被称为摒弃现代交通工具和快节奏的"慢城"。我们认为这是一种非常典型的特色小镇,而不是旅游景点。

(2)旅游特色小镇的特征。

1)经济性:旅游特色小镇以旅游业为支柱型产业,旅游业对于小镇经济具有强大的带动作用,且通过"住、购、食、娱"等元素的建设,形成地区特色经济。这种特色经济的主导产业和辅助产业,甚至外围服务都构成一个产业体系,且形成密切的横向联系网络,在成为小镇经济主体的同时,推动小镇产业的更替与升级,以及整个地区的可持续发展。

2)规模尺度:旅游小城镇由于其面积有限,并不追求规模宏伟或者建筑华丽,而是专注于在合宜的尺度内构建旅游吸引物,创造体验环境,使旅游成为居民的一部分,是为使居民享受精致生活而建设的城镇。因此,旅游特色小镇突出的是"精致美",而不是纯粹的高消费。

3)价值功能:休闲的"慢"生活是旅游特色小镇提供给游客的切身体验。因此,"给城市里的人在小城镇找个心灵归宿"、"给忙碌的人找个休息的理由"、"给奔跑的人找个空间散步"、"给飞翔的人找个落地的角落"等,所代表的休闲度假功能是旅游特色小镇的核心价值。

4)文化象征意义:特色是小镇的主题,一般都通过有特色的文化符号体现。这种文化符号是贯穿旅游小镇的精神内涵,不但能转化为小镇独特的形象,如徽州地区众多古村落集群就是徽文化的典型代表,还能体现文化所包含的内在精神,如通过徽文化"高墙小窗""马头墙"等特征能感受到所蕴含的谨慎、保守和含蓄以及冒险犯难、开拓进取、百折不挠的"徽骆驼精神"。

5)商业导向:旅游消费是旅游特色小镇最主要的消费形式,只是旅游特色小镇的消费是慢消费和闲情逸致的消费方式,而不是高消费和刺激性体验消费。消费是通过时间渗透在不同项目中的。因此,不论是古镇,还是生态小镇,其消费都围绕慢下来、住下来、轻松下来的内容进行。其商业内容完全体现在日常生活中,商业运营如何引导游客以当地居民身份进行消费,是其商业价值所在,而不是对游客的歧视性消费。

(3)旅游特色小镇的形成:旅游特色小镇是基于地区的某种旅游价值而产生的,当然这种旅游价值并非完全与生俱来,而是通过建设引导它们朝着特色小镇的方向发展,如影视基地和创意产业基地。因此,地区的旅游价值就是特色小镇形成的基础。世界各地都有很多旅游小镇,但多数是随着城镇的发展自然形成的,如荷兰北部的羊角村就是村民们共同选择的生活方式,随着时间的流逝而一直保持下来;法国南部的普罗旺斯,从诞生之日起,就谨慎地保守着她的秘密,直到英国人彼得·梅尔的到来,普罗旺斯许久以来独特的生活风格才渐渐被外人知晓;德国的巴登小镇因为其卓越的建筑吸引了很多著名人物,由此发展成一个集旅游、博彩和度假为一体的特色小镇;美国加州旧金山北部的索萨利托小镇发展于19世纪,南欧的西班牙和意大利移民最先居住于此,在这里他们将带来的地中海生活习俗不断演化,形成了一个镶嵌于旧金山而又有别于美国文化的意大利风情小镇。这些小镇都有一个共同的特点,那就是小镇的发展不受外界干扰,保持自身独特性,按照它应该有的样子健康成长。我国的旅游小镇则具有太多的人为打造痕迹,过度的投资项目和修饰已经成为特色小镇发展的障碍。

由于促使小镇成长的旅游资源不同,旅游型小镇又可分为自然风景旅游型和历史文化旅游型。

一般而言,以自然资源为基础的小镇往往建设在风景区附近的某个适合人口聚集的地方。这类小镇的经济价值就是风景区的知名度或级别。但是，著名风景区往往由于地处偏远、交通不方便和发展基础差，除了自然形成的景点价值外，其余的旅游服务都不完善，城镇建设、管理和服务以及文化和休闲设施不配套。目前我国的这类小镇多数的旅游价值仍然停留在观光阶段，这类小镇建设难度较大，市场往往难以开拓。

以人文景观为特色的旅游小镇，既有历史积淀，又有文化底蕴，而且比较合适人口聚集。这类小镇突出的特点是其典型的古建筑和悠闲的古镇生活情趣，需要小镇及其周边地区以符合小镇特点的全貌来体现，包括所在腹地居民的生活习惯、文化习俗、生产方式和环境等。但由于城市建设过程中损毁严重，当地特色建筑大多保留不完整；居民的生活方式也由于城镇化等外界干扰而发生巨大变化；文化习俗也失去了传承。在这样的地区建设特色旅游小镇，往往需要进行大量投资以恢复原貌。但由于急功近利等原因，目前以古镇为代表的旅游特色小镇建设有诸多败笔，出现了表面复古、内涵现代，建筑像古代、其实是现代，而且"千镇一面"的怪圈。尤其严重的是，建设小镇时没有保护古镇原有的生活和文化内涵，只将当地居民集中在回迁楼里，将古镇作为一个道具供游客参观，全然没有了小镇的生产和生活气息；腹地生态环境也遭到不同程度的破坏，周边的现代建筑与古镇建筑对比鲜明，失去了整体感。这样的小镇与特色小镇相去甚远。

（4）旅游特色小镇的发展现状：在2016年10月公布的全国第一批127个特色小镇中，属于旅游型的有84个，其中单纯旅游型的为56个，旅游兼顾产业的仅为28个。在单纯旅游型的56个小镇中，以自然景观为特色的有16个，以历史文物古迹为特色的有34个，其中有2个以度假为主，2个以文化影响力为特色，1个以民俗为特征，1个兼有休闲和娱乐功能。这些小镇的共同特征是所处的自然环境较好。但目前的城市建设水平较低，产业结构仍较单一，尚未建立起综合的产业网络，其核心功能区竞争力仍然较弱，还没有发挥出辐射带动作用，对周边地区商业的影响弱，只有零星的商品零售，经济带动力很小。无论是自然风景型还是历史文物型，分布都较为分散，这主要取决于各地具有特色的风景和历史文物的价值和知名度。总体来看,这些特色小镇的知名度主要取决于现存的自然或历史文物价值,还缺少城市建设、经济发展、休闲生活等后续发展所形成的竞争力和区域品牌。尤其是很多旅游小镇仅将经典建设作为实现价值的手段,完全没有城镇建设和发展的整体战略,自然风景和文物古迹仅是旅游公司的道具、游客的玩具,并不是本地发展的延续和延伸。有的小镇建设甚至使自然和文化遭到了破坏,这种建设不利于本地发展,更不利于实现城乡一体化。

2.产业型特色小镇。这里的产业是指除旅游外的所有基于本地居民的生产活动,如制造业、农业、服务业或金融业、文化创意产业等。特色小镇的核心是特色产业,其他如外形特色、文化特色、环境特色和服务特色都是为特色产业服务的。因此,特色产业的选择是对小镇命运的抉择。一般是根据当地自然环境、地方发展特点和产业基础,以产业链的某个环节或某些有竞争优势的独特产品为主导,充分利用特色小镇的区位优势、政策和创新优势,形成该产业与城镇生产和生活相融合的特色产业功能聚集区。

(1)与产业同区的区别:产业园区是指由政府或企业为实现产业发展目标而创立的特殊区位环境,试图通过产业政策引导企业在一大片的土地上聚集。与特色小镇相比,产业园区开发往往占用较大面积进行土地开发,一般可达二三十平方公里,有的相当于一个城市的规模,其目的在于通过空间聚集共享基础设施,并获得聚集效益。园区管理一般实行企业管理(大的园区有政府的管理机构),管理职能较为单一,按其类型可分为物流园区、科技园区、文化创意园区、总部基地、生态农业园区等,一个园区内可以涵盖多个产业类型,基本为"块状"聚合体。产业园区主要属于政策区,聚集的纽带是各种优惠的产业政策和土地一级税收;在空间上也往往不连续,如中关村科技园在北京市有16个园区,北京市以外还有若干个园区;在地点选择方面,可以在城市的任何地方,市中心和远郊区都可以设立,没有环境、文化、旅游、完善的公共服务等要求,仅是城市功能的一部分。

相较之下,产业型特色小镇则面积小,实施综合性的城镇管理甚至创新的城镇管理,城镇建设与管理能够享受扶持政策和改革机会,企业能够享受生产和生活环境与氛围。这种小镇是一个以产业为核心的完整城镇综合体,在一个聚集中心逐渐辐射和影响周边地区的发展过程中,呈现出一种可持续创新的产业组织形态,代表了产业功能与城市功能相融合的未来城镇发展方向。

（2）小镇的产业特征:与产业园区和产业聚集区不同,产业型特色小镇仅涵盖某个产业链内部的一个环节或一些产品,是一个细分行业内的产业或产品,而不是产业的专业化分工。它们往往采用行业细分后的产业类型,所形成的产业关联以横向联系为主,即围绕该领域生产的外围生产环节和服务机构,如策划、设计、研发、推广、生产、销售和服务的综合体,甚至围绕该产品的会展等文化创意活动,如产品展销会、销售体验活动、展览、博物馆,以及文化艺术活动等。这种产业类型有可能打破现有的产业划分而建立新的扁平式的产业划分体系。

为了突出产业特色和竞争的独特性,尤其是为了使产品在更大的地区范围内有竞争力和知名度,产业型特色小镇在选择主导产业时的理论根据是地区的绝对优势,即在该地区生产该产品比在其他地区有绝对的成本优势和竞争力,这与一般编制地区发展战略选择主导产业时,依据地区比较优势完全不同。因此,产业选择的范围小,生产聚焦于产品的深度开发和质量提升,在找准特色、凸显特色、放大特色的基础上进行创新,是产业型特色小镇发展的关键所在。

浙江省根据自身的产业发展方向,提出特色小镇应该集中在支撑浙江长远发展的信息经济、环保、健康、旅游、时尚、金融、高端装备制造7大万亿元产业及茶叶、丝绸等历史经典产业上。小镇目前已形成的产业一般是新兴产业,如私募基金、互联网金融、创意设计、大数据和云计算、健康服务业或其他智力密集型产业。但我们认为,仅从新兴产业本身来确定产业选择方向,并不能真正体现当地的绝对优势和竞争力。这是因为,地区发展的多样性以及特色小镇的独特性,决定了小镇不可能按照以往的产业发展思路进行决策,而应该基于地方发展的需要和城镇发展的方向,在产业选择时采取"内发型"模式,后续的生产过程（包括策划、研发直到最后的销售服务）采取外发型道路。

这是一个基于最基层经济体的发展决策,政府不可能代替市场来进行。

（3）产业特色小镇的形成:产业特色小镇,主要是在某一个专业领域里具有独特竞争优势的情况下,企业通过与周边各种因素进行组合,采用远程分工而形成专门化的生产地区。这种小镇一般以一个地域专门化的形式与外界建立联系,或者呈一个企业族群(企业集群)的方式与其他地区进行合作与竞争。在这样的地区,企业与企业之间、企业与城镇之间,都建立了紧密的联系,也与所在城镇的各种要素融合在了一起,任何一个企业离开这个环境都很难存活,同时也会给其他企业带来损失。这样的小镇成长的原因有两种。一种是在小尺度空间范围内,因为某个发展契机而形成特色鲜明的产业聚集区,并经过与外界的多次博弈最终寻找到一个适合本地的发展机会。如美国纽约的格林尼治基金小镇,利用毗邻纽约金融市场、区域税收优惠、生态环境优良和全方位的生活配套等综合优势,在对冲基金如日中天的40多年前,由在投资界的传奇投资人巴顿·比格斯设立第一只对冲基金开始,利用康涅狄格州个人所得税税率低的条件,吸引大量与日俱增的对冲基金配套工作人员居住,从而形成了基金小镇。另一种是基于某项传统手工艺不断延续形成的,以产品品牌为标志的特色小镇。如荷兰的伊顿镇(Edam)、高达镇(Gouda)和马斯丹镇(Maasdam)等,都以传统奶酪制作工艺而成为世界著名的集产业、旅游与文化活动为一体的小镇。

由于产业内部的类型很多,因此,亚类也可分为农产品型、制造业型、创意产业型及现代服务业型等多种类型,并且随着小镇数量的增加越来越丰富。但是,对于小镇的类型最好能以反映其成长规律和功能特点来划分,而不能完全按照传统的行业分类划分。

我国经济在经过了30多年的高速增长后,产业仍然在低端徘徊,很多企业面临升级难的问题。尤其是在中小城镇,产业由于规模小、发展能力弱、创新能力欠缺,与大规模企业相比面临诸多挑战。浙江省有很多很有名的产业基地,如纺织针织、五金电气、小家电、皮革等。这些小型企业集群都是该省的重要经济支柱,但都因为规模小、产品技术含量低、产业链短、设计能力和市场开拓能力弱,日益陷入"低端制造+低端服务"的"低端价值链"发展模式。为了建立高端产业、新兴业态和优秀人才集聚平台,顺应新型城镇化的发展趋势,浙江省在"一镇一品"的"块状"经济的基础上,提出建立毛衫小镇、皮革小镇、乌龙茶小镇以及绍兴市诸暨市大唐镇等产业特色小镇。

与此同时,围绕某种独特产品而形成的产业小镇,如"一村一品"、"一镇一品"等,基本上都属于这种小镇的原型,在围绕该类产品逐渐丰富其产品类型和消费方式的过程中,演化成了产品与地域相融合的"地域商标"型小镇。很多乡镇工业基础弱,但环境和自然条件适宜特色农产品种植。因此,在一些农业基础好的乡镇,也陆续出现了以地域品牌为特征的农产品小镇。如天津滨海新区的中塘镇以冬枣闻名,河北邢台市隆尧县莲子镇以小麦产地建立了今麦郎集团而闻名,山西吕梁汾阳市杏花村镇以酒都闻名等。

还有一些小镇是在旅游业和文化创意基础上,经过投资建设和品牌打造而形成的。这些小镇往往形成时间相对较长,旅游和文化产业融合得较为充分,项目运作较为成功,从而使所在地成为特色发展地区。这类小镇一般属于旅游与产业兼业型,产业种类较为丰富。如上海青浦区朱家角镇利用了沿海资源,建设了国际现代化水上设施活动中心、上海市青少年校外活动营地、上海太阳岛国际俱乐部、上海国际高尔夫乡村俱乐部等,是集商务、度假、休闲为一体的娱乐旅游基地,借助这些文化体育产业,古镇区还开放了课植园、大清邮局等20多个景点。江苏无锡宜兴市丁蜀镇,在紫砂壶文化基础上,形成了集文化、商贸服务和旅游于一体的小镇。浙江金华东阳市横店镇,利用影视基地形成了文化产业与旅游型小镇。

另外一种旅游和产业兼业型小镇,由于产业资源和旅游资源同时开发而形成,一般是因为农业基础好、农产品具有地方特色,或者某一种独特的传统产品有很好的知名度,所在地区的自然环境或人文景观具有旅游价值,而进行"两条腿"走路,进而发展起来的小镇。如北京昌平小汤山镇,兼具农产品和温泉旅游;天津武清区崔黄口镇,兼具地毯和古迹旅游。

（4）产业特色小镇的现状：在2016年10月公布的全国第一批127个特色小镇中，属于产业型的特色小镇有40个，产业和旅游兼业的有28个，另外还有1个在农产品基础上逐步扩充的农业及其会展业城镇。在纯产业型的40个小镇中，属于制造业的有8个，其中有1～2个为制造业向娱乐业延伸，另外还有1个矿业和1个传统手工业城镇；属于农业特色产品或农产品加工成为特色产品，以及向农产品贸易延伸的有30个，另外还有1个小镇的产业由农业向农产品会展业延伸。在与旅游业兼顾的28个产业城镇中，有11个是农业和景观旅游业同时兴起的；属于制造业与旅游业同时发展的也有11个；属于传统手工业与旅游业相互促进的仅有3个；文化创意产业与旅游业双赢的有3个；属于景观农业的有1个。

其中纯农业型小镇主要分布在东北、华北、海南及西部地区，主要是因为这些地区农业发展空间大、工业基础落后；纯制造业型的主要分布在长三角和珠三角地区，这一带工业基础好、制造业发达；农业兼旅游型的，则以地方资源和发展条件为决定因素，在目前数量少的情况下，分布较为分散；制造业兼旅游型的，主要分布在长三角一带，这里经济发展与制造业和文化底蕴同时兼具，具有良好的融合发展条件。这些小镇的共同特征是，所在地区经济较发达，城市建设水平较高。从全国总体情况来看，产业型特色小镇刚刚开始从地方经济向产城融合起步，融合的空间还很大。

由于本次以新型城镇化为实验的特色小镇，最先从浙江省开始，且主要用于解决"块状"经济问题，所以该省的产业型特色小镇在全国具有一定的示范作用。在浙江省公布的前两批省内特色小镇名单中，属于制造业的超过了50%，其余多为健康产业，属于娱乐、休闲和文化产业型。尤其在第一批的37个小镇中，比如诸暨袜艺小镇、湖州丝绸小镇、海宁皮革时尚小镇等，基本都是在原有"块状"经济基础上扩展而成。同时在两批名单中，七大产业特色小镇有62个，占总数的78.5%。其中，信息产业11个，金融产业6个，高端装备制造业16个，历史经典产业特色小镇12个。经浙江省发改委的数据发现，首批37个省级特色小镇中，2015年完成生产性的固定投资额480亿元，平均每个特色小镇12.97亿元,其中有27个特色小镇投资额超过了10亿元。在入驻企业方面,新入驻企业达3207家,新开工建设项目431个。同时,在人才吸引方面,新集聚国内外创新创业人才超过了1万人,一批投资基金公司纷纷入驻。比如,梦想小镇启用近半年,就吸引了400多个互联网创业团队、4400多名年轻创业者落户,300多亿风投基金进入,形成了较为完整的互联网创业生态圈。另外,特色小镇正成为浙江培育新产业、催生新业态的孵化器。如常山赏石文化小镇,引入"金融+"、"互联网+"理念,建立评估抵押制度,推出"石头变富矿"融资新模式;与阿里巴巴和腾讯合作,推进线上线下同步经营,开创"石头+互联网"的营销新形式。这为全国以产业为核心的特色小镇提供了示范效应。

同旅游小镇类似,由于产业小镇的历史比旅游型还短,数量也更少,目前仅有农产品和制造业型,现代服务业中的创意产业和金融型,且尚不具备特色小镇的功能,创业产业型与旅游型在很大程度上重合,也没有在产业内部细分亚类。

3.其他类型。特色小镇的独特之处,就是每个小镇都有其特殊的形成路径。按照小镇各自的形成路径会有很多不同类型。从目前已有的国内外小镇来看,依照其起源,除了旅游和产业型以外,特色小镇还有重大事件型、科研教育型和众创空间等类型。由于这类小镇多以某个新型行业为契机,难以按行业划分,又多以专业创新为主,是以某个有生命力的新兴行业为特点形成的聚集区,如基金小镇和航空小镇等,故这里暂且称为专业创新型小镇。

以某项重大事件,如奥运会、重大国际会议等为开端创建了知名度也可以形成特色小镇。如瑞士的达沃斯小镇,就是以每年召开的世界经济论坛而闻名;俄罗斯索契借助冬奥会的举办,成了一个更加知名的国际小镇。

科研院校建在某个自然环境好的地方,会带来人口和服务业聚集,从而形成大学城小镇,如荷兰奈洛德小镇,以奈洛德大学而闻名;美国的普林斯顿小镇,以普林斯顿大学为核心;康奈尔大学所在的伊萨卡小镇,是一个人口约3万的温馨小镇,等等。美国很多远离大城市的著名大学城,都属于这类小镇。这些小镇,自然和人文环境融为一体,均有世外桃源之感。

随着创新在全球展开的热潮,众创空间成为带有梦想和追求的新事物。在城市外围选择一个自然环境好、基础设施完善和文化氛围浓郁的地区,打造众创空间,非常符合特色小镇的要求。因而,这类众创空间也就成为创新小镇。如上海枫泾小镇中的农业众创空间、浙江云栖小镇中的腾讯空间等。与创新有关的当属美国硅谷的小镇群。硅谷核心地带共有15座小城镇,都坐落在美国西海岸南湾地区的山谷中。无论是苹果的库比提诺市,还是谷歌公司的山景城,都以著名公司为特征,建起了相对独立的城镇设施,并围绕创新开拓了以创新为主题的城镇生活。硅谷一带的繁荣,其实是由这些特色小镇的聚集而促成的。尽管它们已经使圣何塞,甚至西海岸湾区变成了美国的大城市地区,但其内部其实仍然是一个个有特点的小城镇。由于这类地区在我国尚未以小镇形式出现,这里不详细论述。

二、中国城镇化的发展历程与特色小镇发展机遇

城镇化是一个国家发展过程的缩影,它伴随着这个国家从工业社会(第二产业占优势)走向后工业社会(服务业占优势)的全部过程。新中国成立以来,工业产业比重从1952年的17.6%上升到1978年的44.1%,再降到2015年的38.32%;同时第二产业比重由1952年的20.8%上升到1978年的47.7%,然后降到2015年的41.6%,说明我国正经历着由工业城镇化到后工业城镇化的转型。由于第二产业快速上升和经济的迅速崛起,这个阶段也是快速城镇化时期。在快速城镇化时期,西方发达国家的城镇化率一般为70%~80%,这个值大约维持了近百年时间,美国在70年左右的时间里城镇化率一直是73.7%;中国的城镇化率从1978年的17.8%到2015年的56.1%左右(2010年越过50%),仅用了40年的时间,走完了西方近百年的城镇化历程。中国的城镇化与城市社会结构变迁具有某种突变性和多元性,而且是典型的城市社会结构变迁,其发展道路具有制度型设置的中国城市化特色。因此,我国的城镇化比发达国家历程短、速度快,各种现象和案例更丰富。

更重要的是,我国区域发展不平衡,城镇化出现了农业社会、工业社会、新兴工业化社会、准后工业社会和后工业社会等多种区域社会类型，由此形成了多层次、多方式、多类型和混杂性的城镇化发展模式。我国城镇化进程中的社会背景、前提、样态及规模在国际上没有参照系，具有独特性、地方性和世界前沿性，其模式探索具有典型意义。

(一) 中国城镇化的发展阶段

一般将自1949年以来的城镇化划分为三个阶段：改革开放前、改革开放初期到2000年、21世纪之后。

1. 改革开放前。改革开放前的计划经济仅将城市居民看作消费者，并不注重城市经济的规模效益和聚集效应，忽视了城市通过市场要素对经济的作用。因而，我国采取了城乡分割和限制城市人口的政策，无论是忽视消费，还是在非城市地区发展工业，以及后来的知识青年上山下乡，都在很大程度上抑制了城镇化，从而导致长期的城镇化滞后于工业化。自1952年到1978年，工业占GDP比重从17.6%上升到44.1%，提高了27个百分点，同期城镇化水平仅从12.5%上升到17.9%，只提高了5个百分点。

在整体城镇发展都迟缓的同时，大城市数量和人口增加相对较快，小城市的城市数量呈减少趋势，人口增加也是最慢的。其主要原因是户籍制度限制了农村居民成为非农业人口，尽管小城镇离农村很近，但城乡"二元"分割体制将城镇和农村隔离得如同两个世界。这一时期的城镇发展完全是计划体制的结果，不能用市场规律下的城镇化来解释。因此，在严格控制了人口城镇化的政策下，少量的符合条件的人口也流向了大城市；加之大城市工业发展需要劳动力，人口直接从农村流到了大城市。

2. 改革开放初到20世纪末。从1980年开始，国家城镇化战略从限制城市发展转变为"严格控制大城市规模，合理发展中小城市，积极发展小城镇"。各地也都同时开始摸索适合自己的发展模式。例如湖南省提出培育大型中心城市和壮大县城进行"聚集式发展"；山东省则提出"合理发展大城市，重点发展中小城市，积极发展小城镇"的思路；山西以"建好一个现代化大城市，搞好5个城市群，发展100个小城镇"的具体方式推进城镇化进程。这一时期我国城镇化水平由1980年的19.39%提高到1998年的33.35%,提高了13.96个百分点,年均0.77%,超过了多数发达国家工业化时期的增长速度。

随着中国经济进入快速发展通道,整体城镇化速度加快,小城市数量和人口都出现了前所未有的增长,同时,出现了建制城镇化。建制城镇化一方面大规模进行"撤地设市"和"撤县设市",小城市数量由1980年的106个增加到1998年的378个;同时,人口也由1180.94万增加到4409.4万;建制镇数量从1985年的9140个增加到1998年的19216个;人口从1990年的6100(1980—1989年数据缺失)增加到1998年的10900万人。各种规模的城市(镇)都进入了快车道。由于改革开放释放了农村发展活力,建制镇人口增加得更快,远远超过了任何一类城市的人口增加速度和人口总量(见图1-2)。图1-2显示,小城市人口总量急剧上升。

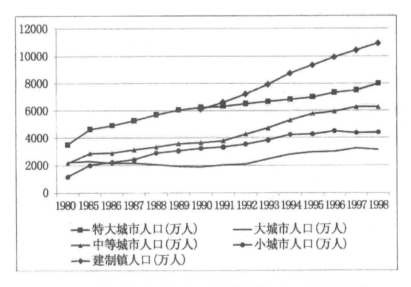

图1-2 改革开放到20世纪末各规模等级城市人口总量变化趋势

建制城镇化的另一方面是"撤乡建镇",大批乡改为镇,使小城镇数量从2000多个迅速增加到近20000个,增加了近10倍。这其中也有乡镇企业快速成长的因素。因为尽管90%以上的乡镇企业都分布在自然村,但围绕这些本地企业,出现了很多人口集中居住区和产业地区,促使乡改镇步伐加快。尤其是1984年开始,国家降低了设镇标准并放宽户籍限制,这一阶段建制镇由1983年的近3000个到1991年突破10000个,到1998年近20000个。同时,人口数量也显示了强劲的增长力。从1990—1998年的数据变化趋势可见,这一时期的建制镇人口增加得最快,显然这一时期的城镇化是经济发展的结果,预期是小城镇快速崛起主要源于农村地区经济的快速增长和乡村工业与第三产业的开放搞活所带来的成果。

3.21世纪的城镇化。21世纪以来,中国的城镇化更是进入了一个新阶段,被经济学家斯蒂格利茨称为将对世界产生重大影响的事件之一。我国政府于2001年正式宣布了"大中小城市和小城镇协调发展"政策,对农民工进城政策也从允许转变为鼓励和支持。期间,城镇化水平由2000年的36.22%提高到2015年的55.83%,年均增速1.3%,为历史上城镇化最快时期。这一时期,城镇化发展较为均衡,各种规模的城镇数量和人口增长都显著加快。

特别是自2000年6月中共中央、国务院发布《关于促进小城镇健康发展的若干意见》之后,以县域为主的小城镇建设明显升温。各地加快了撤并乡镇和村庄步伐,并采取了集中发展一个到几个中心镇,建立工业园区以提高集聚程度等很多措施。与此同时,各地在农村地区开展了轰轰烈烈的新民居建设,即为了给城市提供更多空间和改善农民居住条件,在有条件的地区使农民集中居住。伴随着小城镇快速发展和农村新民居建设,尽管建制镇的数量没有明显增加,但人口集中居住区却为小城镇提供了前提条件,一批具有特色的居民区和居住区在不同地区先后涌现。当然,新民居建设中也出现了诸多如土地资源浪费、农民利益流失、居民经济负担加重、破坏了农村特色等问题,但从一个侧面反映了新时期城镇化对小城镇建设的需求,以及大城市和中等城市因空间扩张而催生出小城镇。

2000年以来,特大城市数量增加得最快;大城市数量只有中间几年稍微有增加,后又回到原来的水平;中等城市、小城市、县城和建制镇的数量都有明显减少。因此,这一时期的城镇化主要为外部资本和经济介入的大面积城镇化,内部结构表现为大城市急剧扩张、小城镇经济缓慢;大城市繁荣、小城镇衰落;大城市人口拥挤、小城镇人口稀疏;大城市经济增长强劲、小城镇发展乏力;最终,从小城镇底端到大城市高端,人口、资金、技术、产业、秩序、社会资本等全部呈现出与城镇体系结构相反的倒金字塔形。中国城镇化道路又处在了一个"大城市主导"还是"小城镇优先"的十字路口。

(二) 城镇化战略的几种观点

城镇化在不同国家的表现形式有差异。发达国家多以中小城镇为主,所以,大城市数量少,小城镇数量多、质量高。而发展中国家多表现为大城市战略,即大城市数量多、城市规模大,如拉美和亚洲国家等。因此,在继19世纪初西方工业化发达国家以田园城市为理念倡导人地和谐的美好城市,形成了对大城市发展观点的争论以来,随着大城市病的日益严重,20世纪各国在城镇化战略方面又开始了争论。如1994年和1996年美国《新闻周刊》分别刊载了两篇观点截然相反的文章《糟糕透顶的工厂》和《超大城市》来批评亚洲大城市和褒扬西方中小城市,1998年美国《商业周刊》又刊文《大城市更加光辉》来颂扬大城市的价值。同时,随着全球化进程,世界城市和全球城市也在全球经济中扮演越来越重要的角色,大城市作为全球经济的重要领域和城市网络的节点,集中了全球90%以上的经济总量,更是吸引了很多领域的人来关注。因此,人类依然在大城市和小城镇之间对经济效益与生态环境进行着难以割舍的选择。

我国建国70年来尤其是改革开放以来,在城镇化的战略上也一直存在着两难的选择,总结起来大致有四种观点。

第一种观点是较早提出的小城镇道路。该观点认为中国人口数量庞大、农民人数比任何一个国家都要多,现有城市没有足够的容纳力接收大量农民进城;加之我国经济主要靠农业支援工业、农村以廉价土地和劳动力支撑城市经济高速增长,大量农民进城将削弱经济增长动力,弱化国家整体经济实力。最有代表性的是费孝通先生的自下而上城镇化道路,即从农村小城镇开始,逐步城镇化,以最大限度降低快速城镇化对整个社会带来的冲击。这种观点指出我国提高城镇化水平的基本方向是在农村发展小城镇,即就地城镇化,并针对小城镇在吸纳劳动力方面的优势,主张在县域范围内进行小城镇建设。这种观点还认为,小城镇容易管理,且有利于农民进城,既可以解决农村发展问题,也可以减轻大城市人口压力。而大量人口涌入城市会给大城市带来就业压力,基础设施和社会公共服务难以满足需求,并将造成城市环境恶化。同时,在重点发展县级镇和县级城关镇方面这种观点也有其见解。

第二种观点主张重点发展中型城市。其理由是小城镇集聚效应差、资源利用率低、难以形成产业链,服务业缺乏市场规模。这种观点认为,中等城市可以分担大城市压力,主张"以中为重"和"集中式"城镇化道路,重点扩建百万人口的城市,使中等城市成为我国城镇化的主要领地。

第三种观点强调城市的规模经济和规模优势,认为大城市具有较强的竞争力,是现代经济的主要阵地。该观点认为,大城市病并不是城市规模引起的,而是社会管理不足所致,应在特大城市周围大力发展城市群,并重点发展省会城市、副省级城市和一批条件好的地级市。该观点还认为,由于小城镇建设的分散性,难以担当几亿农民城镇化的重任,过度发展小城镇会得"农村病",这比"城市病"问题更严重。

第四种观点认为应该让市场机制来调节城市规模和布局,主张多元化的城市(镇)发展模式。这种观点认为,我国城镇化滞后于工业化是缺乏市场力量造成的,过于给城市规模设置框架会阻碍要素流动,限制城镇发展。只有消除制度障碍才能使经济增长与城市规模协调,才能释放城市活力,此外由于我国地区发展差距大,各地经济发展水平和条件多样,面临的矛盾和问题不同,不同地区应该区别对待。重要的是城镇地区本身如何演进,而不是建制和地名的变更。

事实上,人口过度膨胀、交通拥堵、大气污染严重等"大城市病"已经成为我国很多城市的顽疾,在很大程度上影响到了居民生活质量甚至城市经济的运行效率。交通部门的数据显示,2009年北京中心城区早晚高峰车辆平均运行速度为24.3公里/小时和20.4公里/小时;上海南北、延安高架高峰时段拥堵路段双向平均车速为20~30公里/小时,单向低于20公里/小时;重庆、武汉、天津、广州等城市高峰时段主干道平均车速也多在20公里/小时左右。北京市主干道高峰时间道路饱和度接近1.0,上海、南京、成都等城市也在0.8以上。北京市居民上班平均耗时50~70分钟,广州、上海、深圳、天津等城市在40分钟以上。公安部交管局于2010年底发布的数据显示,至2010年9月底,全国667个城市中,约有三分之二的城市交通在高峰时段出现拥堵。调查表明,我国百万人口以上的城市有80%的路段和90%的路口通行能力已接近极限。大气污染方面,不仅2015年冬北京市的雾霾备受关注,雾霾预报数据还显示,同期全国190个城市中,仅7.36%的城市PM2.5均值达标,甚至山东的主要城市、南京等地也受到雾霾的严重威胁,最严重的是东北、华北、西北等地,其中京津冀地区的各城市尤为甚。大城市病有越来越严重的趋势。

从经济增长和城市效率来看,地级及以上城市的技术效率都偏低,而规模效率较高,且随着城市规模增加呈增大趋势,城市经济的运行效率仍然来自于城市规模,大城市仍有巨大潜力。与此同时,国内外研究也发现,从国际总体情况来看,中国的城市化率仍然偏低,而且大城市数量偏少,平均城市规模还太小,市区人口密度从1990年的25000人/平方公里下降到2009年的10000人/平方公里,镇区人口密度从1990年的7500人/平方公里降至2009年的4500人/平方公里。自2000年以来,中国城市人口密度降低更快,经测算2013年平均密度只有1999年的83%。因此,弗农·亨德森指出,中国总体仍是城市数量多,人口规模不足。

事实上,合理的城镇化应该是空间规模和人口规模对应,形成大、中、小城镇之间,由空间结构而进行的资源配置与产业空间组织体系,从而实现城镇资源的空间结构最优收益,而不是以行政单元为统计口径对人口规模总量和密度的衡量。尤其是中国的城镇化进程表现为城镇化远远滞后于非农化,非农化又远远滞后于土地化,更重要的是在人口与资源关系高度紧张的基本国情下,摆在我们面前的问题是,如何通过空间、人口、经济、社会、生态等各领域的协调,实现健康有效的城镇化。事实上,是城镇化道路决定了城市规模的优化,而不是人为设定城镇规模。自上而下的道路必然导致大城市优先,自下而上必然导致小城镇优先。

(三) 中国小城镇建设的发展历程与问题

我国的小城镇一般指建制镇。按照我国的城市建制,小城镇是空间规模最小和行政级别最低的非农业聚集区。根据1984年民政部的标注,是指总人口超过2万人,非农业人口占总人口的10%以上;或者非农业人口超过2000人,镇总人口可以少于2万人;另外,县政府所在地无论人口多少,都属于镇。这样,建制镇就分为县政府所在地(称县城镇)和普通镇(又称独立镇)。通常县城的城镇化程度高,也比普通镇富裕;县城的镇中心区人口一般高达50%,而普通镇只有20%左右;前者的一般规模是7万人以上,后者是2万~4万人。

镇区是镇的中心,是处于中国城镇体系最底层的非农居民聚集区,世界银行曾评述为"与农村人口最接近,因而发挥着连接城乡区域的桥梁作用;充当乡村农产品的初级分销中心;是以农业为主的区域加工和制造业所在地;其城镇设施,如学校、医院、图书馆和社区中心等,不仅服务于镇区的城镇人口,也同样服务于周边区域大量农村人口。镇区的进一步发展有助于缩小城乡差距,从而促进城乡一体化"。

在城镇化过程中,一般有两种途径:一种是由于城市扩大而导致的非农业人口增加,被称为自上而下的城镇化(或迁移城镇化);另一种是由本地的乡村中心演变为镇并逐步扩大成长为城市,称为自下而上的城镇化(又称本地城镇化,从人口角度称为就地城镇化)。费孝通在总结了"苏南模式"后,称这种发展模式为"内发型"城镇化道路。我国现有的独立小城镇发展多数是自下而上的本地城镇化路径,也是基于本地自主经济的"内发型"城镇化。

1. 小城镇发展历程。小城镇是最接近乡村的地区,其兴衰与乡村发展关系比与城市经济关系更密切。由于我国农村改革是以1978年为界,之前的农村经济完全受计划体制束缚,乡镇经济几乎停滞甚至萎缩,小城镇建设也不例外地处于停滞状态;改革开放初期,由于农村经济得到空前发展,这一时期也是小城镇发展的黄金时期;但之后由于大城市对人口的强大吸引力,快速城镇化的人口流动主要流向了大城市,小城镇又处于缓慢发展阶段,这从人口和区划数量的缓慢增加或停滞状态可以看出。

中国的本地城镇化主要源于改革开放,尤其是乡镇企业突飞猛进地成长导致大量农村小城镇出现。1978—1983年间,我国的乡镇企业就业人数增加了1.14倍,同时建制镇总人口增加了900多万人,镇的平均规模由1.86万人增加到2.24万人。尤其是1984年鼓励乡镇企业发展的文件出台后,乡镇企业进入黄金发展期。1984年国家降低设镇标准并放宽户籍管理限制,乡改镇的步伐随之加快,全国新增建制镇3430个,比1983年增长一倍;1984—1988年间,县辖镇增加了5833个,平均每年增加1166个;建制镇1983年底为2968个,1991年突破1万个。尽管农村地区因工业化进程加快,出现了城镇化滞后于工业化的局面,但由于乡村经济大繁荣带来了大量非农业的就业机会,脱离农业劳动的人在小城镇有了更多的就业机会,小城镇人口增加成为不可避免的潮流。

20世纪90年代,乡镇企业开始了规模化、集团化和乡镇工业园区化过程,全国的建制镇数量也得到持续增长。1990年到1996年建制镇共增加了6378个,年均增加1063个,占全国非农人口比重也从38.5%提高到42.6%。同时,中西部地区的小城镇也得到了较快增长。另外随着这一时期"地改市"和"县改市"的大规模实施,城市内出现了很多建制镇。但90年代末,乡镇企业的发展受到诸多约束,吸纳的农业剩余劳力远远低于预期;同时,农民收入增长放缓,1989—1991年和1997—1999年两次连续3年收入增长幅度下降。其中1999年农民收入仅增长3%~4%左右,远低于城市8%~9%的增长速度。小城镇人口增速随之减缓,其发展步伐也明显慢于大中城市;同时,独立镇核心区的人口规模却在增长,平均人口从20世纪90年代的6000人增加到2004年的8000人。

21世纪以来,城镇化速度有所放缓,城镇人口整体增速在改革第二个十年比第一个十年低了3个百分点;同时,随着乡镇企业逐步萎缩,小城镇出现了衰退迹象。与此同时,地方政府兴起推进城镇化高潮,导致以县域为主的小城镇规划建设明显升温,例如撤并乡镇和村庄,提高集聚程度;抓紧编制县域城镇体系和城镇建设规划,每个县都集中发展一个到几个中心镇,建立工业园区以提高集聚程度。但是,这种模式主要是政府力量干预,市场力量在逐渐退出,从而导致小城镇成长性不强、经济动力不足、服务功能减弱、基础设施建设和社会保障滞后、第三产业比重普遍偏低、小城镇发展不如预期等问题。

2.动力。中国快速城镇化的动力是农村向城镇地区的大量移民。这些移民的趋势主要表现为随着距离增加而减弱,即在条件相同情况下,农村移民首先选择在本地城镇然后再向远距离的大城市迁移。因此,农村移民是本地城镇化的主要来源,是小城镇发展的基本动力。

城镇化是各种力量综合作用的结果。一般说来,大城市主要得益于外部力量,但是自下而上本土化的城镇化是自下而上经济和社会发展对城镇化的需求。由于自1949年到1978年我国一直实行计划经济,农村的各种要素被固定在农业土地上。改革开放后,各种发展要素被释放,农村作为一种推动城镇化的主动力量,其劳动生产率的提高对城镇化提出了新要求,不断丰富的劳动力、资金、土地和商品等需要城镇载体。因此,小城镇的快速发展反映了本地化经济发展的需要。

(1)乡镇企业和民营经济的作用:我国自改革开放以来,本土化经济最明显的是乡镇企业和民营经济的成长。改革开放后,国家制定了一系列促进地方经济和农村发展的政策。如1984年中央1号和4号文件中关于“开创社队企业新局面”的指示,使全国乡镇企业在1984年到1985年有了一次很大的飞跃;同期中央关于沿海开放和建立经济特区、开发区的政策,大大促进了港澳台和国外资金进入,为东部沿海地区发展提供了直接动力,不但使那里的城镇化速度高于其他地区,还涌现出了很多小城镇。20世纪80年代,乡镇企业吸纳了约1亿劳动力,尤其是1984—1988年,乡镇企业平均每年转移农村劳力高达1084万人,尽管90%以上的企业分布在农村,但为农民非农化提供了剩余劳动力基础。事实上,小城镇快速增长时期也是乡镇企业快速发展时期,小城镇多的地区也是乡镇企业和民营经济发展好的地区,如珠三角和长三角地区。

(2)农村经济发展的需要:随着乡镇企业和农村经济的迅猛发展,

农村集体经济和农民有了一定的经济实力,同时,又急需要将这些乡镇企业聚集在特定空间,农产品销售、加工以及非农业的服务等产业需要在人口密集的中心场所进行。于是,由乡镇企业、农村集体单位和农民出资建设了一批具有城镇功能的产业聚集区。如浙江龙港的5000多户农民通过集资建厂开店把龙港由1984年前的5个小渔村建成数十万人口的城市;浙江温州桥头镇,群众集资约113亿元建成了远近闻名的桥头镇,镇民主要靠出售市场摊位获得收入;另外,很多闻名遐迩的批发市场,如浙江义乌、河北白洋淀批发市场等,成了远近闻名的城镇。

(3)外来力量与本土结合:改革开放也使外部力量对中国城镇化产生了重要影响,但这些外部力量往往需要与本地优势要素相结合;反过来,也正是本地经济给这些外部要素提供了机遇和条件。开放政策使国内(包括邻近城市)和国外企业在区位条件和当地经济社会基础较好的地区,建设了大量开发区和工业小区,从而形成了一大批中小城镇。尤其是三资企业在发达地区开设工厂,促进了农村地区小城镇建设。珠三角地区1980—1990年产生了上百个小城镇,后来的数十个都发展成了小城市或中等城市,有的甚至连片成了大城市或城市群,如深圳、东莞、佛山、汕头、揭阳等地区。

3.问题。小城镇作为连接城乡的纽带,在促进产业聚集和人口转移、推动农村工业化和农村城镇化进程中,对促进农村经济发展和解决"三农"问题起了举足轻重的作用。但由于长期和普遍存在的城乡差距,小城镇与城市尤其是大城市之间存在着巨大差距,不但表现在不同规模和级别的城市之间,还表现在县城镇与普通镇之间,县城镇面积和人口都比普通镇大,还能得到更多的固定资产投资、基础设施和公共福利等建设资金。加之地方企业和经济出现的资本排斥劳动,使城镇农业劳动力的非农就业连年下降;同时,小城镇数量虽然增加了,但却没有起到大量吸纳农业人口,通过聚集缓解人地矛盾、调整产业结构的作用。因此,小城镇的发展面临很多问题。

(1)经济发展水平相差巨大,产业基础薄弱:我国的地区差距不仅表现在东中西部地区之间,更表现在城乡之间,尤以城乡之间为大;同时,城乡之间的差距更是体现在各级城镇之间。随着城市级别和规模的提高,城市之间的经济发展水平表现出明显的梯度差异,由大城市向中等城市,再到小城市,最后一级是小城镇,经济水平和发展能力都表现出明显的降低趋势。与大城市相比,小城镇的经济水平更接近农村,因此大城市与小城镇之间的差距远远大于城乡差距。小城镇虽然也有工业和非农产业,在第二产业和第三产业内部发展水平逐步扩大的情况下,小城镇的产业普遍存在着规模小、技术含量低、效益差、环境污染严重等诸多问题,第三产业比例普遍不高,就业结构单一,从而使大城市和小城镇之间的发展差距逐步拉大。

(2)聚集效应差:城市经济效益很大程度来自聚集。一般来说城市越大,人口密度越大,聚集效益也越好。小城镇由于人口密度低,聚集效益明显比大城市差,对优势要素的吸引力比城市弱得多。2009年数据显示,一般市区人口密度是9886人/平方公里,县城区是8600人/平方公里,独立镇区为5214/平方公里。同时,镇的企业规模也小,一般仅为地级市的8%左右。一般说来,镇仍然处于经济社会的最底层,其建成区规模也远比城市小;镇企业平均规模仅为10人/企业,东部地区镇的企业平均规模也只有18人/企业(世界银行,2012),因此,无论是小镇城本身还是其中的企业都难以有现代经济所需要的规模和聚集效应。

(3)资金短缺:投资是我国经济增长的主要动力。但是,城市和城镇的固定资产投资却严重分配不公。固定资产投资主要流向了大城市,而小城镇获得的固定资产投资比上级行政区划要少得多。以2001—2009年为例,城市获得的人均固定资产投资是县城镇的两倍,2009年县城的投资密度(建成区获得的单位面积投资)不到城市的一半,独立镇则不足十分之一。地级市得到的固定资产投资是建制镇的6倍;人均固定资产投资城市与建制镇相差13倍。在一般大城市,年财政支出比年财政收入高出30%,而普通镇的年财政支出却比年财政收入低20%(世界银行,2012),结果是本来就弱的小城镇财政补贴了经济实力强的城市财政。

(4)基础设施和公共服务滞后:小城镇基础设施建设较为薄弱,致使小城镇建设的资金需求与供给矛盾相当突出。加之,小城镇建设投资过分依赖政府筹资拨款,缺少有效的多元化投资渠道,民营资本进入基础设施建设投资机制尚未形成,缺少小城镇基础建设专项贷款等优惠政策。由于融投资渠道不畅,难以吸引域外投资到基础设施建设项目当中。同时,建制镇政府在财政上不独立,县政府征收的地税仅有很小比例让给镇政府;此外,从法律角度来看,镇政府不具备借款人资格,不能向金融机构贷款。由于这些权利限制和偏向上级的财政支出分配模式,导致镇政府很少有足够的资金对基础设施进行投资。在道路、供水和燃气等基础设施方面,一般城市、县城镇和普通镇之间都存在巨大差异。

(5)政府职能模糊:在我国行政体系中,乡村中的建制镇与城市中的作为城市地区派出机构的街道属于同一级别,镇区也属于城镇化地区,人口和产业也属于非农性质。但与街道是城区的组成部分不同,建制镇周边腹地均属于乡村地区,除了大城市的一些地区外,大多数镇的上级行政单元是乡村的县,均实行乡村管理模式。由于镇区的公共设施主要为其周边地区的乡村服务,加之管理机构大多是从乡级单位演化而来,因此镇的政府职能本质上带着乡村管理的烙印。这就造成了镇的政府职能不够明确,过多地承袭了之前村镇的行政管理模式,管理机构在城镇的基础设施规划与建设、环境的保护与治理、社区的建立与推广、公共服务的落实、经济结构调整等方面都缺乏足够的城镇化经验,工作方式与管理团队建设相对滞后。

另一方面,作为乡村向城镇地区的过渡地带,镇所包括的地区其实是一个城乡结合部。这一带是集城乡地域交叉、城乡居民生产生活方式交叉、行政管理交叉的多重交叉点,也是"二元"体制的衔接点。随着城镇化推进,土地和人口都呈现出由乡村向城镇过渡的特征,镇的管理面临着土地利用转换、基层政权建设、集体资产产权制度改革、如何提高人口城镇化素质等诸多难题。尽管大多数远离大城市的镇,其矛盾比大城市的城乡结合部小,但也是我国城镇化过程中典型的问题地带和矛盾地带,在我国快速城镇化背景下,镇政府的管理模式较大程度地体现了我国的"转轨"特征,无序发展状态比城市地区更为严峻。

(四) 国外城镇化及小城镇发展

城镇化是伴随着人类生产力水平提高而出现的空间表现形式。城镇化的进程反映了人类社会技术进步和社会发展从农耕文明走向工业文明,再向信息时代迈进的过程。美国社会学家阿兰·萨尔茨斯在总结了20多位学者的观点后,按照技术和社会经济特征,将城镇化进程分为步行城市、工业化城市、郊区化城市和多样化城市。真正给社会带来巨大变化的是工业化城市,它奠定了世界城镇化的基础。

1.发达国家的城镇化——快速的工业化城市。近代西方的城镇化过程是与工业化相伴随的。据研究人员测算,发达国家1820—1950年工业化与城镇化的相关系数是0.997。19世纪随着发达国家工业化的深入,大量人口涌入工厂,整个西方世界依次开始了快速城镇化进程。这一时期英国的年城镇化速度为0.30%,法国为0.35%,美国达到0.52%;同时诞生了许多世界著名大城市。19世纪中叶,英国与新英格兰80%以上的人口居住在众多2.5万人以上规模的城镇中;1870年到1910年芝加哥人口从30万增加到100万,纽约从1870年的不到100万增加到1990年的470万。在1850到1950年的100年时间里,欧美发达国家的城镇人口从11.4%上升到52.5%。其中,到1950年,英国城镇化率达到了78%,美国为64%,德国为71%,法国是53%,这些国家都基本实现了城镇化。1871到1900年,德国城市人口从1428万增加到3896万,29年增加了1.26倍,城镇化率从36%增加60%。这时期工业化与城镇化基本同步推进,两者呈显著的正相关关系。

随着大城市的不断出现和迅速扩张,发达国家工业化时期出现了不同的大城市病。如英国的环境污染,空气、水资源污染,不良卫生习惯,城市住房如寄宿屋、廉租房、大杂院、地下室及背靠背式住宅随处可见。同时,城市犯罪上升、工作条件异常艰苦。美国出现了住房拥挤、交通堵塞、贫民窟、公共设施缺乏、环境污染等问题,其中最突出的问题是有色人种居住的贫民窟,对社会治安造成了极大威胁。

2.成熟的郊区化与多样化城市。20世纪后,随着现代交通工具(如私人小汽车)的使用,人口有条件在城市周边地区居住,逐步开始了郊区化。同时,城市内部第三产业比重逐渐超过第二产业,城市功能开始出现分化,并在不同国家表现出多样性。布赖恩·贝利认为,19世纪至20世纪前半期的城镇化导致空间大幅度扩张、人口高密度聚集和异质性的生活方式,并带来了频繁的社会交往与大规模的产业聚集。这期间,由于资本和金融集中,百万人口的大都市不断增多。到了20世纪中叶,不断扩张的城市与郊区连接,出现了一群新的大都市地区。1950年时,世界总人口的13.1%居住在10万人口以上的城市。1930年时,近半数美国人口居住在距10万人口以上的城市周围20~50英里范围内;1950年时约有近900万人住在168个5万人口以上的城市地区;1920年到1980年,美国大都市区增加了260个,总人口约占全国的75%。尤其是二战后,各国城市化都相继进入快速通道并逐步成熟起来,进入后工业社会,服务型经济占据主导地位后,分别表现出不同的特征。其中,美国郊区人口从1950年的4032万,增加到2000年的1.4亿,比重从26.7%增加到94.8%。而且大量人口主要分布在大城市周边的郊区的小城镇,1950—2000年城市人口增加了1.3亿,其中77%的人口居住在郊区。

(1)欧洲国家的卫星城:欧洲国家的城市化表现为以原有中心城市为核,形成众多的卫星城。如德国有11个大都市圈,但是中心城市规模并不大,圈内聚集着4430万人且主要居住在郊区的卫星城,这些卫星城占全国城镇数量的近一半。从1971年开始到1974年,英国在郊区新建和扩建了22个城镇,基本都在大城市周边。瑞典通过引导工业向大城市以外地区迁移,并在斯德哥尔摩周边统一进行了卫星城规划和交通设施建设,目前卫星城与中心城市之间的交通流量占全部交通量的75%。荷兰的城镇人口几乎全部分散在以阿姆斯特丹为核心的兰斯塔德地区,这些地区的小城镇在空间关系上都成为了阿姆斯特丹的卫星城。由于众多卫星城对产业和人口的分散,中心城市的城市病得到很大程度的缓解。因此,欧洲国家的后工业化城市是卫星城的空间组织模式。

(2)美国的城市群:美国则表现为分散的、无中心和网络化的城市带和城市群。城镇的空间组织形式从20世纪60年代的"马赛克"特征逐渐过渡到20世纪70年代的"蒂斯代尔"风格。这种风格的城镇化瓦解了"中心—边缘"扩展模式,以城市蔓延的方式逐步向乡村渗透,并导致进一步的郊区化与中心化并存的多样化城市。在这趋势下,城市带和城市群不断出现,且范围越来越大,并随着大都市区急剧扩张,不断强化着其领导地区和全球经济的功能;但大城市并没有明显增加和扩大,主要是大城市周边的小城镇快速成长起来。1950—1975年间美国12个最大城市的郊区人口平均增长207%;1960—1980年出现了2000多个郊区工业园。20世纪70年代,美国50个大城市的人口下降了4%,而这些大城市周围的人口增加了5%。这些人口和工业园大都分散在城市周围地区,形成一个个不同的小城镇。这些小城镇围绕着中心大城市,形成了大都市区形态的城市群,在一定空间内,成为大中小城市相互配合、错落有致的城镇体系。这些众多的小城镇都分别承担着大都市区的不同功能,并通过城市间密集的交通网络连接起来,以网络化功能区行使着大都市区的功能。如纽约大都市区包括了周边的几百个城镇,人口达1890万。

美国著名的城市群有:①东北部的波士华城市群,包括波士顿、纽约、费城、巴尔的摩、华盛顿等一系列大城市和萨默尔维尔、伍斯特、普罗维登斯、新贝德福德、哈特福特、纽黑文、帕特森、特伦顿、威明尔顿等,共有5个核心大都市和40多个中小城市,以及数百个小城镇,占美国总人口的20%,城市化水平达到90%以上;②五大湖南岸城市连绵带(芝加哥—匹兹堡一带),以芝加哥为中心,有匹兹堡、克利夫兰、托利多、底特律等大中城市和35个小城市,以及数百个小城镇;③西海岸城市带(圣迭戈—洛杉矶—旧金山),从南至北,沿大西洋沿岸分布着圣迭戈、洛杉矶、圣塔巴巴拉、圣何塞(硅谷)到旧金山海湾地区和萨克拉门托,以及数百个小城镇。由此可见,美国的小城镇主要依大城市而"居",并不是孤立的。

(3)亚洲和拉美国家的城镇规模结构:20世纪20年代到70年代,日本进入快速城市化阶段,城镇人口从18%上升到76%,尤其是东京、大阪和名古屋地区(东京湾)一带在这一时期的年均城镇化率为2.51%,是整个国家的两倍多,集中了全国72%的人口。尽管日本1950—1990年间,京都、大阪、神户和名古屋的三大都市圈人口占全国的51%,但进入郊区化后,人口向外围环境好的地方迁移,农村人口与非农业人口混居,从而导致小城镇崛起。日本在1980年共有670个城镇,百万人口的只有20个,中小城镇占97%,呈现小城镇占优势的城镇规模结构。到2010年,东京大都市区人口超过100万的只有横滨、川崎和埼玉3个城市,12个人口在30万~100万之间的中等城市和77个人口在30万以下的小城市。

作为拉丁美洲的大国,巴西尽管也以城市集中度高闻名,但中小城镇比例仍然占优势。1999年巴西全国有5509个城市,100万人以上的有12个,15万~100万的有79个,15万以下的为5428个,占城市总数的98.6%。虽然1980年两个大城市里约热内卢和圣保罗,人口分别为858万和1209万,集中了全国城市人口的26%,但在圣保罗地区50~80公里距离内建设了8个环境优美、交通便利的卫星城,引导人口向中小城镇集中。同时,巴西自20世纪后人口也开始向中小城市迁移,2010年50万以下的城市人口占全国的48%,100万~500万的城市人口比重由17%提高到25%,成为主要的上升版块,因此中等城市而非大城市和特大城市是巴西主要的城市群。

由此可见,尽管亚洲和拉丁美洲以特大城市和大城市的高度集中而闻名,但基层仍有数量众多的中小城镇,从大到小的金字塔结构仍很显著。

3.城镇化中的小城镇发展。工业化导致的大城市病不但影响了城市健康发展,而且给西方发达国家带来了很多社会矛盾,如贫困问题等。以霍华德《明日的田园城市》为开端,发达国家开始了对城市发展道路和设想的探讨,如雅各布斯的《美国大城市的死与生》、柯布西耶的《明日之城市》、格迪斯的《进化中的城市》、威廉的《小城市空间的社会生活》、沃斯的《作为一种生活方式的城市化》、柯林的《拼贴城市》、盖尔的《人性化的城市》等。在这些经典著作的影响和城市发展实践的引领下,小城镇发展成为了当时人们对未来美好城市的向往。这时的郊区化条件已经成熟,如私人小汽车的普及等。城市郊区化在通过人口迁移、产业迁移减少大城市压力的同时,也通过小城镇成长分担了大城市功能。因此发达国家的小城镇是伴随着郊区化共同成长的。进入 20 世纪,多种多样的大规模生产模式和民主思想普及,使人们在大规模涌往郊区的过程中,产生了一种新型的社区,这就是特色小城镇的原型。

(1)欧洲小城镇的起源:霍尔在《明日之城》中总结了欧美郊区化过程中小城镇发展的几种实践。例如,针对 1880—1990 年间伦敦、巴黎、柏林和纽约大城市出现的贫民窟,这些地区通过在郊区建设新住房和新工厂,设置有轨电车、电气通勤车、地铁、公共汽车等公共交通,促使在城市中心地区的贫困人口向外迁移,从而在郊区形成小城镇。针对 1900—1940 年伦敦和巴黎等更加严重的城市拥挤,在霍华德田园城市基础上建设了很多卫星城。如英国的田园郊区汉普斯特德,利用地铁通勤实现了郊区小城镇与大城市的联系;德国的海勒劳田园市,是一个修建在通勤线路末端的田园郊区小镇,以传统手工艺作坊为特色;德国的西门子城,是由电子巨人公司于 1929—1931 年间在柏林城的西北部围绕电子产品生产基地建设的一个巨型的综合居住区。由于这些小城镇都只是为解决大城市过于密集人口而建设,功能单一,并保持着与大城市之间的密切联系,仍然是大城市的组成部分,故最后都成了大城市的卫星城。斯德哥尔摩为疏散就业人口,在绿化隔离带外建设了大型白领公寓,沿地铁线规划了一批卫星城,每个卫星城市都有 1 万到 1.5 万居民,而且有供这种规模的人口使用的邻里社区服务中心;每 5 万～10 万居民组成一个中心服务区,提供相当于中等城市规模的全套城市服务设施,如剧院、餐馆、办公楼、医疗中心、图书馆等,从而形成了以工作、居所和城市服务中心为核心的"ABC(Arbete,Bostad,Centrum)"社区。因此,卫星城是欧洲小城镇的开端。

随着郊区不断扩大,城市蔓延过多占用了大量土地,为了限制郊区无限制的扩张,英国从 1947 年开始控制新开发地区,采用绿地或农业用地作为隔离带,迫使中小城镇建设在更远的地区,使小城镇分布得越来越远。

(2)美国小城镇的起源:针对大城市本身的拥挤和杂乱,美国区域规划的权威人士,如克莱伦斯·斯坦因和刘易斯·芒福德认为,纽约、芝加哥和波士顿由于过于拥挤已经变成了"恐龙城市",可能会出现城市职能瘫痪,而小中心城镇即使经济和商业设施相对较弱,但仍具有产业优势。因此,他们主张通过最低限度的区域间贸易,在区域一体化背景下建设全国一体化的小城镇,将人口、产业和土地作为一个整体,使基于地理环境和资源条件的聚集地和资源的空间配置实现最优分布格局,从而根据城市所在地区的资源特点,以本地化为基础,以生态平衡和资源可持续利用为原则,提出"乌托邦"模式的城市空间组合形态,即各种各样的城镇社区与农庄、公园和乡村景观相互融合的郊区化空间组合。这种设想虽然并未完全取得成功,但为很多小城镇的发展奠定了基础,成为美国小城镇发展的主要模式。

(3)国外小城镇的发展:总体来看,发达国家小城镇相对于城市形成得比较早,且经历了郊区化的全部进程,因而在大城市还未占主导地位时就具有了独立性,几乎与大城市同步推进,从而使得发达国家的大城市数量并不多,反而是中小城市和小城镇数量巨大,且占绝对主导地位。美国共有35153个市、镇,300万以上人口的城市有13个,20万~100万的有78个,10万~20万的有131个,3万~10万的有878个,数千到3万人的小城镇有34000多个,10万以下的小城镇占城市总数的98.3%,且数量一直在增加。而且,所有的城镇单元,无论是大城市还是小城镇,其行政级别都是最低级的地方政府,没有高低之分。这使得大城市在行政权力上没有优势,反而是小城镇更容易为居民提供公共服务。因此,美国在城镇化水平为10%~30%的时期,百万人口以上的大城市从零增加了3座,1970年也只有6座;与我国城镇化水平相似的印度也只有10座。与此相反,1988年我国百万人口大城市占10万以上城市人口的比重为43%;同期我国10万~30万人城市的人口占10万以上城市总人口为27%,英国为62%,法国为60%,德国为44%,日本为36%。近些年的两次全球人口普查,发达国家小城镇人口增速是1.08倍,发展中国家是1.05倍,我国是0.88倍。我国的城镇规模结构与世界其他国家正好相反,小城镇发展严重不足,这与我国的行政级别与城市规模挂钩有密切关系。

(五) 新型城镇化过程中特色小镇的发展机遇与作用

1.新型城镇化道路探索需要可操作的实践空间。我国城镇化在经历了40多年的快速发展后,出现了土地城镇化过度,而市民化进程严重滞后,大量农业转移人口难以融入城市社会;"土地城镇化"快于人口城镇化,使城市"摊大饼"式扩张愈演愈烈,建设用地粗放低效;造城(镇)运动轰轰烈烈,有城无"市"、有镇无"业";城镇空间分布和规模结构不合理,与资源环境承载能力不匹配;城市化质量低,"城市病"问题日益突出;自然历史文化遗产保护不力,城乡建设缺乏特色;尤其是乡村发展严重滞后,除收入水平低外,乡村明显弱化,乡村在经济、社会和现代文明等各项事业都与城市差距逐渐拉大等等一系列问题。新型城镇化正是通过稳步提升城镇化质量、优化城镇化格局、设计合理发展模式、建设和谐宜人的城市生活、推进城乡一体化和完善体制机制,为解决现存的矛盾和问题提供了思路。我国的城镇化因其时代的特殊性,集中显示了"多梯度型城市化"和"制度型城市化"的特殊性,是以往包括西方城市化在内所不曾有过的,其社会问题与矛盾在某些方面也是前所未有的。因此,我国必须创造出具有民族性的城镇化道路与理论模式。新型城镇化的内容几乎涵盖当前中国社会的方方面面,范围涉及全国的城市和乡村,尤其是目前所要解决的问题主要集中在大城市病方面,而忽视了这些大城市病的根本原因,如中小城市发展迟缓,尤其是最贴近农村的小城镇发展弱化,是人口过度集中在大城市的主要原因。如果不从连接城市与农村的基层小城镇寻找出路,难以对城镇化道路和模式进行具有实践意义的深入探索。

在城镇化探索过程中,理想的城市化道路越来越显示出其局限性,与之相反,"实践转向"则显示出了强大的生命力。城市化是当代中国最大的历史情境,也是各学科研究最集中的现实主题,需要针对整个社会的发展阶段及社会属性来创造适合国家地方性的城镇化理论,这样才能够拥有一个适合国情的、良性发展的城镇化过程。尤其是我国的社会和经济情况与西方社会完全不同,与亚洲其他国家和拉美国家也有很大区别,同时我国又是一个地域、文化多样性和有着巨大差异的国家,因此我国的城镇化道路一定是要经过实践检验的、多元性、多模式、多类型、多层次的城镇化。而从本质上来看,目前我国的城镇化成果主要是"外发型"道路导致的外表繁荣、内容欠缺,丧失本土形态,还缺乏本土化的理论,属于资源高消耗型、多元化的不均衡、结构空洞型的典型的制度型城镇化,这使得要素机制被制度固化等弊端在普遍层面上表现出来,并缺乏一种面向不同价值选择和未来的包容性解决途径。在如此宏大的基本面上实施城镇化的公共政策,目前还缺乏一个在"利益获得"人群与"成本承担"人群之间伦理平衡的有效工具,在大面积推进新型城镇化的目标下,政策难以找到实施的实践环节,缺乏对其后果的持续性关注和反思性改进。因此,新型城镇化需要在特定空间、特定时点,寻找适合条件的地区,对新型城镇化的制度、道路和政策工具开展探索性实践。

相对独立于城市地区,特色小镇是具有明确产业定位、文化内涵、旅游功能、社区特征的空间发展载体,是实现生产、生活和生态融合的未来城市发展方向,试图用最小的空间达到资源的最优布局,与新型城镇化的方向完全一致。特色小镇可以在大城市、中小城市及县级行政单元和乡镇、村级等任何地域内进行选择,具有很强的地域性;同时,又可以将不同级别的城市与乡村结合起来,有利于打通城镇化过程中乡村要素与城镇要素流通渠道,在解决大城市问题的同时,照顾到乡村发展,有利于实现城乡一体化的发展。

2.特色小镇有利于探索基于地方发展的城镇化道路。大多数学者认为,中国城镇化问题多源于城市偏向的制度与政策。陈甫军认为户籍制度和城市偏向的投资政策是根本;叶裕民认为,当前影响最大、最直接的是户籍、土地和社会保障,乡镇政府根本无权决定土地的征用和开发;刘传江、杨虹经过实地调查后发现,即便是自下而上的城镇化制度安排,其基本供给主体是地方政府、企业或家庭个人等市场力量,但要想获得必要的生存空间,还是需要镇级以上的政府认可。另一方面,根据经济发展与人口增长的同步关系,理想的经济—人口平衡指数(GDP份额与人口份额之比)为1,大于1表明该地区在全国的经济地位高于人口,小于1则说明人口分布过于集中在该地区。很多学者指出解决我国大城市病的途径是控制大城市人口,但目前我国主要的大城市如北京、上海，其经济—人口平衡指数比值高达1.9；而全球高收入国家50万人以上城市功能区的经济—人口平衡指数的中位数仅为1.01，平均为1.07。其中，有195个城市功能区的经济—人口平衡指数处于0.7～1.3之间；国际上人口在500万以上的城市功能区中，经济—人口比值最大为1.67，最小为0.93，均值为1.27。城市规模等级的巨大差距是大城市人口膨胀的原因之一，不解决这个差距，大城市人口是难以控制的。上述事实都说明，新型城镇化要解决的问题，无论是大城市的城市病还是小城镇的发展不足，都与发展道路有关，而这个发展道路具体表现为强制性的城乡关系。

强制性的城乡关系，如长期形成的工农业产品剪刀差、城乡分制的户籍制度和土地权限，以及城乡居民在政治地位、发言权和国家治理权力等方面的巨大差别，都是我国作为农业社会长期遗留的弊端。这就说明，是制度导致的自上而下发展模式出了偏差，新型城镇化如果不从制度上进行突破，在城镇发展模式上加以变革，很难从根本上解决目前存在的问题。只有把城镇化提高到制度创新的高度，才能对问题和解决办法认识到位。但城镇化本身就是中国历史和当前所有矛盾的交汇点，是我国社会进程中各部门、各领域复杂关系实践的集中地，也是各种利益关系的交叉点所在；城镇化进程反映了中国社会的全貌，也是自上而下制度的缩影。因此，城镇化进程本身就是一种制度变迁过程。我国的历史反复证明，如果没有合适的条件和时间为这种制度变革提供实践机会，大范围的制度变革需要整个社会的动员，需要付出巨大代价，否则这个过程就会极其漫长。因此，新型城镇化的制度变革需要找到新的突破口。

特色小镇是指在远离城市地区的特定空间，既非行政概念，也非工业园区，而是相对独立于市区，具有明确产业定位、文化内涵、旅游资源和一定社区功能的平台。其发展目的既非简单地以业兴城，也非以城兴业，而是顺应城市郊区化趋势自然形成的集产业、文化、生活、生态等为一体的综合聚集区。它可以选择在大城市的市域范围内，也可以在边远农村地区的居民聚集点，它是跨行政级别的特殊地区。因而，它可以作为大城市产业和人口向外转移的目的地，也可以是在地方资源条件基础上,发展起来的区域聚集中心;既可以借用大城市甚至外部力量,也可以发挥地方自身资源和优势。因此,特色小镇作为一种特殊地区,能够根据城镇化进程的需要,针对不同问题,通过锁定特定矛盾和利益相关者,通过探讨运行模式,发现其中存在的具体障碍,并寻找合适的办法和有效的工具。

通过特色小镇的建设可以探索产城融合的郊区化模式,小镇的人口异地迁移与社会服务的问题需要制度的建立健全,小镇基础设施和公共服务的公共部门与私人部门的合作关系(Public-Private-Coperation,PPC)模式,小镇的地方发展权限与外部力量介入的关系,小镇生态环境与经济社会发展的关系,小镇当地文化传统与现代化之间的关系,小镇地方财权、事权与地方化发展的制度缺陷与解决办法,小镇景观建设与未来城镇发展方向,小镇生活方式与"慢城市"发展方向的探索,等等。特色小镇将城镇发展的问题和矛盾都集中落实在特定空间,探索其解决途径和政策工具,尤其是结合自上而下制度探索自下而上的城镇化发展模式的探索。这种探索可以扎根中国城镇化的历史进程,为变革城镇化制度及其可行性提供有效的实践经验。

3.特色小镇有利于探索多元化的城镇化途径。我国自然环境多样、地区特点鲜明,同时地区差距巨大、发展进程参差不齐,各地发展条件相差悬殊。无论是优先发展大城市还是重点发展中小城镇,都不能完全适应各地城镇化的需求。同时,大城市作为国家和地区政治、经济、文化中心和交流平台,是先进生产力最集中和活跃的地方,具有规模大、基础好、效益高、聚集效应明显、就业机会多、创新能力强、对地区具有较强的扩散和辐射能力等优势,但有人口拥挤、交通堵塞、环境污染等大城市病。中等城市则在一定规模的基础上,除拥有城市的聚集效应和规模效应外,还有发展潜力大等优势,但如果规划不合理,也会有一定程度的城市病。小城(镇)有靠近乡村、连接城乡和自然环境好等优势,但规模小、聚集效应差,发展能力弱。事实上,由于城镇化道路缺乏针对不同城市问题的有效途径,我国的大城市效率也不高,中小城镇也出现了环境污染、交通拥堵等大城市病,而且自上而下的制度弱化了农村地区的发展和组织管理,农村地区出现的文化缺失、传统丧失、生产力弱化等新问题已经波及小城镇。因此,摒弃行政命令式的人为设定城镇发展目标,遵循市场规律,充分调动各种利益相关者的积极性,发挥不同城镇的优势,因地制宜、因时制宜地探索,既有利于发挥大城市和中小城镇的特长,又能兼顾各地特点的多元化道路是新型城镇化的最优选择。

特色小镇可以选择在任何一个城市地区、任何一个级别的城市的市域范围内,甚至可以选择在任何一个乡村的独立镇(或聚集点)内,可以在发达的一线城市地区选择符合条件的郊区,也可以在落后地区选择有独特优势的地方。如住建部公布的第一批127个特色小镇中,东部地区有51个,中部地区有35个,西部地区有40个,每省平均有3~5个。一线大城市地区如北京、天津和上海都分别有2~3个,其余大部分都分布在二三线城市或一些小城镇地区。同时,这些小镇又分别具有特色旅游资源、文物保护、特色产品、乡镇企业示范基地、典型企业生产基地、文化艺术品牌、改革示范基地、众创空间、商业贸易、著名度假区、体育健康、科技乡镇、红色旅游、专业化生产基地以及经济强镇等特征。另外,发展途径和成长经历也各不相同。这种在全国范围内大分散,在省区范围内小集中的布局,有利于针对不同地区发展条件和特点,形成多目标取向的城镇化价值观,在多层次区域上,探讨多元化、多模式、多类型、多层次的新型城镇化途径,打破差序格局,形成"多梯度"型城镇化模式。

4.特色小镇有利于寻找有效的政策工具。当前城镇化出现的问题,如城镇化进程与资源环境承载能力不匹配、城市化质量偏低、人口拥挤、交通拥堵和环境污染等"城市病"问题日益突出,以及流动人口的户籍问题、住房问题等,主要原因有:①由于城镇空间分布和规模结构不合理,不同级别城镇对人口吸引力呈现出从大城市、中等城市、小城市到小城镇依次递减,造成人口向大城市流动;②人口大量流动形成的迁移型城镇化,以及部分人口到城镇后由于户籍等制度所限,变成不稳定的城镇人口,这些人口在大城市和特大城市集中导致了不稳定的城镇化。据中国社科院《中国新型城镇化道路的选择》报告,在2000—2010年间,大城市和特大城市人口增加迅猛,而20万人以下的小城市吸纳人口比重从2000年的18.5%降到2010年的10.31%。出现这种现象的根本原因是从大城市到小城镇,无论是经济发展水平,还是社会福利,抑或是基础设施建设,以及教育和就业机会等都呈递减趋势,而且差距巨大。尤其是基层公共服务比如社保、就业、医疗卫生、住房等,地方财政投入占全部投入的90%以上,而小城镇基础设施投入仅相当于大城市的13%。一直以来讨论的户籍、住房、流动人口管理等问题都是针对大城市,鲜有针对就地城镇化的地方发展问题的管理办法和措施,因而小城镇缺乏基层城镇化管理工具。另外,由于长期以来外发型发展的城镇化道路导致地方利益流失,基层组织责、权、利极其不对等,基层管理薄弱。因此,基层公共服务体制改革和共同治理体制的形成,是实现转移人口市民化的突破口。

特色小镇扎根在远离城市、接近乡村的地区,既可以集中地区发展力量和地方优质资源,又能利用外部资本,在逐渐开放的市场环境中,寻找地方共同治理的有效机制,探索政府、公共组织、企业和个人等,众多利益相关者共同参与地方发展的治理机制和发展道路。针对特色城镇建设中某些具体项目的实施,可以探索基于地方发展的创新模式,创立一种新的社会组织形式,使之能形成处理现代经济与传统经济、环境资源保护与经济发展、现代城市与传统文化、迁移人口与当地居民之间关系的能力;并通过这些模式在特色小镇中的实践,为新型城镇化提供基层管理工具和政策实施路径。

5.特色小镇有利于搭建城乡一体化发展的平台。长期的"二元"分制使得城乡之间的经济、社会差距不断拉大,农村较为落后的经济实力无力支撑农村公共服务的深度覆盖,严重阻碍就地城镇化,导致以人为本的城镇化严重滞后。大多数人认为这是造成我国城镇化过程中很多问题的根本原因。多位学者认为,正是这种分制形成的"外发型"发展模式,产生了一系列问题,并使城乡差距一直不能缩小,因而他们提出"内发型"的自下而上的城镇化道路。但从实践来看,由于没有一个有效的平台和要素流动基础,自下而上的道路仍然存在着以下问题:①乡村工业乡土化,制约了乡村工业乃至整个农村经济的持续发展;②农业兼业化使农业规模经营受阻,农业经济增长方式粗放;③

大量离农人口处于游离状态,造成资源浪费和社会不稳定;④分散发展的小城镇缺乏规划,表现出一种盲目和无序倾向;⑤城镇产业层次低,结构不合理;⑥农村生态趋于恶化,影响到整个社会经济的可持续发展。

特色小镇通过在乡村中心地区(已有城镇或中心村)建设一个面向外界的窗口和示范基地,在这个示范基地可以充分利用本地优势,借助外部的资本、发展经验、管理经验、市场等各种先进产业、服务业和理念,利用大城市需要转移出产业和人口的机会窗口,建设一个基于乡村地区的聚集中心。这样的聚集中心可以运用城市的社区管理方式,淡化行政化管制,通过强化自治和自律意识的提升,打破单一的管理主体,实行多元化的社会治理;可以采取灵活多样的人性化管理服务方式,以公共需求为导向,取代传统的刚性政策标准;可以培育和组建教育、卫生、医疗、社保、治安等各方面的公共服务队伍,明确划分责、权、利,从管理主体、服务对象、内容、方式等方面进行创新。这样的聚集中心可以模糊城乡界限,弱化城乡居民身份,推进共同治理。在这样的聚集中心,高端连接外部区域、低端连接本小镇腹地,打破以行政单元为划界管理模式的差序格局,直接将乡村和高端城市连接起来,搭建一个有效的城乡发展平台,并创造出可以将城市和乡村结合起来的"单层"网络结构,使地方资源和要素能直接与外界经济建立联系,并通过资本流动、人口流动和信息流等形成可以看得见的城乡一体化区域网络。这无疑是城乡一体化发展的突破口和捷径。

第二节 中国特色小镇发展的基本要素

特色小镇既是一个地区,又与行政范围有别,其功能的特殊性决定了需要有特殊要素,尤其是这些要素之间的高度融合来促成其成熟和可持续发展。由前所述,一个成熟的特色小镇的建设,一般与当地的经济发展水平、所处的区位和空间特征有关。同时,还需要有文化特质、自然资源,以及足够的开发建设资金和创新环境。总体而言,特色小镇成长和发展的基本要素大致有六项,即经济基础、空间资源、资金支持、创新氛围、文化底蕴和自然环境。其他如政策、人才等因素,前者取决于地方的改革力度,体现在很多方面,比较笼统,不能认为是一种要素,在基本要素层面上已经包含在资金和创新氛围中了;后者则是由地区产业发展、环境条件、创新氛围以及文化特质所决定的区位吸引力作用的结果。因而这些非基本要素可以视为次生要素,其丰裕程度和使用效率仍然取决于基本要素。

一、经济基础

地区经济基础是特色小镇发展的核心。中外实践都证明,城市规模随着城镇化进程,经历着由小到大的变化过程。但是,特色小镇却是在城镇化到达成熟阶段,大城市增长放缓,甚至停滞或缩小后,而在外围地区出现的、具有独特功能的小城镇,即特色小镇多数是城市郊区化的产物,而郊区化是与经济发达和后工业化相伴生的产物。这就说明,特色小镇与经济发展水平息息相关。反过来,特色小镇也是城市经济的载体,随着大城市功能疏解,特色小镇甚至承担了大城市产业的某个特殊功能。因此,特色小镇要以产业为核心,与大城市形成以产业为关联的空间整体。例如江苏省一贯对县域经济发展的重视和支持,是该省特色小镇领先发展的重要基础。

(一) 特色产业的根植性

由前所述,特色产业是特色小镇的核心,而特色产业的发展是建立在地方产业基础上的。如果地方的生产基地规模太小、龙头企业不强、配套企业缺失、人才缺乏、融资困难,产业不能形成从生产、加工、包装、储藏、运输到市场化的完整链条,品牌做不精,产品就会缺少话语权,特色产业就无从谈起。即使外部投资专门生产某种特色产品,但围绕该产品生产的各种生产服务和配套设施、配套产业过于薄弱,也会增加生产成本,削弱竞争力。

因此,特色小镇需要地方有特色资源、比较扎实的产业基础、一定的经营规模、生产技术、管理标准、深加工能力、市场拓展能力和一定的投资能力,才能打造特色产品。与此同时,这种产业在地方需要具有一定的根植性,即核心企业与地方各组织之间建立的长期合作与信任关系。约翰逊将产业集群的根植性描述为,企业与本地经济和社会、文化及政治上的联系,包括认知根植性、组织根植性、社会根植性、制度根植性及地理根植性。我们认为,特色产业的根植性主要在于核心企业(或产业)与当地经济和社会环境对该产业(或企业)产生的有利或不利因素,居民认识是否与企业文化具有趋同性,及居民是否普遍具有该产业(或产品)的生产或销售技能。

从不同类型的特色产品来看,根植性对于农产品来说,主要是基于该产品产地的地域特征而形成的品牌;对于工业品来说,主要是生产配套能力和产业基础;对创意产业等现代服务业而言,是当地居民的收入水平和消费习惯。因而,从地区经济总体角度来看,产业根植性的这些条件大都是建立在地方经济和产业发展基础上的。到目前为止,我国特色城镇和重点小城镇多的地区,其经济都较为发达,例如,县域经济发达的省份,特色产业也得到了快速成长;全国第一批特色小镇中的产业型小镇,主要集中在长三角和珠三角。因此,特色产业需要地区产业基础。

(二) 知名度需要地区产品竞争力

对产业型的特色小镇而言,产业或产品知名度是特色小镇的竞争力。无论是产品还是城镇的品牌形象,其知名度取决于资源、工艺、技术、功能、成本等的独特性与优势度,这种独特性和优势度与其知名度成正比,即优势度和独特性越强、知名度越高,表现在空间方面,就是其优势度和独特性能辐射至多大范围,其知名度就能延展至多大范围。在考虑空间尺度的前提下,产品竞争力的大小,取决于所在地生产该产品绝对优势度的大小。这种绝对优势度指的是,该地区在这个空间范围内经济发展的地位,以及这种地位为生产该产品所带来的成本和功能的绝对竞争力。

一般来说,特色小镇的核心产业所锁定的空间范围往往在省级区域尺度上,但知名度能达到全国甚至全球。这样,这个小镇所在的地区就需要在全省、全国甚至全世界具有生产这种产品的绝对优势。这种绝对优势就是该地区经济发展到一定程度后，能够提供生产该产品的资源、劳动力、技术储备、组织管理能力、协作配套能力和市场拓展能力。这不仅需要具有绝对优势的地区资源，还要有能够使这种资源产生经济效益的地区经济要素，如劳动力、土地、配套产业和设施、资本甚至文化凝聚力和认知力。

在实际操作过程中，企业往往从消费角度考虑，而忽略了竞争力需要的是地区绝对优势。比如，北京周边的张裕爱菲堡、龙徽博物馆、房山波龙堡、沙城中法庄园、红叶酒庄、桑干酒庄、德尚酒庄这些以葡萄种植和酿酒为特色的郊区农庄，尽管已经建设经营了多年，但大多仍处于单一景点状态，难以形成特色小镇，主要原因就是主要产品不具有绝对优势。北京虽然有巨大的消费潜力，但这些郊区农社所在的地区并没有种植葡萄和酿酒的绝对优势，也没有配套产业和消费氛围，无论是产业根植性，还是竞争力都不占优势，同时，适合这种消费的北京人，单倾向于选择外地甚至国外更具有西方酒庄氛围的地方，而不是这种不伦不类的非西非中式酒庄。

(三) 产城融合需要地区经济支撑

产城融合是特色小镇的目标，也是城镇化质量的一个指征。城镇化由两种动力形成，一种是城市经济增长对劳动力的需求，另一种是农业劳动生产率提高产生的农村剩余劳动力从农村向城镇的转移。前者可称为城镇化的拉力，后者称之为城镇化的推力。两种力都是地区劳动生产率提高和经济发展的产物。因此，城镇化本身就是建立在地区经济发展基础上的。尽管城镇化有"外发型"和"内发型"两种方式，但健康的城镇化归根结底还是由地区经济发展到一定程度而产生的。作为"城市之尾"和"农村之首"的小城镇与农村联系更紧密，是农村经济发展后产生的剩余劳动力转移的最直接目的地。因此，是地方经济发展导致城镇化，而不是城镇化导致地方经济发展；是地方经济发展产生了特色小镇发生的条件，以及对特色小镇的需求，而不是特色小镇导致地方经济发展。当然，特色小镇可以引导地方经济朝健康方向发展，可以在一定程度上使之少走弯路，但不能在毫无经济基础的条件下盲目推进。

腹地与中心城镇的经济发展息息相关。城镇是腹地经济领导者和要素的聚集核心,腹地是城镇发展的经济支撑。有什么样的腹地就有什么样的城镇;有多大的腹地经济规模,就有多大的城镇规模;腹地经济水平在何种程度,城镇质量就在何种程度。有很多落后的地方,虽然很有特色,但是这种特色仅是未曾开发过的原始自然特色或文化特色,没有经济实力进行城镇基础设施建设,没有完善的公共服务和富有情趣的城镇化生活,仍然不能成为特色小镇。只有地区经济发展到一定水平才可以为城镇建设提供足够的资金,进行基础设施建设和提供完善的公共服务,才有条件实现产城融合。事实上,最先提出具有实践意义特色小镇的浙江省,既通过"块状"经济为新型城镇化奠定了经济基础,又面临"四个经济转型"的需要。"四个经济转型"指的是,增长由高速转为中高速、发展方式由规模速度型转为质量效率型、经济结构由增量扩容转变为调存优增、发展动力由传统增长转变为新极带动的转型阶段。为此,浙江省设想通过特色小镇为经济转型的七大产业,即信息经济、环保、健康、旅游、时尚、金融和高端装备制造业,提供发展机遇,并围绕"块状"经济所在地区布局紧凑性的产城融合型特色小镇,如余杭家纺产业集群、绍兴纺织产业集群、杭州装备制造业产业集群和海宁皮革制造业产业集群周围都逐渐显现了一批特色小镇。

二、空间资源

空间资源是特色小镇的载体。自2000年以来,我国城市空间扩张速度加快,导致城市蔓延,并在一定程度上增加了运行成本,降低了城市运行效率,乃至引发了资源浪费和空气污染等问题。所以,大规模占用土地的产业园区模式难以为继。如何在土地供给逐渐缩减的情况下,以集约用地方式建设特色小镇,是扭转城镇化过于粗放的契机。

(一)特色小镇对空间选择的要求

土地是特色小镇建设的基本条件,为避免重走过去土地财政圈地卖房的老路,特色小镇对空间选择要有更高要求。因此,特色小镇建设是以产业为核心、实现经济转轨的重要手段,需要布局在经济效益较好的地方,同时又要兼顾自然和人文环境,选择在能充分体现其独特性的地区。作为连接城乡，又需要突出发展特点的特殊区域，特色小镇在空间上可以有多种选择。

1.大城市周边的特色小镇。选择在大城市周边自然环境和人文条件比较好的地区的特色小镇，可以借助大城市的经济辐射和产业转移，承担大城市的特色功能。这类地区一般具有边缘城市的特征，即处于城市外围、依托大城市并以某一项职能为特征，具有强劲生长点。处于大城市边缘地区的小镇，一方面，其土地利用受到了限制，一般地价也较高，仍需要受该城市建设用地的总量控制，尽管可以进行一定程度的土地置换，但土地成本仍然构成了其主要的商务成本；另一方面，其自然环境也难以具有独特性，故特色小镇数量都有限。

2.中等发展地区的特色小镇。中小城市大多属于三、四线城市，房地产库存巨大，已经面临严重的过度开发，满足特色小镇要求的地方较少。这类地区则多采用背靠城市的办法，在与城市保持一定距离的情况下建设特色小镇，既可以享受便利的产学研配套的聚集优势，又可以避免大城市的喧嚣。如杭州临安云制造小镇，定位在杭州郊区，利用周边环境建设了客创工厂区块、众创服务中心区块、创智天地、科技创意园以及装备制造产业智能化提升改造区的综合小镇群。

3.落后地区的特色小镇。特色小镇选择位于经济较为落后、某种自然和文化在全国甚至全球具有独特性的地区，可以利用地方经济和产业发展的需要，通过内发型方式形成自己的品牌。这类小镇一般属于独立城镇，无大城市可依靠，需要周围腹地的支持。小镇建设需要内部与外部资源共同发力，需要更加开放的政策环境，保证各类资源不断成长和涌入。由于脱离腹地孤立发展，小镇难以形成规模，更难以可持续。因此，一定要避免特色小镇孤立存在。

在经济较为落后的边远地区，尽管空间潜力很大，但具有特色的自然和人文资源往往分布在山区，受地形地貌所限，也难以进行大规模开发。例如云南省临沧市凤庆县鲁史镇，山地面积占了全部土地面积的98%，已建成区均已位于山脊上，可建设用地平均坡度都在20%左右，平均海拔2000米，未来能够用于建设的用地仅为1.1平方公里左右。这就决定了特色小镇难以在更大的空间范围内全面铺开。尤其是我国城镇化过多占用土地、进行了多次"造镇"运动后,具有这种条件的地区已经很少,有空间条件限制的特色小镇,在起始阶段仅能选择在有限地区实施。

(二) 特色小镇的空间维度

特色小镇建设以维护生态安全为底线,向生态功能增强、环境品质提升、空间结构优化、资源持续利用方向发展,就要以原生态保护为重点,充分挖掘区域内的水系、绿网、绿廊、公园等生态要素,明确开发建设强度。尤其在镇中心地区,需要积极完善公共服务及生活服务功能,重点布局居住、餐饮娱乐、商贸金融服务设施,配套建设社区服务中心、卫生服务站、健身会所等社区公共服务设施,强化创业服务、商务商贸、文化展示、接待咨询等综合服务功能,形成自然和人文共融、创新与产业互动的城市新空间。

特色小镇在土地约束日益收紧的情况下,既要实现经济与环境、产业与城市、自然与人文的有机融合,又要探索存量空间与增量空间相互织补的城市有机更新方式,在增量空间之间搭建融合的桥梁,为存量空间探索多样化的复活方式,就需要探索出一种多维度,这种多维是指社会、经济、人文、自然等维度在空间上的高度统一的空间结构。借鉴"田园城市"理念,将多重功能在空间上进行组合,建设立体城市。即从空间设计上,通过垂直分布各功能层,比如引入城市内新兴的垂直绿化,实现垂直空间的城乡融合田园城镇,进行"多重空间"实践;在产业功能上,按照不同产业对密度的要求,通过有机组合生产、生活和生态要素,以疏密搭配的方式,将各种产业功能区进行组团式组合;从城镇多样性上,将住宅、商业、娱乐、医疗、体育、宗教、文化、休闲、会展等进行融合化的空间布局;并细化功能空间形式,采用整合、叠加及聚集等多种方式,实现资源利用的最大化,同时,与日常出行半径最小化完美结合,创造生产生活满意度最高化的新型社区。

云南昆明呈贡区斗南片区的城镇,以花卉闻名,其核心区堪称花卉小镇。基于田园城市理念,相关学者提出了"多维设计十多重空间"的方案,采用"三维空间",打造"立体花卉斗南"。该方案将垂直绿化融入其中,实现垂直空间的城乡融合,通过田园城镇的"多重空间"构建了区域、城镇、社区三级设施和绿化网络。尤其是利用植物墙形成一个半室外的绿化休闲空间,在遮阳的同时形成一个导风廊道,能够有效改善镇区风环境,同时植物本身也起到调节气候的作用。同时,在立体绿化中,植入"花腰文化"的民俗概念,不同配植的草皮还搭配出彩色的"花腰带",在帮助建筑遮阳的同时,还展示了花腰风情,体现出了民族特色。在这种立体的空间概念里,还通过改造街道激活了街道生活空间,强化了小镇的公共空间功能,为增加多重功能在公共空间融合提供了机会。

产业小镇是杭州基金小镇的核心项目。该项目在强调营造以人为本的社区理念下,以适宜的密度组团方式,有机聚合了生产、生活、生态要素,形成核心区800米辐射范围的微小镇生活圈。除了空间丰富的办公场地,小镇还融入了住宅、商业、娱乐、医疗、体育、宗教、文化、休闲、会展等多种城市综合功能。小镇客厅由陶瓷品市场就地改造而成,配备中心广场、游客中心、金融展示中心、运动健身中心、酒店和酒店式公馆、图书馆、特色餐饮等内容,充分向光临小镇的游客展现小镇丰富的功能,体现了产业空间社区化。由此可见,融合空间恰恰是特色小镇优势所在,它可以通过较小的空间面积,实现较完善的城镇综合功能。

另一个关于小镇群的例子,是云南省临沧市凤庆县鲁史镇。该镇是典型的山区镇,可建设用地已所剩无几。对这类地区往往可以依据当地的自然条件,采用组团方式进行特色小镇建设。鲁史镇就是将小镇沿山脊带状实施嵌入式布局。具体做法是,在保留镇区周边山头、沟箐、大树、田园等自然地物特征形式的同时,依据山势,总体构建带状山地的田园组团型城镇群。这种组团型城镇群,使建设与地形和地貌融为一体,实现了组团化发展,做到了既尊重地形的同时也尊重地物特征。

由上可见,特色小镇的空间资源,既缺乏又有丰富的潜力,如何开发关键在于建设理念、设计方式和发展路径。特色小镇的发展是多样化和多维度的,其空间布局也是多样化和多维度的,结构必然是丰富多彩的,不能千篇一律。

(三) 特色小镇的土地利用方式

特色小镇是集多种产业、人居、研发、营销、现代服务等功能为一体的综合功能区块，是基于多样化特征的综合型聚集中心，因而，土地利用必然是节约高效和多样化的。由于工业用地和建设用地在多数城镇已经十分紧张，而特色小镇又不能大面积开发和扩充，因此，特色小镇应在不增加建设用地的前提下，寻求丰富多样的发展道路。

制造业型小镇需要通过三条途径解决土地利用问题：一是通过盘活原有工业用地，将原来未运营或效率不高的工业用地进行重新规划，转型升级、集约使用；二是对原有工业用地进行土地利用性质转换，降低工业用地规模，增加旅游和商业用地，改善用地结构。农产品型小镇需要增强公共设施和公共服务建设，将原有的粗放型建设用地转换为现代服务业和流通业用地，增加旅游功能和居住功能用地，强化城镇功能。旅游小镇需要在不过度开发的前提下，增加旅游设施和公共空间用地，将住宅与服务用地相互嵌套，实现居住与产业融合、开发与生活融合。总而言之，无论哪种小镇，都需要以保护自然环境和改善城镇设施和服务为前提，使土地利用朝着集约化、多样化、多功能化方向演进。如杭州丁兰智慧小镇的规划区内，既有现代服务业，又有高端制造业，还有学校和医院等城镇综合设施。

特色小镇的很多非农用地或建设用地，主要从农业用地征地转换而来。2016年《关于完善农村土地所有权承包权经营权分置办法的意见》提出，对农村土地实行所有权、承包权、经营权分置并行，为新型城镇化尤其是特色小镇土地的多样性开发提供了巨大契机，意味着可以通过特色小镇建设先行先试以租代售等改革创新模式，结合各种新兴业态需求，对现有土地使用性质进行改造，盘活大片土地存量资源，为特色小镇建设提供更有效空间。

(四) 特色小镇的空间利益关系

特色小镇往往处在城乡结合部，是农业用地和城镇用地的交叉点。随着城镇化进程的加快，土地由农业用地向城镇用地转化过程中的各种利益焦点都会在该地区反映出来。主要空间利益关系表现为：

土地权属性质和使用性质转化过程中的利益关系纠结;城镇发展产生的垃圾和污染等空间负效应在此集中。这些利益变动,都会牵涉到不同利益相关者之间的矛盾和冲突,空间利益关系如果处理不好,会成为特色小镇发展的障碍。

大城市周边的空间利益关系主要表现为大城市空间扩张征地过程中的利益损益以及对周边地区带来的空间负效应。这种利益关系在城乡结合部地区最为明显,主要表现在:大城市在拥有优美环境和完善设施的同时,将一些负面的空间效应通过空间置换转移给周边地区,使得外围地区承担了大城市转移出的垃圾、无序建设、非正规产业,以及低收入群体集中而产生的负面影响。

以垃圾为例,根据环保人士测算,中国约有三分之二的城市陷入了垃圾围城的困境,城市垃圾年产量达1.5亿吨,而且绝大部分露天堆放在城市外围地区。这些垃圾影响了城市外围地区的景观,并对当地大气、水和土壤产生严重污染。例如,北京日产垃圾1.84万吨,且每年将以8%的速度递增,每年将废掉500亩地,且大都分布在六环以外。而这些堆放垃圾的地方,正是北京市郊区自然环境较好、交通便利,可以作为特色小镇的地段。上海的生活垃圾高峰时每天可高达2万吨,且每年将以5%的速度增长;南京日产垃圾接近万吨,且市区垃圾卫生填埋场已无地可埋,只好向外推移;东莞这种中等城市的垃圾增长速度也已超过GDP的增速。

因此,在选择大城市周边地理位置好的乡镇作为特色小镇的时候,也常常面临垃圾等的困扰,以及自身无力解决和建设卫生设施的难题。这是小城镇与大城市之间空间利益的博弈。如何协调空间利益(比如补偿或承建设施),通过利益机制为小镇建设创造公平环境,也是特色小镇探索的内容之一。例如作为杭州首批32座市级特色小镇的天子岭小镇,总占地255.48万平方米,曾经承担了杭州主城区100%的生活垃圾疏运工作和93.49%的垃圾末端处置工作。杭州市政府通过对产业条件并不好的外围地区给予更多财政补贴和转移支付,采取"引智、引资、引技、引才、引文化"战略,与两家环保类上市公司——江苏维尔利环保科技股份有限公司和蓝德环保科技集团有限责任公司签约,研发、制造垃圾处理技术和设备,并通过空间布局,组成环保装备研发制造区、再生资源加工区、生产配套区、生活配套区、物流配套区等8个片区,吸引了中科院院士工作站、浙江省长三角循环经济技术研究院杭州研究中心、江苏维尔利环保科技股份有限公司、蓝德环保科技集团有限责任公司、杭州图书馆环境分馆、西泠书画院、浙江省西湖诗社、绍兴会稽金石博物馆、杭州陶瓷印艺术馆等9家单位与小镇达成战略合作伙伴关系。这些措施使天子岭成为全国首创、浙江省内首个以绿色为主题、以环保产业为核心、集生态文化、工业旅游、科教示范等多种功能于一体的循环经济产业示范基地,并因此被称为杭州"静脉小镇"。

另外,在较为边远的小城镇地区,有比较好的自然景观,但由于景观建设严重滞后,与美丽小镇有较大距离。尤其是农村地区垃圾问题日益严重,而小镇由于与农村地区接壤且被农村包围,在享受周围腹地充裕劳动力和资源以及低物价等优势的同时,也面临乡村垃圾堆放带来的困扰。由于这些地区在解决垃圾难题时缺少资金和技术,使农村地区的小镇景观普遍因垃圾而遭到破坏。随着新技术和环保产业的发展,一些地区探索出了行之有效的解决办法。以广西桂林阳朔县葡萄镇为例。该镇免费拿出3000平方米土地和一系列鼓励措施,引进了一家生活垃圾复合燃料厂。这家复合燃料厂采用新技术将生活垃圾转变为复合燃料棒,不但回收垃圾还生产燃料,使镇区所在地环境得到了根本改善。从这个角度来看,最终的公共收益是大于投入的,即使企业无明显收益,政府也应该采取利益补偿等办法来引进类似企业。这是通过空间利益换取整体收益的有效途径。

三、资金支持

资金是支撑特色小镇成长的必要条件。特色小镇建设与其他的城镇建设一样,同样需要资金支持。我国小城镇大都规模较小,税源性项目少且规模小,财力短缺,是大部分小城镇面临的普遍问题。同时,小城镇自身可以使用的政策工具、资金支持十分有限,而且发展空间相对狭小,可借力、借势的余地不大,往往很难引起战略投资者的关注。尤其特色小镇和传统城镇建设不同,约束条件多,服务性和公益性强,社会资本进入更难。如何创新投融资模式,吸引更多资本,是建设特色小镇又一个需要探索的领域。一般来说,用于特色小镇建设的资金,与具体项目对应,主要从五个环节进行投入。

1.土地开发投资。我国的土地一级开发,是指由政府或其授权委托企业对一定范围内的土地进行适当的基础设施建设,使其达到具备给水、排水、通电、通暖气、通信、通路、通气以及场地平整(又称"七通一平")的条件,使二级开发商可以进场迅速开发建设。随着"政府主导、市场化运作"原则的进一步落实,其中逐渐引入了私人资本介入,多元化的融资渠道成为土地开发的主要方向。但是由于基础设施建设存在专用性、非流动性、服务局限性和成本的劣加性,而且投资规模大、投资回收期长,表现为明显的巨额资本沉淀性,私人资本一般不容易介入。从目前来看,我国城镇基础设施建设的主要资金渠道,有政府投资、银行贷款、信托融资和土地储备基金等。

在城市地区的土地开发中,无论是开发商还是政府都对土地增值有较高预期,从而资本回收期相对较短、盈利能力较强,因此比较容易筹措资金;而在特色小镇建设中,由于小镇的经济规模小、产业竞争力尚未显现,投资预期存在诸多不确定性,"七通一平"的基础设施建设资金回收周期会更长,而且缺乏规模效益,加之小城镇土地储备不健全,政府财力紧张,融资渠道更加狭窄。如果在已有建设用地上进行改造性建设,地上物复杂、且对周围环境要求严苛,拆迁成本高和难度大等诸多困难相叠加,资金缺口比城市地区大。另外,特色小镇的多样性用地导致建设项目种类多、规模小,资金收益往往不高。

2.房地产开发建设资金。尽管我国的房地产业方兴未艾,还是主要靠银行贷款和商品房预售筹款。无论是哪种资金来源,都是基于投资者和出资人对房地产价格上涨的高度预期。这使得我国房地产业在经过了十余年的高速增长后,房地产存量近年连续增加,价格虚高引发的泡沫已成为国家经济的主要威胁。尤其是三、四线城市的高库存,更不可能通过高房价预期为小城镇建设筹集更多资金。尽管特色小镇的产城融合理念为文旅型特色小镇的房地产业开辟了一条新途径,但却对开发商提出了更高要求,项目的多样性和高度融合性,要求资金使用和来源以及运营模式的多样性,也致使资金使用成本增加。

3.运营资本。城镇化质量要求城市管理水平进一步提高,城市运营成为提高城市管理水平的重要途径。所谓的城市运营,是一个贯穿从土地一级开发到城市发展的全周期和全方位的多类型、多功能复合系统,需要建立在对城市发展和城市化具有前瞻能力的基础上,通过整合各种资源,为城市提供综合服务。其本质含义是,建筑载体与城市空间相结合,并对城市进行多系统的组织与管理,要求企业、运营商、主管单位、监理单位、设计单位、政府监督部门、规划部门、公用事业部门、市政部门以及周边相邻单位及住户的相互配合、协同发展;需要与社会经济发展目标和城市总体规划目标紧密结合,进行统一规划、合理布局,获得良好的经济效益、社会效益和环境效益。与传统地产和城市管理相比,其特点是部门多、参与主体多,完全是一个各种营运方式相结合的自我积累和自我发展过程,因此,定位规划难,专业性强;资金需求大,财务成本高;招商难,运营风险大;人才要求高,管理难度大;体量巨大,投资规模大,开发周期长。特色小镇要保持产城融合、自然与环境融合,以及在各方面相协调,就需要开发商从城市规划、城镇设计、土地一级开发、二级开发,以及招商、产业配套服务、公共服务和商务服务,甚至社会服务等进行"一揽子"承包。与其他形式的城市运营相比,特色小镇的建设目标与城市运营目标更契合。因此,综合运营资本是保证特色小镇成功的关键。

4.产业投资。特色小镇需要以产业为核心。无论是制造业、农产品加工业还是服务业,甚至休闲旅游和文化创意产业,其实现的主体都是企业。特色小镇的产业起步晚,项目规模小,比较适合小企业运作。而目前我国的小企业,尤其是民营小企业,都面临资金短缺难题,这已成为中国经济的痛点之一。而新兴产业包括文化创意产业、旅游业、现代服务业等,又非常适合特色小镇中的特色产业。由于没有固定资产作为担保,加之受非国有性质歧视,导致信用文化缺失、抵押式担保能力不足、规模小、盈利能力差、经营风险高以及信息不对称等问题,小企业尤其是创新和创意型小企业,融资变得异常艰难。浙江省的民营经济发达,伴随着的是活跃的私募以及地下钱庄等企业需要的非正规融资渠道。其他地区一般不具备这种融资环境。而即使政府为了发展特色小镇直接投入资金支持,也仅能解燃眉之急,却不能持久。因此,要促进以小企业为核心的特色产业发展,需要改革产业政策,创造中小企业的发展环境。

5.品牌打造。小镇需要进行城镇品牌打造,才能成为真正的特色小镇。城市品牌有很多途径可以实现,以资金运作为核心的城市品牌打造,被称为城市经营,其资金链及运营主体构成了城市经营的主要内容。一般来说,城市经营的要素包括土地、河湖、绿地等自然资源,也包括公共设施等城镇公共有形财产,还包括如公共场所的使用权、冠名权、专营特许、文化遗产、广告设施以及城市形象等无形资产。城市经营的目的,就在于通过运作这些公共资产使之升值。在这些公共资产中,土地资产最容易升值且外部收益最大,投入产出比最高,甚至很多时候不需要投资,就能从城市发展中获得数倍的升值收益,一般来说经营主体是政府;无形资产则往往被企业用来获得品牌收益,如旅游企业和农产品企业,利用地域优势进行的宣传,虽然有时候也有政府投资推动,但经营活动的主体主要还是企业;作为城市发展的先导条件和基础性投资领域,基础设施的投入产出比最差,一般要靠政府投资,企业和居民获益,在无利益补偿情况下,社会资本不可能介入。从资金运作和利益角度考虑,政府投资基础设施的积极性也不高。

因此,为了更快地推进基础设施市场化,政府需要在三者之间进行利益平衡,如将土地收益与基础设施投资挂钩,建立外部利益重新分配机制,通过外部收益平衡机制进行资金运作和经营城市,打造特色品牌。在解决特色小镇建设融资难的问题上,毫无疑问,采用公私合作伙伴(Public-Private Partnership, PPP)模式,是目前比较可行的,也是我国城镇化的发展方向。但是如何运用PPP模式依托金融资本,运用政策合力,调动企业积极性,整体打造特色城镇是区别于以往城镇建设的关键。

四、创新氛围

创新是知识活动与管理活动的不断更新,是特色小镇成长的动力。作为新型城镇化的创新试验田,特色小镇不但在产业创新、制度创新和管理创新等方面具有改革任务,而且要通过创新探索产城融合、人文与自然融合以及城乡融合等未来城镇发展方向。特色小镇是以某一特色产业链为核心,融合投资链、创新链、人才链、服务链等要素的创新生态区,因此,特色小镇的创新是综合创新,包括人文环境、政府治理、企业创新以及区域创新生态系统等的融合创新。这个创新系统需要具有嵌套性(众多生态型组织的聚集以及多元生态系统的叠加)、整体性(所有主体间的相互适应)和自组织性(从无序到有序的发展过程)。根据最新报告,浙江省已明确将特色小镇定位为综合改革试验区:凡是国家改革试点,特色小镇优先上报;凡是国家和省里先行先试的改革试点,特色小镇优先实施;凡是符合法律要求的改革,允许特色小镇先行突破。针对特色小镇规模小、任务综合和在城镇化中承上启下的作用,就其初始阶段的创新而言,主要功能是搭建创新平台,进行治理创新和政策创新试验。

1.创新平台。特色小镇的目的之一就是为产业转型搭建创新平台。即通过特色小镇这种特定的空间和全面融合的空间组织形式,为产业转型和管理创新探索可行性办法。例如浙江省根据现阶段“块状”经济面临的问题,提出在特色小镇聚集信息、环保、健康、旅游、时尚、金融、高端装备制造等七大新兴产业,并将其与丝绸、黄酒等传统经典产品相融合,通过在特色小镇这个特殊空间聚集人才、技术和资本进行创新。可以看出,这时的特色小镇就成为了一个全面创新的综合平台。在这个特定空间内,创新企业可以将地区声誉、交流沟通渠道、宜居环境、客户服务可达性以及创新政策等区位要素,与本企业的创新方向相结合,与其他企业和组织形成创新共同体,共同打造创新空间,随着创新空间组织结构的逐步完善和网络化程度的加深,从而形成创新生态系统。在这个系统中,创新主体之间,以及他们与赖以生存和发展的地区环境之间的各种要素组成类似生物群落的相互共生、共同发展的动态平衡系统。

虽然特色小镇是在各种创新空间演化基础上形成的新空间,但由于其地区发展的延续性,与各种空间也都存在着继承性。根据目前已有的创新空间类型,一般有以下几条途径可以打造成特色小镇的创新平台。

一是通过科研院所(校区)已有的人才、成熟的配套设施和自然环境条件,打造研究型创新平台。一般来说,这类地区已经形成了科技园和高科技产业区等创新空间,但是占地面积大、产业单一,城镇建设缺少特色,尤其缺少生活气息。可以考虑在这类地区选择一些与市区稍远、自然环境好、相对独立和安静的核心区,借用已有的设施,按照特色小镇要求,改造城镇景观,整合现有的创新园,以众创空间等方式创建特色创新区域。如杭州西区利用其城镇设施成熟的区位优势,发挥浙江大学的人才资源和邻近西溪国家湿地公园的区位条件,在老文教区和高新区江北片,创建了浙江大学科技园、东部软件园、杭州数字娱乐产业园、西溪创意园、西溪金融互联网小镇等一批创新平台。其中最为典型的是在这些创新园区基础上形成的梦想小镇。

二是利用同区以及孵化器等创新空间搭建创新平台,通过弥补生活等设施,朝特色小镇方向发展。一般来说,各种科技园都有不少孵化器,这些孵化器其实就是众创空间的雏形,同时又有科技产业支撑,是产业转型和创新的最佳平台,经过进一步强化城镇功能、休闲场所和文化建设,很有潜力成为创新聚集区型的特色小镇。

三是与景区共同主导建设创新平台。依托自然环境好的景区,借用周边能获得的创新资源,如已有建筑物和文化设施,经过改造,成为有特色的创新空间。如杭州市西湖南部环境优美,经过对旧厂房、旧仓库、旧营房和旧住宅的改造,建设成了山南基金小镇、望江智慧小镇、西湖创意谷等创新平台。结合附近的历史遗迹,再进行活力街区建设,表现出了向成熟特色小镇迈进的发展趋势。

另外,在各种融合的条件下,还可以通过园区与校区融合、园区与社区融合、园区与景区融合等多种融合途径,创新空间组织模式,为特色小镇建设奠定基础。如云栖小镇、梦想小镇、山南基金小镇等都是成功的例子。

2.治理创新。特色小镇以产业链为媒介,以企业为主体,以创新平台和创新机制为保障,可以无限对接区域内外创新资源,包括资本、人才和技术,从而形成不断创新的生态系统。这也是一个从政府主导向市场主导进行创新的转折点。具有地方特点的小镇空间,既不是一级政府所管辖的行政单元,但又在一个行政建制镇的区域范围内;既类似于社区,但又有产业功能。因此,它是一个集经济和社区服务为一体的创新空间单元。在这个单元内,既需要政府的管理和引导,又需要发挥基层自治组织的作用;既要有行政约束,又要以市场为主导。这是一个既需要政府组织又脱离行政干预的特殊区域。

因此,特色小镇既要探索一条符合中国当前行政体制,又突破现行行政级别的特色发展道路。这就要在治理理念上、在具体措施上进行探索和创新,尤其是要探索基于基层经济发展的社区治理模式,为新型城镇化改革摸索道路。这种创新是一个包含多主体,包括多个行政级别(如城市政府、镇政府)、多社会组织(如社区自治组织、腹地村民的合作组织和非营利组织),多企业和多样化群体共同参与的行政治理和社会治理,其中每个主体在创新治理中都有各自作用,政府组织进行战略设计和整体谋划,并建设必要的基础设施和公共服务;社会组织(如人力资源机构、投资机构、汇集等商务服务机构)整合各种资源,搭建创新平台;企业和个人是创新主体。他们之间以怎样的合作关系运作是共同治理创新需要探索的内容。例如小镇的空间规划,可将小镇视为一个大企业的"区块"或同类企业的"集合",可以由企业协会和联盟来做,政府只不过是在技术规范上通过协调和协商,为其"把关"而已。

浙江省特色小镇探索了一个以政府主导、市场运作、企业为主的运营开发模式。从项目申报开始就明确非政府类投资主体,建设启动期由政府主导基础设施和重要公共服务设施建设,通过政府先期投入来引导企业共同推动小镇建设。建设中后期,又充分利用民营资本以市场运作方法,结合PPP模式,建设经营性设施,为特色小镇的可持续建设和发展提供运营保障。此外,浙江省在通过"强县扩权",鼓励县域经济发展的同时,为基层治理进行了大胆尝试。2014年在继"强县扩权"基础上，又对中心镇和小城市进一步推出"强镇扩权"改革，以省级中心镇为对象扩大管理权限、建立创新户籍管理制度和完善行政管理体制。这些改革有利于特色小镇的治理创新，并为全面进行新型城镇化治理创新开了先河。

3.政策创新。政策是特色小镇建设的制度保障。我国的计划经济体制使政府倡导的项目往往伴随着诸多的优惠政策和鼓励措施。在所有政策中，产业政策最为常用，也最容易取得绩效。本次的特色小镇强调以产业为核心，地方政府理所当然要延续采用产业政策的思路，于是很多地方都是等待国家关于特色小镇的产业政策出台后，才根据政策引导实施特色小镇建设计划。事实上，我国大多数时候施行的产业政策是选择性的产业政策，即人为选择重点产业，通过相应的价格政策、外汇政策、财政政策、税收政策、外贸政策等，对一部分产业的生产、投资、研发、企业组织进行促进，同时对另外一些产业的类似活动进行抑制，以便建立起能够实现资源优化配置的产业结构，增强企业的竞争力。即通常所说的"有保有压，有扶有促"的套路。在这种框架下，无论如何强调以市场为主导，都难以脱离政府的主观意志，这也是造成在不同阶段都有产能过剩现象的根源。因为，如果没有产业政策束缚和干扰，企业很可能会选择自身有优势的、在市场上有竞争力的产业，从而努力从创新角度组织资源；而如果政府通过对认定的产业进行减免税收或者财政补贴，鼓励企业在同一产业领域里经营，企业就可能为了营利目标而降低创新能力。

特色小镇首先是培育产业创新和产业竞争力，如果延续传统的产业政策，很可能导致千篇一律，千镇一面，与特色目标背道而驰。为了避免以往政策的缺陷，政府能够采用的产业政策，只能是在市场失灵情况下的弥补，其任务是防止垄断和对产业创新有损害的政策。政策主要用于城镇建设和创新环境、自然环境、公共服务条件的改善这类公共事业，减少对企业和生产领域的干预；就是要根据地区实际，采取鼓励企业竞争的竞争性产业政策，鼓励企业通过技术创新能够获得市场认知度的产业发展，为这种产业或企业提供更好的服务和更有利的创新氛围。比如帮助企业获得国际标准、为类似企业进行研发提供知识产权服务,或者为企业在产业的核心技术研发方面,提供基础商务服务,以降低企业研发费用,等等。

例如,各个省在特色小镇的鼓励政策方面,以指标为主,淡化产业内容。首先,特色小镇审批政策明确省、市两级创建层次和创建、培育两级名单,为各地结合自身实际条件,培育特色小镇提供支撑;其次,特色小镇税收政策明确小镇新增空间范围内的新增财政上交省级部分,前3年全额返还,后2年返还一半给地方,为各地积极建设特色小镇带来实质利益。最后,特色小镇土地政策上,明确对如期完成年度指标的小镇,按实际使用土地指标的50%给予配套奖励,3年内未达成规划目标者加倍倒扣奖励用地指标,这样就避免了建设主体盲目申报特色小镇的可能。但是,这类做法也有弊端,那就是,由于事先就确定了名单,本身就带有偏向嫌疑,加之这些举措行政手段过多,很多都带有强制成分,在后续的改革中还有待于强化市场主体的作用,增强企业主体在市场中的地位和作用力。

五、文化底蕴

文化底蕴是特色小镇的灵魂和内涵,每个小镇都有自己的文化图腾,才能形成向心力和凝聚力。小镇的个性、特点、灵魂和魅力,均体现在其文化中。特色小镇之所以能够在较小空间范围内产生出全国甚至全球知名度,就是文化内涵所产生的影响力。这种影响力是通过文化对各种要素和各利益相关者的凝聚力实现的。任何一种共同体都需要赖以维系的共同精神为纽带,这种共同精神的基础,就是共同体成员对文化的认同。通过这种认同,可以实现共同体文化对个体的统摄、规范、吸引和关怀,同时也使个体对共同体文化自觉皈依、奉行和遵守,使他们为一个共同的目标而采取统一行动。这就是所谓的由文化凝聚力而产生的软实力,它可以通过导向、吸引和效仿得以传播,从而产生更大的影响力。因此,特色小镇的文化是一个贯穿产业、空间、生产和生活的融合剂,是整体文化而不是单独文化。如果脱离了整体文化,就会使各小镇千篇一律,失去独特性。

1.小镇的文化组成。特色小镇的文化由文化资源、文化设施、文化活动、带有地域文化特征的生产方式和生活方式组成,通过由此产生的文化感染力和凝聚力所表现出来。

文化资源是指能够体现文化价值的物质财富,如艺术和文学作品、古建筑和文物等。随着这些物质财富越来越被人们所认识,通过旅游所产生的价值日益提升。如企业将大量具有历史价值的建筑和文物进行整修和搜集整理,作为旅游资源的一部分。这种形式在很多旅游型城镇得到体现。

文化设施就是指用于文化活动的基础设施,如文化馆、博物馆、绘画等的创作场所和演出场所等,一般由政府投资建设。随着文化内容在产业活动和消费活动中的渗透,企业也逐渐将其融入到经济活动中。如北京郊区建设了很多艺术馆,以收费和半收费形式供市民参观,成为重要的文化活动场所。

文化活动是指小镇居民所进行的各种表演、庆祝和节日活动。这些活动最初是当地居民自己的自娱自乐,随着民俗文化特色的进一步显现,逐渐也变成了地方形象,并成为地方经济和生活的重要组成部分。如浙江嘉兴特色小镇新塍,是一个历史悠久、人文荟萃、具有典型江南水乡特色的千年古镇,与其悠久历史和文化特点相对应的活动"鳌山灯会"在当地最负盛名,在中断65年后,于1999年恢复,与元宵节有机结合,每年举行一次,至今从未间断,近年规模连续创新高,已成为新塍镇的文化符号,不仅深受当地居民喜爱,还吸引了大量游客。这些文化活动还在一定程度上带动了当地经济。到2015年底新塍共有企业300多家,其中年销售超2000万元的企业42家、超亿元的企业6家。

生活方式是指与当地文化特点相互适应的生活态度和生活方式。特色小镇的定位是环境优美、优雅闲适的生活,这与当下提倡的"慢生活"十分吻合。因此,从小镇的交通设施建设、风格特点、设施服务、生产和消费模式都应该突出"慢生活"节奏,并通过各种体验,使生产者和消费者通过听觉、视觉、嗅觉、味觉、触觉等五种感官角度,为小镇居民和游客创造有特点的"慢"感受。与此同时,为"慢生活"产业如养生、健康等,创造产业氛围,引领新兴产业发展。

2.文化价值实现途径。文化特色小镇的发展有其历史延续性、地域独特性和文化传承性,同时又具有开拓性和创新性。具有时代性的人文特色小镇,需要在传承的基础上做好提取,在创新的基础上做好植入,传承中见创新,创新中有传统。城镇化导致了城市居民主要以新移民为主,原有以地域文化为基础的人群在城市已成少数,同时越来越多的小城市甚至乡镇也逐渐变成了城市。特色小镇正是通过留住当地居民和保留传统产业实现文化传承。

传承性文化价值的实现,需要运用特定手法深入挖掘传统文化内涵,并将其内涵通过规划建设,融入到小镇的各种细节中,营造出浓厚的文化氛围及意境,提升小镇的吸引力和感染力。一般来说,传承性的文化价值来源于具有民族性、历史性和地域性的特质,只有将文化特征与人文历史、自然环境和建筑特色相结合,才能彰显小镇的特色。因此,要以整体风格和与周边环境协调为原则,保护区域文化。区域特色是通过文化的整体性体现出来的,任何一个单独的文物古迹都不能代表区域文化;而任何一个看似无价值的资源,只要放在适合的区域内,与整体相协调,都能产生价值。所以,不能仅保护经过认证和有价值的文物古迹,还要保护与整个地区相协调的整体文化风格。同时,保护不是不能动,而是在保持原有风格的基础上筛选和提升,甚至挖掘其文化品位和内涵,并通过现代化手段进行最大程度地展现。如《清明上河图》,可以通过数字化技术动态地再现宋朝清明集市的繁华场景。此外,要在传承的基础上做好"提取"。如乌镇作为人文旅游小镇,通过互联网活动使其成为世界互联网大会的永久会址,实现了旅游小镇向智慧小镇的转型,并因此被业界称为"乌镇模式"。

目前,政府对文化特色的认同还有一些误区,认为只有得到国家承认的才是特色,没有被认定的就无价值,因而出现了一方面为寻求小镇的特色而绞尽脑汁,另一方面又对真正的特色价值不加保护甚至毁坏的矛盾现象。例如,山西太原郊区的狄村被彻底拆除。事实上,狄村是著名历史人物狄仁杰的家乡,无论是历史文化价值还是人物价值,都足以使该村的知名度尽达全国。但是,由于历史的原因,该村一直没有得到很好的保护,以至损毁严重;同时,因为未被政府认定,其价值没有被引起足够重视。这说明，各地政府以及所有利益相关者在对待文化价值方面仍存在片面性和唯行政标准性，缺乏长远眼光和客观认知能力。

建设性文化是指通过投资和运营等商业运作模式打造出的文化项目，如欢乐谷、迪士尼乐园等，是一种经过创新和创意实现的文化价值。很多在郊区形成的文化创意产业园，其实就是一种特色小镇的雏形。另外，综合性特色小镇，往往也是将这些文化创意项目植入到产业和旅游项目中，从而形成创新植入型的人文小镇。如杭州的艺创小镇，依托转塘镇现有的高校、培训学校和国家唯一一家以创意为主题的科技园云栖小镇以及筹建中的新型研究型高校西湖大学，将"艺术+"与"互联网+"强强联合，构建了一个集文创研究、艺术展演、社群经济、时尚消费和特色旅游五位一体的新型人文特色小镇，目前已形成以美术和设计为主体的产业集群。

3. 企业文化与环境文化的融合。特色小镇文化是一个共同体文化，在这个共同体里，个体文化与整体文化越是接近，其文化价值就越大。企业如何充分利用整体文化营造自身文化，又如何通过自身文化为整体文化增色添彩，事关特色小镇文化建设的成败，也决定着企业文化建设和竞争力的大小。企业的竞争力除了规模、技术、资金等硬实力外，很大程度上来自软实力，即企业文化，它是竞争力的核心。企业的巧实力就在于将软实力与硬实力结合，这就需要企业文化与环境文化的融合。

从特色小镇成长起来的企业，与大城市的大型企业或跨国企业最大的区别，就是能够与小镇文化相融合。在融合过程中，其文化的超值性、无形资产和品牌、独特性和与时俱进的时尚性，都能随着小镇的产业转型、人才聚集、资源特色和市场知名度的升级而得到提升。因为，软实力是一种精神性力量，需要与主体精神状况相联系，并借助于周围环境得到升华。因此，在特色小镇内，企业文化与小镇文化是共生的文化生态系统，每个企业在其中都具有各自的生态位，也能从自身的生态位中获得竞争力，企业文化越浓，具有相同文化理念的企业数量越多，这种生态系统就越稳定。

企业文化与小镇环境文化的融合体现的是有形资产与无形资产的链接。这种链接可以将文化生产方式与物质生产方式相融合,将文化转变为生产力。一般来说有两条途径:一是直接将文化资源转变为文化产品,如文学艺术作品、广播电影电视作品,以及围绕文化产品形成文化产业;二是在物质产品上增加文化内容,增添物质商品的文化价值含量,提高物质产品的附加值。当企业文化与特色小镇文化进行人文链接时,所创作和添加的文化内容,都应该围绕小镇的核心文化内涵有步骤地实施。

在特色小镇这一文化共同体内,不同行动主体之间只有建立相对一致的目标、愿望和利益诉求,才能更好地形成凝聚力。他们作为小镇文化的组织者和战略设计者,需要发挥整体文化对每个成员的引领、渗透、感召、辐射和凝聚作用,成为建设文化的主要力量,为企业的经营文化创造条件。

4.生产者文化与消费者文化之间的链接。特色小镇的文化氛围能够催生出具有地域特点的文化产品。与实物产品不同,文化产品需要消费者的认同。产品的文化内涵和消费过程有消费者参与体验甚至互动等特点,使消费过程与所在城镇的关系比传统产品密切得多。产品完全是意识形态领域的消费,其价值基本是由消费者的个人文化感受和情感体验来决定,价格是消费者体验需求的产物。因此,文化产品还需要小镇的整体氛围能够适合消费者的消费行为习惯和个人偏好,而不是完全由生产者决定。无论是企业还是小镇文化的组织者,都需要营造特色小镇的人文因素和生活气息,以适应不同消费者(本地居民和游客)多样化的文化需求。这种需求依赖消费者的思想观念、文化水准、专业素养、精神境界。所以,特色小镇文化的整体性,除了上述企业、各种机构和各利益相关者与小镇文化构成的共同体外,还在于这种文化既包括供给侧文化,还包括消费者文化。从这点来讲,仅从供给侧考虑的文化产品有失偏颇。

例如,英国一名社区成员为了增加大家的户外活动时间,自费成立了一个不可思议的项目,即动员社区所有成员在铁路角落、车站停车场、养老院、健康中心门口、警察厅附近及居民庭前屋后等所有空地种植水果、蔬菜和草药,甚至在养老院种植玉米,在公交站旁种植番茄,在医院围墙外种植藤蔓植物,在停车场种植香草,供路人免费采摘和品尝。这个创意行动带动了镇上越来越多的人参与其中,并成为一个远近闻名的公益项目。后来她还专门请了园艺设计师志愿者给学生们讲授种植知识,并将这种种植空间延伸到学校,供学生们开展课外活动。他们还设计了"蔬菜旅游路线和攻略"贯穿整个小镇,使这个"城市菜圃"变成了特色小镇。在这个创意带动下,英国产生了30多个类似小镇,美国、日本和新西兰等地也陆续建立起了绿色社区。这种创意活动就是一个消费者创立和参与其中、文化供给者和消费者融为一体的例子。

特色小镇就是通过文化传承、文化品格、文化产业、文化服务和文化主体五个维度,开启一条传承历史文化、充满人文情怀,并能创造新产业、新就业、新价值的新型城镇化道路。

5.文化表现方式。特色小镇的文化根植性使它区别于以标准化流程改造,仅有漂亮名称但缺乏文化内容的房产开发项目和造城项目,在表现方式上,是将整个小城镇视为文化创意的有机载体,因势利导、因地制宜地创造"小而活"和"小而美"的文化特征。

特色小镇走的是就地城镇化道路,需要文化传承、文化品格、文化产业、文化服务和文化主体,来实现乡土风貌的活化、乡情记忆的再现、乡村资源的挖掘、乡里生活的体验和乡愁创客的集聚,才能使小镇变成历史文化活化石,以真实的场景呈现小镇历史,而不是仅摆设一些文物供游客参观。

因此,所有特色小镇的发展之路,一定是沿着自身文化的演化道路,在延续地方文化的基础上,保持地方文化底蕴的现代化,而不是一味地在外形上模仿古代城镇,而内在缺乏灵魂的"特色"化。

六、自然环境

自然环境是特色小镇建设的基础。我国经济在经历了30多年的高速增长后,自然环境的破坏已经成为普遍问题。尤其是在城市严格控制污染的情况下,依照"最小抵抗路径"原则,那些在城市难以立足的企业和新技术开发产业迁移和兴建到农村,特别是那些耗能高、污染重、难以治理的企业。由于农村环境管理力量薄弱,这种企业建立在农村比在城市所遇到的抵抗要小得多。因此,农村和接近于农村的小城镇地区,生态环境破坏更为严重。另外,农村综合设施缺乏,生活污染处理能力弱,加之城市废弃物向外围转移,都加剧了农村地区的环境压力。同时,农村在重大环境项目中缺乏投资建设,环保政策弱化,环境基础设施严重滞后。除经济发达的城市和地区以外,我国大部分地区普遍走着先污染后治理的老路,而且有过之而无不及。这种大面积的污染有极强的地区外溢性,即使某些小城镇本身没有污染企业,也能处理好自产生活垃圾,也不能独善其身。因此,我国特色小镇建设中的环境基础与国外相比要脆弱得多。

1.环境意识。随着人类对自然界由依赖变为征服,人地关系成为人类如何发展的方向性选择问题。但是目前我们虽然注重了自然环境的工具价值(即外在价值),却忽略了其内在价值。这种内在价值是指自然界客观存在的发展规律。我国城镇化空间盲目扩张,完全离开了腹地经济和自然环境的支撑,其深层次原因在于对环境伦理缺乏认识,没有认识到人与生存环境之间的相互依存关系。在我国人口众多、资源缺乏、生态环境脆弱的条件下进行城镇化,一定要考虑城镇发展与腹地和自然环境条件的可承载力及相互依存关系。

特色小镇尽管可以选择在一些自然环境好的特殊地区,但除了上述的污染外溢性以外,特色小镇作为我国城镇化的发展方向最终要实现普遍的改善。因此,环境建设和保护是根本。然而,由于长期以来对城市建设的错误认识,认为只有建设才是城镇化的成就,不但忽视了自然水系、植被等原有生态系统和生态美学,还破坏了自然环境系统。如我国很多城镇化地区,都将原有植被砍伐、原有水系填埋后,再重新进行人工造林和人工造景,不但扰乱了原有生态系统中的生物种群特征,还导致城市绿化率和绿化效果降低、植物种类减少、行道树种单一等"生态灾难"。另外,铲除自然植被和填埋水系等以腾出更多土地建设宽马路和大广场、高建筑,然后用人工植被和水池做点缀,不但浪费了土地,也完全违背了生态美学原则。这从很多新区的马路宽阔而人车稀疏、广场宏大而了无绿荫、建筑物高悬而鲜见绿色的景观中可见一斑。每一次"造镇运动"为城市自然生态系统带来的破坏都应当成为深刻的历史教训。

特色小镇除了强调产业和文化特色外,自然环境的特色亦是各种特色的基础。而这些特色却是在当地的特殊环境下才能显现,是大自然赋予的财富,是任何人工建设所不能代替的。人工建设的自然环境意味着可复制性,可复制就不能保证独特性,不可能体现真正的特色。因此,特色小镇的自然环境重在保护而不是建设。

在保护环境时,根据特色小镇需要各要素相互融合的理念,在遵循自然生态系统规律的基础上,要注重营造整体氛围,尤其是注重产业布局与自然景观的和谐、文化打造与自然习俗的和谐、城镇建设风格、密度与空间布局与环境的和谐,要将一切人工设施融入自然环境中,而不是不顾环境特点,照搬别处的设计或凭空想象的设计。例如,我国在一些山地建设房屋时,几乎所有做法都是将山头推平,变成平地后再进行建设,这样的房屋与平原地区无多大差异而且还严重受限于平地数量。而同样处于山地之国的瑞士,很少破坏山势地形,其房屋几乎全部循山势而建,一座楼内的不同房屋有的在地上,有的在地下,朝着下山方向的房屋在地上,朝着上山方向的房屋在地下,楼房都像是"镶嵌"在山中。这就保持了山地特有的地形地貌景观,并与山体融为一体。山体丰富多样的自然景观造就了城镇丰富多样的特色景观。

2.区域内环境利益分享。从严格意义上说,自然环境是一项公共性很强的资源,无论你是破坏者还是建设者,所造成的后果都是由生活在其中的全体成员来承担,因此,很难从经营者的投资和付出中得到相应回报。环境利益不能靠企业独立行动,更不能靠企业主动投入,只有建立环境利益分享机制,才能形成保护环境的动力。利益分享机制是建立在共同的环境利益相关者角色基础上的。环境利益包含了初始利益、原生利益、次生利益、再生利益和共生利益五项内容;环境利益相关者是指能够影响一个组织环境目标的实现,或者受到一个组织实现其环境目标过程影响的所有个体和群体。

在特色小镇这样小范围和多样性融合的地区,每个个体和企业以及机构都是这里的环境利益相关者,五项利益内容在所有环境利益相关者中都有所表现。从生产角度来讲,企业既是初始利益的营造者,也是原生利益以及次生和再生利益的受益者,其他机构和个人在围绕企业获取收益的过程中,也同样在分享这些利益。因此,企业是环境利益的最核心相关者。企业除了不污染环境外,还要保护和维护自然环境,甚至积极营造适合自身发展的自然环境。环境好坏不但与企业的声誉直接相关,而且是其价值的组成部分。一般来说,积极的环境政策和严苛的环境控制,能提高在地企业的声誉,增强企业可持续发展能力,但环境投资成本会使企业短期经济绩效下降,影响后续发展能力。这就需要公共利益维护者,在环境投入与收益之间进行平衡。

对于政府(或代替政府进行前期投资和开发的投资者)而言,如何为在地企业和消费者创造一个适合本小镇独特风格的自然环境是其主要责任,也是提升小镇核心价值之所在。其主要任务是整体设计,将环境投入作为基础设施的重要组成部分,为整体环境系统搭建框架,并规定不同地区的环境建设内容,将环境价值计算在成本和收益核算中,使之成为企业入驻的前期成本。在以环境为价值的特色小镇地区,处于环境价值核心位置的企业(即环境氛围与核心氛围一致性最强的企业)是获益最多的企业。将小镇地区的区位环境进行定价,根据企业的利益诉求,以及企业对小镇价值的重要程度,合理安排企业布局。将环境要素作为企业所在区位的资产,与企业投入和绩效挂钩,以调动企业开展环境营造的积极性。个人和其他组织可以视其对环境的贡献大小,以及在小镇中所处的地位,来决定其成本和收益关系。

3.区域之间的环境共同体建设。自然环境的整体性和系统性,决定了环境之间有很强的邻避效应,即一个地区的环境建设或破坏会影响到周围地区。特色小镇主要是要维持区域良好的生态系统,不受周围地区污染,并保持周边一定区域内生态系统的完整性和协调性。因此,其核心内容就是区域之间的环境利益的协调与统一。但是由于非特色小镇与特色小镇发展目标存在着不一致性,生态利益和生态价值相矛盾,利益不容易协调。从目前已有措施来看,可行的办法是生态补偿,即生态环境获益方(往往是特色小镇)补偿损益方(非特色小镇)。但是由于特色小镇大都建设时期短、经济力量弱,难以实施。可行的办法就是回避周边环境差的地区而选择特色小镇。但随着小镇建设的进一步推进,数目的增加,环境邻避问题终究无法回避。这就要求在特色小镇建设过程中,推进环境利益共同体建设。

一是以特色经济为地区带来示范效应,扩大外围地区腹地,争取利益共同体成员数量;二是合理布局一些外围产业,在延伸本地产业链的同时,为周边地区带来产业发展机会;三是与周边地区建立基于共同自然环境为特征的产业联盟,共同建设特色小镇群。例如杭州桐庐充分利用了将区域外的山地、山林和水系,采用有区域层次的规划,打造了健康宜居、宜业、宜养、宜游的健康服务业集聚区。

由上可见,特色小镇的要素主要基于地区经济基础、空间资源、资金支持、创新氛围、文化底蕴和自然环境。它们分别作为特色小镇建设的核心、载体、支撑、动力、内涵和环境,共同构筑了特色小镇。

另外,浙江省建设特色小镇的成功经验,是政策、市场和文化三者交织融合后经过实践摸索出的办法,可以在其他省份尤其是非都市区边缘和中西部地区进行推广。但是政策制定者一定要了解其表象背后的深层内涵。只有结合各省市原生性地域文化和政策基础,特色小镇建设才能避免邯郸学步,才能将浙江特色小镇的经验真正实践于各地的转型发展。

第三节 中国特色小镇的"特色"构建

一、旅游特色小镇的地域特色

特色小镇建设将成为经济转型升级、新型城镇化和新农村建设的重要推动力量,只有凸显地域特色的特色小镇才是首屈一指的。力争通过培育创建,规划建设一批产业特色鲜明、体制机制灵活、人文气息浓厚、生态环境优美、多种功能叠加的特色小镇,这些要求的核心无不凸显地域特色。地域特色包括地方的地理环境特色、历史经典特色、文化(旅游)特色、产业特色等。这些特色可单具或兼具,应靠这些特色来提升小镇品位。比如,桐庐健康小镇基于其地理环境特色,海宁皮革时尚小镇与产业特色有关,而湖州丝绸小镇、龙泉青瓷小镇、青田石雕小镇则兼具历史经典特色、文化特色和产业特色。

(一)地理环境特色

旅游特色小镇良好的区位与交通优势以及生态、气候、水资源、空气等环境条件,让旅游特色小镇具备了养生、休闲、度假的基础。在旅游特色小镇的开发建设中,应利用地理环境特色。打造以健康养生旅游服务业为核心,以健康养生(养老)产业、健康旅游、保健产业、健康管理等项目为载体,促进产业融合、产城融合和城乡融合,开发宜居、宜业、宜养、宜游的健康服务业集聚区。

比如,桐庐健康小镇就是利用区域地理环境特色而开发的旅游特色小镇。桐庐,沿用至今的古行政区名,意为桐君老人于桐君山下,结庐采药、治病救人。相传桐君老人是上古时的药学家,黄帝臣,以擅长本草著称,桐庐在人们心中也成了名副其实的"中医药鼻祖圣地"。以中医药文化基础,自2013年起,桐庐县政府就以健康服务业为发展机会,在大奇山国家森林旁建起了富春山健康城。经过一年多的发展,富春山健康城初具雏形。

在选址方面,健康小镇背靠大奇山国家森林公园,三面环山、一面临着富春江,宛如世外桃源。整个区域环境优势明显,森林覆盖率超过80%,全年有340天的空气质量达到或优于二级标准优良天数,PM2.5浓度年均值低于35,空气中富含丰富的负氧离子,每立方厘米达到2578个,远超国家6级标准。此外,健康小镇区域内还保留着原始朴拙的古生态村落、人口密度小的生态环境,健康小镇区域年平均气温在15℃,酷暑天的气温也平均在26℃左右,比起避暑胜地庐山也不相上下。守着富春江,健康小镇的水资源达标率为100%。

除了养生健康景区迎来发展机遇外,小镇的建设也给当地市民的生活、产业带来了转型。为了建设小镇,区域内交通方面新辟了一条东西走向的生态绿道,大奇山景观提升改造,供水、供气等配套设施也进行了更新,提高了居民的出行、生活等的便利程度。此外,未来区域内大量养生企业的汇集,会为当地居民提供不少的就业机会。优良的区位环境、人流量的聚集,也给居民提供了自主创业的机会,区域内不少居民已经不再仅仅依靠农业收入,而是衍生出了农家乐、绿色食品出售等产业。由此可见,地理环境区域特色是旅游特色小镇开发的基础之一。

(二) 地方历史特色

以地域历史经典特色作为旅游特色小镇开发的基石,如湖州丝绸小镇。建设丝绸小镇,不仅延续了湖州丝绸5000年历史的辉煌,更重要的是承担了推动丝绸业复兴及可持续稳定发展的重任。栽桑养蚕、缫丝织绸是中华民族的伟大发明。茧丝绸业在湖州已有5000年的悠久历史,是我国"丝绸之路"的源头和起点。充分发挥丝绸小镇文化优势、区位优势和产业优势,依托湖州丝绸文化根脉,建设成为集丝绸产业、历史遗存、生态旅游于一体的产城融合的"复合型小镇"。

湖州丝绸小镇围绕丝绸主题,跨越空间地域,突出产业主导,融合历史文化与旅游,以建设茧丝绸产业三大中心为依托,建成具有特色产业、旅游功能的5A级景区:一是打造集国际丝绸贸易、国际丝绸设计、国际丝绸展示以及国内外丝绸品牌为一体的"国际丝绸时尚中心";二是打造具有网上丝绸经济资源配置主导权,整合网上丝绸推广、产品交易功能为一体的"东方丝绸交易中心";三是打造以丝绸历史文化传承、丝绸产业文化传播、丝绸休闲度假为一体的"丝绸文化体验中心"。

同时,把握大数据时代机遇,发展总部经济和平台经济,推动大平台、大市场建设,统筹国际国内两个市场、两种资源的能力,建设成为品牌领先、市场活跃、活动突出、国内外影响力大的东方丝绸之都。丝绸小镇投资建设秉承"政府引导、企业主导、市场导向"的原则,以区域性PPP合作开发方式,引入社会民间资本,共同参与小镇基础设施建设及整体开发运营,重点突出产业项目引进和集聚,保障了丝绸产业的快速复兴和持续稳定发展。

(三) 地域文化特色

文化是旅游特色小镇发展的特色与灵魂，旅游特色小镇的文化特色，在于挖掘地域文化底蕴，或植入与产业有关的特色文化内涵，以形成小镇的个性精神，并将这种文化精神植入小镇建设的各个层面和领域，从而增强居民与游客的文化认同感。

比如，龙泉青瓷小镇就是以文化地域特色而开发的旅游特色小镇。浙江省龙泉市上垟镇是现代龙泉青瓷的发祥地，也是龙泉青瓷最集中的产区。龙泉瓷窑始于北宋，盛于南宋，逐渐形成了一个较大的瓷窑体系，南宋晚期烧制成功粉青釉和梅子青釉，达到青瓷釉色之美的顶峰；南宋后期至元代是龙泉青瓷的鼎盛期，青瓷质量大为提高，产品风行海内外广大市场；明清是衰落期，尤其是明代中期以后龙泉窑处境艰难，其历史地位逐渐被景德镇青花瓷等取代；民国时期，受国内外众多客商收藏古青瓷的市场推动，龙泉制瓷业以家庭作坊为主，形成李、龚、张三大青瓷家族，生产的仿古青瓷被誉为"追步哥窑、媲美章生"。新中国建立后，青瓷产业逐渐恢复活力。

龙泉青瓷小镇保留了原来国营龙泉瓷厂的厂房风貌，设置了青瓷传统技艺展示厅、青瓷名家馆、青瓷手工坊等各种青瓷主题的休闲体验区，不可复制的青瓷文化历史加上新的休闲体验。自青瓷小镇建设以来，上垟镇把"青瓷元素"融入产业转型、产品创意、小镇提升的各个方面，在建设产业平台、培育文化名企、培养产业人才等方面下功夫。龙泉青瓷小镇管委会主任徐东华告诉记者，小镇已吸引89家青瓷企业、青瓷传统手工技艺作坊入驻，带动了4000多农民就业创业，旅游收入达亿元。青瓷小镇积极推进"文旅融合"，在传统青瓷生产的基础上全力拓展青瓷创意设计业、文化旅游服务业、青瓷艺术会展业等，培育青瓷主题酒店、酒吧、餐厅、购物一条街、民宿型农家乐等个性化、立体式商业圈。

(四) 地区产业特色

地区产业特色是旅游特色小镇开发的又一基础，以原有产业为基础，加以旅游休闲度假体验的开发，形成强有力的品牌效应，产业融合、联动开发。比如,青田石雕小镇,浙江省丽水县辖下的青田县,距离县城仅8千米的山口镇,打造集石雕产业、特色文化、旅游发展"三位一体"的"青田石雕小镇"。青田石,是四大国石之一,距今有6000多年的历史。青田石雕被国务院列为首批国家非物质文化保护名录,数次作为国礼赠送给外国元首。小镇现有石雕作坊1000余家,石雕从业人员3500多人,其中国家级工艺美术大师5人,省级工艺美术大师24人,市级工艺美术大师36人。2010年,被赋予中国石文化之都的称号。2015年6月,青田石雕小镇顺利入选浙江省级第一批特色小镇创建名单,规划面积3.3平方千米。

通过"青田石雕小镇"的创建加快了产业培育:一方面,积极培育石雕市场,打造中国石雕城、金石花苑、名师路石雕精品市场等交易市场,形成规模化的石雕作品展销区;建成板石原石交易市场,助推小镇形成集矿山开采,原石交易,作品雕刻和鉴赏销售于一体的完整产业链。此外,"青田石雕小镇"创建了"石雕跳蚤市场",交易世界各地名石,小镇也逐渐成为全国乃至世界各地名石的集散中心;推进秋芦石雕市场综合体项目建设,建成产业对外销售的新窗口。

旅游特色小镇突出地域特点和产业特色,其特点是"水土",其特质是"养人",其生命力是"产业",是旅游特色小镇成功打造的首要原则。缺乏产业支撑,城镇不过是"空镇"。只有因地制宜,坚持"以产兴镇",围绕"以镇促产",培育特色产业,完善镇区建设,满足民生需求,才能成为有魅力的特色小镇。把握地域特点,旨在带动农业现代化和农民就近城镇化,增强小镇生命力。带动农村一、二、三产业融合发展,特色产业小镇建设,目的是发挥聚集与辐射效应,发挥区域特色,实现与区域发展相结合。

二、旅游特色小镇的景观特色

旅游特色小镇的协调发展,是小城镇建设快速发展的重要途径。在特色旅游小镇的形象特色塑造方面应循序渐进,分步实施。在许多地区,旅游资源对旅游小镇的建设具有决定性作用,旅游资源不仅有利于当地经济的迅速增长而且有利于社会主义新农村的建设。景观特色也是支撑旅游特色小镇建设和发展的重要元素,其中,特色景观可以是自然景观,也可以是人造景观。

旅游小镇建设发展过程中要合理并充分利用企业资源和旅游资源,以使特色旅游小镇的发展实现最佳的社会效益、环境效益和经济效益。要注重民族风格特色和地方特色,科学的规划设计,把特有的传统特色形式与现代设计相结合起来,尽可能地在设计中多彰显地方风貌,使之与周围环境形成一个统一的整体。比如,有"塞上湖城"之称的银川,城市湖泊水网体系,几十个天然湖泊在城市里星罗棋布;再如,作为岭南人造文化景观典型的岭南四大园林水木清华,景致优雅,尽显岭南文化风韵。还有一些自然景观则需要加以发掘和利用,以三水区为例,可依托"三江汇流"这一景观特色,开发旅游特色小镇休闲旅游文化创意产业等。

(一)自然景观特色

自然景观是天然景观和人为景观的自然方面的总称。指由具有一定美学、科学价值并具有旅游吸引功能和游览观赏价值的自然旅游资源所构成的自然风光景象。天然景观是指受到人类间接、轻微或偶尔影响而原有自然面貌未发生明显变化的景观,如极地、高山、大荒漠、大沼泽、热带雨林以及某些自然保护区等。人为景观是指受到人类直接影响和长期作用使自然面貌发生明显变化的景观,如乡村、工矿、城镇等地区。自然景观含义中的人为景观不包括其经济、社会等方面的特征。

旅游特色小镇应利用自然景观特色,打造独特亮点,形成旅游发展的动力。比如,中国远古海底世界奇观第一村——山叶口村。山叶口村位于迁安市西部大五里乡,三面环山。山叶口景区始建于2007年,景区定位为集休闲、体验、观光、娱乐为一体的生态旅游区,它以优美的峡谷溪流、山石林地、山顶湖泊为自然景观,融地质文化、民俗特色于一体,这里有景色奇特的砾石风光、丰富完整的太古地貌,被地质学家誉为"全息太古时代地质地貌档案馆"。

经地质专家考证,这里遍地的五彩石是38.5亿年前远古海底的鹅卵石、泥沙在高温高压下,又经过地壳运动形成的,有"海底五彩琥珀"

的美称。夏日的山叶口树木花草全绿,溪水叮咚作响。山林青翠,空气宜人,清泉自上而下、绕山而行,流水汀淙不绝于耳。在开发过程中,山叶口景区本着"在保护中开发、在开发中保护"的原则,除了发挥景区旅游功能,推动当地第三产业发展之外,还将起到科学研究、地质科普教育等作用,使山叶口独特的地质遗产得到有效保护。独特的自然景观成为旅游特色小镇打造的资源基础与吸引力所在。

(二) 人造景观特色

人造景观也可以成为旅游特色小镇打造的特色与亮点,人造景观是指人类创造的传统文化景观或现代景观,可以是建筑物、人造自然景观等,也可以是具有独特吸引力的现代艺术景观等。旅游特色小镇的建设,以某一特色为主题,综合利用各种不同类型的资源,共同形成旅游吸引力。

比如,灵山湾冰雪童话小镇就是利用人造景观打造的旅游特色小镇。灵山湾冰雪童话小镇位于青岛西海岸新区(核心区)城市阳台景区内,规划面积仅 0.5 平方千米,以六大亮点:夜晚灯光、冰雪项目、木屋、演艺、集市、儿童项目撬动青岛冬季旅游市场。位于灵山湾滨海大道与深圳路交界地段,璀璨的灯光、华丽的装饰、芬芳的气息将整座城市幻化成童话般的仙国梦境。利用高科技及景观绿化方式,打造科技梦幻、欢乐祥和、互动体验于一体的文化主题大道,每晚呈现 LED 灯光秀。一座座精心设计充满魅力的木屋,高低不同,配以华丽的外墙和迷人的装饰呈现在游客眼前。

灵山湾冰雪童话小镇分为海洋高新产品展示区、儿童雪场娱乐区、主题集市区、成人雪场、室内运动场 5 大板块。其中,海洋高新产品展示区汇集了聚大洋海藻、琅琊台等名优产品;儿童雪场娱乐区有雪堡滑梯、旋转木马、2300 平方米充气膜室内游乐场等;主题集市区有木屋 108 栋,汇集商家 62 家,以特色小吃、手工艺制作、鲜花展销等为主;成人雪场有雪上飞碟、空中探险、香蕉船、悠波球等雪上运动项目;室内运动场有 18 块西海岸标准最高的羽毛球场地和 6 块乒乓球场地,人造景观特色构成了旅游特色小镇的资源基础。

三、旅游特色小镇的人文特色

没有文化便没有灵魂,旅游特色小镇建设核心在于人文特色的打造。丰富的历史文化元素的挖掘也是打造特色小镇不可或缺的关键步骤。人文特色旅游小镇是集产业、文化、旅游和社区功能于一体的新型聚落,以项目为载体,生产、生活、生态相融合的一个特定区域。旅游特色小镇所发掘和培育的文化应有多样性,这种人文特色可以是民风民俗、建筑特色、历史遗迹、地方特色纪念品、传承千年的手工艺文化,也可以是现代时尚的互联网文化,还可以是融合异域的复合文化,最终能落到文化根基上并被传承下去。发掘旅游特色小镇的文化内涵,相应的载体建设亦不可或缺。每一地的文化各有其文化特色,只有把握了地方文化基因,才能够把控各地特色之间的区别,特色小镇是"产、城、人、文"四位一体有机结合的重要功能平台。

(一) 人文特色鲜明化

文化助推旅游,"无特色,不小镇"。我国已经全面进入国民休闲度假的消费时代,旅游产业逐步成了战略型支柱产业,文化旅游也已经进入了一个新常态,供给侧改革为旅游开发提供了良好的平台与环境,"创新、协调、绿色、开放、共享"五大发展理念为文化旅游产业的创新发展奠定了扎实的基础,"树立文化自信""提升文化软实力"是新时代文化产业的发展目标。找准特色、凸显特色、放大特色是特色小镇规划建设的首要任务。按照"文化市场+旅游景区+产业提升"的模式,各个文化特色小镇都首先立足于各自的文化特色,如龙游的红木、常山的观赏石、开化的根雕及动漫创意,以特色文化产业为基础,整合旅游资源,并融入其他市场要素,进而拓展文化产品内容,形成以文化产业、旅游景区、产品开发、市场运营四大业务群为中心的产业链,相互渗透,协同发展。

文化旅游的发展进入了全新的发展阶段,走入了强化内容、提质增效的时代。要正确理解把握特色小镇自身的文化内涵,尤其要理清特色小镇与特色产业小镇的区别,立足本土,挖掘文化,找准特色和优势,抓大放小,做好产业。当地政府和相关部门要进一步加强对各个小镇的规划的研讨和指导,坚持可持续发展的理念,把文化特色放在产业规模的前面,逐步推进小镇建设。小镇创意创新元素的融入,包括文化的创意融合、业态的创新跨界等,通过文化与业态的横向跨越与纵向延伸,不断形成古镇新鲜而持续的吸引力。

(二) 文化发展多元化

人文特色旅游小镇彰显了时代背景与政策背景的发展趋势,要紧密结合特色小镇建设,积极引入创新要素,不断做强、做精、做优特色产业。当前的旅游特色小镇建设是在全民旅游休闲与文化大发展的战略下,社会综合资源的集中爆发与体现,特色小镇的建设应是文化品牌打造与各方资源的整合。充分用好用足自身的历史文化资源,如常山赏石小镇、开化根缘小镇。要提升最主要的文化标志,做细做深做实,使之成为独树一帜的特色产业。

依靠文化包装小镇特色,充实小镇内涵;依靠旅游带动小镇经济,优化城镇发展,将小镇的运行体系全面打开,融入更为广阔的市场环境中去。因此,在特色小镇的产业培育发展中,要开阔思路,把特色文化产业做深做透。注重点面结合,做优发展环境,科学合理规划建设,提高特色小镇产业集聚、配套、融合发展的综合实力。如开化动漫小镇,把特色的培育与发展新技术、新产业、新业态等密切地结合了起来。与外部实现信息、文化、经济的全面交流,实现城镇化资源的层级沉降,打破城乡二元结构,是实现全面对接的重要方式。

(三) 展示文化魅力

文化战略是社会机遇变化中最根本的核心战略,人文特色旅游小镇的打造,是传统文化开发到文化品牌战略的发展,因此,特色文旅小镇的开发,应当谋求文化与商业两种价值的相互平衡。提升文化特色小镇美誉度;以特色小镇为载体,举办具有影响力的文化庆典或赛事,如中国奇石文化交流大会、中国根雕现场创作大赛、中国明清红木家具展销会等活动,传承和发扬小镇的特色文化艺术,加大宣传营销;为特色小镇量身打造宣传片,在较有影响力的几个网络平台上不断播放宣传;利用各种宣传手段,提升特色小镇的知名度和美誉度。从传统卖产品、卖需求的大众方式中分离出来,创造经典的小镇价值与文化价值。

四、旅游特色小镇的产业特色

特色产业是旅游特色小镇发展的核心,国家发展改革委《关于加快美丽特色小(城)镇建设的指导意见》中提出,坚持夯实城镇产业基础,挖掘本地最有基础、最具潜力、最能成长的"三最"特色产业,做精做强主导特色产业,打造具有持续竞争力和可持续发展特征的独特产业生态。以产业为主导的旅游特色小镇拥有良好的产业基础,以产业为核心,从产业本身来看,旅游特色小镇所承载的产业,更具创新性,需要以新理念、新机制、新技术和新模式来推进产业集聚、产业创新和产业升级,体现了更强的集聚效应和产业叠加效应。比如,浙江省的一些全国知名小镇,均是以产业命名,如袜艺小镇、黄酒小镇、画艺小镇、基金小镇、瓯窑小镇等,体现了相关产业在小镇发展过程中的作用和地位。浙江某些地区以块状经济为主,即某一产业遍布一个镇,甚至跨越几个镇。围绕产业可划分成若干个区域,每个区域产业特色不同,形成"一村一品"的格局。

产业特色旅游小镇是以企业为主体、市场化运作、空间边界明确的创新创业空间,是一个产业发展载体,通过培育特色小镇,集聚人才、技术、资本等资源要素,推进产业集聚、产业创新和产业升级。其规划和建设在于产业的科学谋划和定位,根据既有资源优势或特殊市场定位,进行产业定位并组合项目,实现"小空间大集聚、小平台大产业、小载体大创新",从而形成新的经济增长点,实现企业成长和小镇经济的可持续发展。

以龙游红木小镇为例,龙游位于浙江省中西部的姑蔑古城,位于浙、闽、赣、皖四省交界之处。红木小镇南至衢江,北至龙游工业园区金星大道,西至绕城东线,东邻龙游汽车赛事运动中心。总占地面积5250亩,建设用地为2232亩,总建筑面积260万平方米。红木小镇以自然生态为基底,以文化休闲度假为核心,以文旅资源整合、产业联动为模式,山水相依、村镇相融,拉动现代服务业升级,是集生态游憩、文化体验、商务会议、养生度假、红木展销于一体的特色小镇。

龙游红木小镇建成后的效益主要表现在三方面：一是经济效益。包括：①红木家具制造。达产后，预计年销售60亿元，利税3亿元；②文化创意产业。预计年产值5亿元以上；③休闲旅游产业。年旅游人数预计300万人以上，年旅游总收入15亿元以上；二是社会效益。预计可新增就业岗位1.5万个左右，从而进一步带动城乡居民增收；三是生态效益。景观绿化等工程的建设，以及山林植被结构的再优化，对推动生态环境的改善具有积极作用。生态家居创意园建设将达到零污染、零排放。此外，旅游特色小镇的发展更有利于以产业为核心，引进和培育高端专业人才，如开化根缘小镇，与省内多家院校战略合作，定向培育复合型根雕人才；设立根艺大师工作室，吸引各地国家、省级工艺美术大师交流互动，目前，已有省级"千人计划"专家1人、省级根雕大师2人、省级非遗代表性传承人10人，徐谷青技能大师工作室也被评为省"优秀"技能大师工作室。

住房城乡建设部、国家发展改革委、财政部《关于开展特色小镇培育工作的通知》中要求特色小镇要有特色鲜明的产业形态，向做精、做强发展，并要充分利用"互联网+"等新兴手段，推动产业链发展思维，促进以产立镇、以产带镇。以产业为特色和基础的旅游特色小镇是以特色产业集聚发展为特征的，并融合产业、文化、旅游、生活等功能，打造"宜创、宜业、宜居、宜游"的新型发展空间。

第二章 特色小镇运行机制与共同治理

目前我国的城镇化主要以自上而下为主,"外发型"资本和产业是其主要动力,这导致资源在大城市集中、基层发展能力弱以及大城市病难有突破等困境。从成功的模式来看,其运行机制都在将自上而下与自下而上模式相结合。因此,特色小镇要兼顾历史基础和培育催生机制、兼顾市场和政府两种力量,探索注重实际效果的运行机制。

第一节 特色小镇的运行机制

一、改革创新机制

特色小镇的定位是综合改革试验区。特色小镇本身就是通过特殊区域的运行,探索镇域经济甚至社区创新的管理机制,通过改革和创新机制,实现政府角色从管理和管制型向服务型转换。为了争取更多改革机会,率先提出特色小镇的浙江省明确指出,凡是国家的改革试点,特色小镇优先上报;凡是国家和省里先行先试的改革试点,特色小镇优先实施;凡是符合法律要求的改革,允许特色小镇先行突破。与此同时,还在很多地方尽量对现状有所突破,通过"创建制""期权激励制"和"追惩制"打造政务生态,强化社区功能,打造社会生态。

(一) 建立明确的政府和企业关系

特色小镇成败的关键在于企业是否有动力,市场是否有活力。因此,政府不能大包大揽,而要坚持以企业为主体和市场化运作。企业是经济运行主体,只要在规划框架内,合乎法律要求,企业的所有经营活动自己做主,政府只要配合解决出现的公共事务就行,从管理和管制向服务职能转换。首先,政府只需要做好编制规划、保护生态、优化服务,不干预企业运营;其次,小镇要在投资便利化、商事仲裁、负面清单管理等方面的改革上走在前列,让企业在创业方面更自由、创新更自信;第三,政府要为企业融资、人力资源和审批等方面提供帮助。

另外,在不同时段,政府的角色要进行调整。建设启动期,由政府主导基础设施和重要公共服务设施建设,通过政府先期投入来引导企业共同推动早期小镇建设;建设中后期,政府可以充分利用民营资本以市场运作方法,结合PPP模式建设经营性设施,为特色小镇的可持续建设和发展提供运营保障。

例如,浙江省在市场主体登记制度上,放宽了企业商事主体核定条件,实行企业的集群化住所登记,把企业准入门槛降到了最低;在审批流程再造上,削减审批环节,提供全程代办,创新验收制度,把审批流程改到最便捷,为企业办事提供了极大方便。浙江省工商局出台了支持省级特色小镇加快建设新政,包含实行全程电子化登记、设立工商事务服务室等七项举措。同时,该省实行企业"零用地"的投资项目政府不再审批、企业独立选址项目高效审批、企业非独立选址项目要素市场化供给机制、政府不再审批等一系列简政放权改革。义乌市打造了从市场主体登记到项目验收的"一条龙"审批流程,政府部门审批时限从原来的30个工作日缩减到4个工作日,对入驻省级特色小镇的企业申请冠省名的,注册资本从1000万元降低至500万元。

(二) 创新培育机制

以往选择带称号的地区,比如生态宜居小镇、改革试点小镇,重点镇等等,基本都是全面覆盖,按地域人口均衡数量分布。但特色小镇是需要一定经济基础和发展条件的,并且承担着综合改革实验任务。因此,所有措施都重在"试验",并且要本着特色小镇建设的实际需要,突破以往的惯例和藩篱。

但是,在全国层面上,遴选特色小镇的过程仍然或多或少地延续了以往分配数量的做法。即第一步由相关部门给各省分配名额,第二步根据上报信息评选。从遴选出的数量分布看,基本覆盖了所有省份。而浙江省明确指出,这次的特色小镇不是变相审批,而是通过列名单,采用间接授牌方式,为特色小镇建设服务。该省在特色小镇遴选中不但走在了前头,而且没有搞地域平均,而是成熟一个公布一个。因为是动态审批,特色小镇入围后,并不能直接享受到省里的有关支持政策,只有在年度考核合格或验收命名后,才能获得土地和财政方面的支持,不存在争抢问题。首批名单产生过程经历了三个环节,最终从各地上报的260多个"特色小镇"创建申请中,选出了37个。其中,省会杭州以9个名额居首,舟山市为零,其他区市均有2~5个不等。

(三)政策奖惩机制

合理使用政策工具对特色小镇建设成就进行奖惩式鼓励,是政府引导特色小镇发展方向的主要途径。在上级部门对特色小镇绩效有明确目标的情况下,各地就会根据自身情况,在政策上"各显神通"。除了上述在很多方面提到的浙江省的奖惩政策外,贵州省在2012年就提出重点扶持100个示范小城镇,引导每个县(市、区)建成3至5个特色小城镇,并与"扩权强镇"改革相结合,专门制定镇机构改革、放权授权、农村土地要素流转、基础设施和公共服务建设、农民市民化社会保障体系等十个方面的意见,连续三年在省级层面制订年度工作方案,不断推动特色小城镇建设提质升级。青岛西海岸新区在区级层面率先出台了加快特色小镇建设实施意见,采取"一对一"帮扶特色小镇建设等政策措施,建立特色小镇建设指挥部,实施国资参建、引导民资跟进模式,精心打造的12个特色小镇成为了新典范。

但是从这些政策看,大多数仍沿袭了原来的指导意见、结对帮扶、资金鼓励等措施,尚未体现出地区管理方面的创新机制,因而没有发挥出管理政策工具的效力。特色小镇的建设是一个全新的区域发展问题,其主要办法是淡化行政权力和行政指挥棒作用,强化市场和地区发展趋势的客观自然规律。因此,要实现政策工具的有效性,需要从减少行政权力和行政干预入手,让参与特色小镇建设和发展的主体,能够收获自身发展带来的收益而不是外界的一点点奖励;政府能够放下身价主动为企业主体提供帮助和服务,帮助其更好地成长,而不是通过行政干预完成上级指标。所以,目前最有效的政策是积极不干预,即政府积极地改善自然环境,创造公平的发展环境以及监管责任,而不是到处挥舞指挥棒。

(四) 强化基层权力

乡村经济发展水平,特别是作为小镇腹地的县域经济发展程度,决定了小镇的产业层次和产业竞争力。要想让小镇具有与之地位相匹配的行政和经济权力,除了振兴县域经济外,还需要强化基层权力,改变城镇现有的经济和行政权力弱化局面。这一点,浙江省在通过"强县扩权"鼓励县域经济发展的同时,也为基层治理进行了大胆尝试。自1992年起,浙江省先后五次出台政策,将大部分经济管理权力直接下放给20个县级政府,使其基本具备了地级市所具有的所有权限,其中义乌进行了单独试点;2014年又在继中心镇和小城市培育后,进一步推出"强镇扩权"改革,以省级中心镇为对象扩大管理权限、创新户籍管理制度和完善行政管理体制。这些改革有利于特色小镇的治理创新,并为全面进行新型城镇化治理创新进行了试点。

广东省利用乡镇综合改革配套试点机会,以"简政强镇"事权改革为主要形式推进强镇扩权,精简机构和部门设置,通过直接放权或委托等方式,已下放了行政审批权和行政执法权,扩大了镇级政府县级经济社会管理权限,以加强县城镇、中心镇和专业镇建设与管理;依法向镇级下放社会管理和服务事项,加强镇的社会服务、基层建设等职能,探索"项目参与式"社会工作模式,构建多元互补合作的综合治理机制。

山东省积极稳妥地下放经济社会管理权限,着力解决发达镇"权责不对等"问题,加大镇财政支持力度,理顺县镇财政关系,优化镇的组织结构,突出按需设置岗位和人员,以实现事权与财权的匹配。

(五) 建立多种保障机制

以往政府扶持和鼓励手段多是土地和税收优惠,以及资金优先使用和奖励办法。特色小镇是一个可持续发展的过程,也是地区长期发展演化的结果,应避免使用短期政策,应创新性地使用长效政策工具,建立自主发展机制。因此,除了惯用的土地和财政措施外,还应该深入挖掘地方发展积极性,探索"内发型"发展机制。例如,建立健全资金保障机制、创新小镇后期的业态招商机制、创新小镇居民招人机制,还可以采用期权式奖励方式,按照"谁搞得好就支持谁"的办法,将奖励重点从项目前扶持转向项目后奖励等。

杭州梦想小镇未来科技城管委会的具体做法有三点。一是推进商事制度改革,对互联网创业项目放开住所要求,放宽冠名限制,推行"五证合一",开通企业自助查询终端;二是为入驻创业企业提供办公场所的租金补助及物业、中介服务、能耗等补贴,并先后设立各种引导性基金,如五千万天使梦想基金、一亿元天使引导基金、两亿元创业引导基金、两亿元创业贷款风险池、二十亿元信息产业基金,引导民间资本向科技资本、产业资本转化;三是采用了"有核无边"的发展思路,与国内外重点创新平台、高校、研发机构及各类产业园区建立起长效联系机制,重点关注技术、人才及产业发展动向与潜在合作机会。

(六) 成立第三方机构

特色小镇既是一个特殊的区域,又是一个基层行政单元,在平衡各方利益关系时,难免向行政权力倾斜。因此,要突破现有体制框架,就要培育第三方机构,通过第三方机构平衡政府与企业、政府与居民及企业之间、行政单元之间的利益关系。同时,通过有经验的第三方机构,对小镇建设模式、运营方式等进行培训,帮助特色小镇建设,待成熟后再培育另一个。这样才能给予小镇独立运作的空间,发挥当地居民、村(社区)的主动性和积极性,引导各方社会力量参与小镇建设,使市场主体和当地居民成为特色小镇开发建设的真正主体。同时,第三方机构也可以为入驻企业提供专业的融资、市场推广、技术孵化、供应链整合等服务,使特色小镇成为新型城镇化平台。例如,宋家宁和叶剑平认为,通过对不同专业机构的导入,以缔约形式形成一体化的运营平台,将具有人文和自然资源优势的区域作为目标地,联合规划设计、产业运营和建设运营商,形成联合体与地方政府签订合同,使第三方从规划、建设、运营和管理方面全面介入,形成以第三方为主的整体运营管理链。

二、战略管理运行机制

特色小镇作为一个经济发展的载体,与城市一样可以经营。尤其是作为具有自身特色产业和品牌的聚集区,其可经营性在一定程度上胜过城市地区。但是,以往的城市经营大都陷入了土地财政的陷阱,以土地作为经营的主要内容,而忽视了基础设施和文化、城市形象等无形资产的增值,导致过度房地产化。特色小镇的主要目的之一,是扭转之前土地过度开发和扩张带来的粗放发展方式。因此,特色小镇的经营需要摈弃对土地的依赖,经营内容和目的要围绕本地企业发展和城镇地区的综合进步,而不是仅靠房地产为地方增加 GDP 数额。从这个角度来讲,政府需要在统筹规划、区域营销和品牌管理方面进行创新,建立一套特色小镇经营模式和运行机制。

(一) 统筹规划

城镇发展规划是政府管理的主要职能之一。从规划体系来看,下级行政单元必须遵从上级行政单元的规划,专项规划必须服从综合发展的中长期规划。这样一来,城镇规划需要遵从上级行政单元(即县级)规划,同时特色小镇的中长期发展规划又涵盖各行业的专项规划,专项规划需要遵从综合规划。目前存在的问题是,各专项之间各自为政、相互隔离(见图 2-1)。

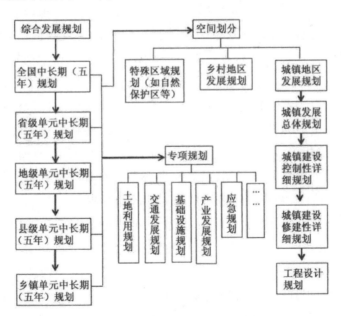

图 2-1　城镇规划体系结构

由图2-1可见,小镇发展规划作为城镇体系的重要组成部分,要有宏观意识,既要看到上一级地区的发展趋势,又要考虑周边地区的发展特点,要将整个小镇放到所在都市圈或地区经济发展中,全面考虑其规划地位。

更重要的是,无论是中长期发展规划还是专项规划,小镇规划作为最基层规划,主要存在两方面的问题:一是受上级规划约束较多,难以在用地指标、交通一体化、基础设施一体化等方面有突破;二是各专项规划,如土地利用规划、基础设施规划、交通发展规划、产业发展规划等之间不协调,有时存在着相互冲突,如产业规划和交通规划在很多时候受土地利用所限,无法实施。镇政府在编制规划时,也往往难落俗套。作为实验区性质的特色小镇,要通过规划进行统筹管理,就需要在以下两方面进行突破。

第一,在特殊区域功能规划中寻找突破。特色小镇虽然属于基层的区域规划,需要遵从多个上级规划,但由于其空间单元特殊、功能特殊,加之其作为综合试验区的性质,可以利用其特殊功能区属性,在自然环境和历史文化资源保护、特殊产业传承和新型社区建设中,建立突出自身个性的规划目标和规划体系。一是在遵从上级综合规划中,将能够用来创新的试验政策与特殊资源的保护和有效使用方案相结合;二是将特色发展目标与具体项目相结合,以可操作为前提,在细化规划细节上进行挖掘;三是要求各规划包含从综合发展到项目可行性规划的一揽子规划体系;四是建立特色小镇规划质量评价体系,控制规划质量;五是规划中明确政府、企业、中介机构和居民责任;六是落实所有利益相关者广泛参与规划编制的全民参与制度,即规划编制的事前评估、规划草稿和规划定稿等,各环节都有各相关利益者的参与,并需要设计征求企业和居民对规划建议的全过程。

第二,充分利用"多规合一"机会。传统规划体系注重用地约束,以用地需求来倒推人口增长、经济发展;通过空间优势和劣势分析,确定产业定位;依托产业定位,指导空间布局、城市风貌塑造等,是一种自上而下的规划模式。因此,基于创新的特色小镇规划,要通过小镇的可持续发展目标和规划管理,实现城镇发展规划、城镇总体规划、土地利用规划、生态建设规划、交通规划等协调各专项规划配合,尤其要坚持生态引领。特色小镇的最终功能是融合,特色小镇建设目标是自然、人文、经济、社会的统一与和谐。因此,特色小镇规划不是单一的城镇规划或园区规划,而是各种元素高度关联的综合性规划。因此,在规划管理方面,可以试验性地推行规划管理部门统一、规划编制队伍统一、规划编制程序统一的大部门管理制。在规划编制内容方面,要综合考虑自然资源承载力、人口规模发展趋势、产业升级趋势与地区空间利用和保护关系;在开发强度方面,要对人口容量、土地容量、环境容量等进行限制;在功能上,将保护作为第一位,发展作为第二位,要有环境建设和产业发展的具体方案;在将来发展趋势方面,要考虑开发后经济与社会的协调性、居民作为劳动力和消费者对将来发展的适应性和可接受性、居民长期发展能力提升等。一个完善的特色小镇规划,一定是综合考虑城镇社会经济发展各方面因素的规划。

例如,河北省馆陶县在推进城乡统筹规划时,通过强化领导和协调推进,使该县的特色小镇与地区发展紧密结合。一是强化县委的"一线指挥部"作用,成立了县委书记任组长的领导小组,组建了规划、人才、资金、项目招商、土地出让、信访稳定等六个工作推进组;建立了"认领、述职、退出、记功"责任机制和特别督查评功制度;与此同时,选派各地自己的"第一书记"亲自管理特色小镇规划与建设,对成绩优异者进行提拔;二是整体协调、全民参与,形成"特色产业+龙头企业+村民参与+党组织引导协调"的推进机制。

浙江省结合特色小镇建设,在"多规合一"方面主要进行了两项突破。一是以土地利用图和总体规划图"两图合一"为基础,在建设用地总量规模、用地分类、增长边界、土地集约利用举措、建设时序等五个方面进行无缝衔接,结合发展目标合理划分"生态、农业、城镇"空间,消除了"多规"中的空间管理矛盾;同时,完善了土地利用规划和发展规划衔接的联合审查工作机制和程序要求;二是强调项目审批效能与监管力度"一支笔"。政府将各类建设项目按照产业转型、基础设施、城乡统筹、生态环保、公共服务等进行分类,并将用地供给数量和调整的信息入库,建立了项目管理的"简化程序"和"规划协同平台+审批服务平台+部门服务平台"的联审机制,实现各部门规划的协同管理。

(二)区域营销

特色小镇的竞争力来源于通过特色产业和自然、文化独特性形成的区域竞争力,这种竞争力需要经过营销才能转化为地区发展能力。区域营销是指,政府帮助和促进所辖地区的生产者与外部市场建立联系,以达成区域内企业与外部的交易,扩大所辖区生产主体所需要市场份额的过程。特色小镇中企业大多属于中小微企业,没有规模优势,无法凭自己的实力在全球市场中建立自己的营销体系;加之特色小镇的产业在产业生态系统下,是多样化的横向联系,无法以专业产品形式进行营销。政府作为公共产品服务方,必须通过搭建平台或各种共同行为,对特色小镇进行区域营销。区域营销途径主要有三个方面,即明确产业选择、培育区域市场和区域促销活动。产业选择渗透在政府工作的各个方面,从区域规划中主导产业选择,到项目筛选以及投融资环节,都要涉及。

培育区域市场,首先需要政府对产品消费区域的定位,认识在该区域范围内的市场容量和发展趋势;其次,需要通过各种途径,使主要消费者认识该特色小镇的功能,如设计小镇的统一标示,建立统一的服务质量体系,将小镇的各种产品进行整合以适应不同人群的需求,等等;再次,通过小镇信誉和产品质量培育客户群,如通过旅游体验培育多频次顾客,通过产品组合对不同客户提供定制服务;最后,严格质量监管和维护市场秩序,保护公平竞争环境。

区域促销活动,是指将小镇以整体形象进行广告宣传、推销推广、公共关系维护等,旨在向外界传递小镇信息,促进公众对小镇的认识,提高小镇的知名度和美誉度,形成公众对小镇的偏爱,扩大小镇的产品销售。尤其要善于利用新媒体进行传播,增强传播的效果。如北京市平谷区书记曾在超市售卖桃子,以增加消费者印象;苏州市建立了"苏州发现"公众号,传播非常广泛。与此同时,要注意线上和线下两个市场同时推进,既要为实体市场搭建销售平台,又要帮助居民和企业建立电子商务平台。有学者认为,既要注重物流基地、体验中心硬件等建设,又要加强交易规则和市场秩序的软件建设。我们认为,软件建设比硬件建设更重要。因为,软件环境需要区镇各相关利益者共同行动,并杜绝搭便车的"害群之马";而一旦软件成功后,所需要的硬件设施建设都会有利可图,自然就会有投资者进行投资和运作。

打造小城镇名片。城市名片是指能够充分反映当地文化、经济特色,代表城市品牌形象和文化内涵的优质地方特色产品、特色景致、标志性建筑等。特色小镇除了特色产品和优势产业的竞争力锁定客户群以外,还需要通过将反映自身特色的符号和印象传播给更多的人群。这就需要整合特色小镇的硬件设施和软件影响力,精心打造小镇名片,使之成为区域营销的主要渠道和介质。一般来说,有几种途径可以促成城镇名片的形成。第一种是媒体从各个角度对该城镇进行介绍和宣传,增加曝光率,如通过介绍小说家的出生地、文学作品描述的地方、重要事件发生的地方等;第二种是有代表性和特色活动的举办地,如奥运会赛场、高端论坛会场、一级特色商品展销会等;第三种是有影响力的文化活动所在地,如凤阳花鼓、浏阳花炮等文化活动;第四种是借助旅游项目的各种活动。无论哪种活动,主要运作方式都是以"政府搭台,品牌唱戏"的方式,给外界呈现出小镇整体形象。

另外,可以组建区域营销非公共机构团队,研究本小镇的受众群体,保持营销从公共部门到私人部门、从小镇宣传主题的宏观层面到商标的微观细节都实现统一,并能够准确传达出去。

(三) 品牌管理

特色小镇的价值取向是以市场为导向、以消费者为核心。因此,特色小镇的区域营销是以市场和消费者对小镇品牌的认可度而实现的,打造小镇品牌是区域营销工作的基础。特色小镇品牌是对小镇的一种差异化和独特性的表达,是一个识别系统,用以形成外部公众对小镇的独特认识。要让这种认识成为小镇的竞争力,需要对品牌进行管理。

品牌管理是指对小镇品牌形成、维护等所有过程和所有利益相关者的行为约束。要做到在上述区域营销中,树立品牌、形成品牌、维护品牌,就需要核心理念进行品牌管理,这个核心就是"信用"。特色小镇要打造品牌,就要引进社会信用体系。这个信用体系包括对地区内部各利益相关者之间的信用监管制度和外部信用维护管理。一般来说,有以下三种途径。

第一,建立内部信用监管制度。小镇从开始建设的各个环节,就涉及利益相关者之间的合约,如规划审批、投融资利益分配、审核发债、政府财政扶持基金、产品质量监督抽查、监督检查、企业审计、税务检查,以及公共基础设施建设过程中的招投标,等等。每一项都包含政府对企业的承诺,以及企业对制度的遵守。在所有环节中,要建立合约双方的信用记录和查询制度,将政府信用和企业信用放在同等地位。首先,政府要为人驻企业树立良好的制度和法律信用;其次,将入驻企业的承诺与信用挂钩,规范企业的日常经营行为。

第二,建立外部信用管理制度,就要对小镇内的所有机构和产品采用信用"标签制",即将守信用企业和产品列为信用名录,并以特殊标签进行辨识,以便客户、消费者和游客随时可从政府网站进行查询和识别,以维护小镇整体信用,防止个别不守信用的公司和个人搭便车,也防止外界假冒。

第三,促进第三方信用机构形成。以信用信息平台和信用中介服务机构为代表的第三方信用保障,是现代信用制度最主要的范式。其特点在于综合采集公共信用、市场信用、行业信用等多方面信用信息,以独立的第三方形式对外公布,促成商业社会中"多边声誉机制"和"多边惩罚机制"的形成,保证市场主体间的可持续合作。

浙江省在特色小镇建设中,主张把标准和认证作为区域品牌建设的两大抓手,通过高标准的运用实施,引领区域品牌的高品质发展。对符合高标准、高品质要求的区域品牌产品进行认证;并结合"浙江制造"标准体系,按照"企业自主申明+第三方认证+政府监管"的思路,形成区域品牌认证模式,让区域内中小企业统一使用品牌,确保权威性和有效性,并在区域信用方面进行了探索。

目前有很多地方,尤其是旅游小镇出现了"挖吃"品牌现象,即利用已经形成的区域品牌,设置了很多陷阱,坑蒙拐骗游客,结果导致大家经过多年齐心协力塑造的区域品牌由于个别人的短期行为而毁于一旦。如随着云南丽江古城乱收费、黑导游、游客被宰、价格垄断等问题的频频出现,小镇的声誉受到了极大损害,不但区域整体形象越来越差,而且离特色小镇的融合发展渐行渐远,更谈不上可持续发展。云南香格里拉旅游业频频爆出"黑导游"和"黑旅行社"的负面新闻,不但使旅游业整体受损,而且使这些特色发展地区的知名度和形象受到严重影响。因此,特色小镇的品牌管理犹如高端产品的设计、生产和售后服务一样,任何相关环节都是其品质的反映,任何一个细节都是影响品牌的关键因素,政府必须严格管理、维护好市场秩序、保证企业公平的竞争环境,各部门齐心协作,共同树立良好的区域形象。

另一个普遍现象是将城镇品牌塑造简单地作为扩大知名度和吸引投资的砝码,没有将地区发展的品牌作为城镇的核心和追求的目标,其结果只能导致城镇争抢头衔、追名逐利,其发展内容苍白无力。因此,城镇对内在发展的形象塑造更加重视。不但要使基础设施、自然环境和人文要素与城镇形象和谐统一,还要使市民普遍价值观与城镇发展方向统一,形成小镇的内在精神。因此,城镇品牌的塑造不仅是得到外界的承认,更重要的是城镇自我发展的认同,是城镇从物质到以人为本、全面发展方向的转变。如"国际慢城"俱乐部之所以得到全球响应,与我国目前已有的"生态城市""重点城镇""精神文明城镇"等各种"头衔"的城镇最大的区别在于,采用一系列非经济指标,引导城镇向有精神内涵的方向发展,而不是争抢头衔。

三、产业发展机制

很多研究在论述特色小镇特征时,都将特色产业作为特色小镇最主要的特征,但对如何选择和培育特色产业却鲜有涉及。作为镇域经济的支撑,特色产业不但是小镇的命脉,更是其发展的基础和潜力的体现。一般来说,促进特色产业发展在镇域层面上有三个环节。

(一) 选择好主导产业

与一般地域主导产业不同的是,特色小镇主导产业不但要有一定的资源基础、专业化程度,还要能在更广的地域范围内有"特色",这种特色是指该产业在所销售地区范围内,在资源组织、生产技术、劳动力和土地成本、地区产业配套程度等方面都有绝对优势,才能使该产业在销售市场上具有竞争力。浙江省根据本省产业发展需要,将特色小镇的产业定位于七大产业,即信息经济、环保、健康、旅游、时尚、金融、高端装备制造,同时兼顾茶叶、丝绸、黄酒、中药、青瓷、木雕、根雕、石雕、文房等历史经典产业。从首批名单所涉产业类别看,信息经济产业5个,健康产业2个,时尚产业5个,旅游产业8个,金融产业4个,高端装备制造6个,历史经典产业7个。信息产业主要集中在杭州一带,时尚产业以本地服装和化妆品等"块状"经济为主,旅游集中在历史文化名城,金融主要在经济发达的杭州和宁波地区,高端装备制造业分布在地方制造业城市周边地区,历史经典名镇则是根据地区历史积淀分布。这个格局基本反映了各地在浙江省甚至全国乃至全球的绝对生产优势。但是,我们认为,该省的主导产业有些过于偏向新兴产业,同时新兴与传统产业仍表现为两张皮,两者结合得不紧密。

(二)培育产业生态系统

特色小镇其实是一个产业聚集区,在这样的聚集区内,不仅要有主导产业,而且还需要有辅助产业和外围服务产业,尤其需要主导产业与其他产业之间相互协作,形成一个类似生物种群结构的产业生态系统。在这个系统内,充分发挥核心成员的协调和整合能力,并带动辅助成员及整个创新生态系统不断完善。这个系统之间不但有各种产业的数量,而且还有一个按照价值链连接的产业金字塔结构。这种结构还可以超越产业集群中的关联,成为企业之间、企业与公共服务机构之间相互共生,以及核心区和城镇与腹地资源与市场共生的地域生产生态系统。培育这样一个系统,主要取决于本地镇政府、上级县(区)政府乃至市和省政府,以及相邻镇政府之间的合作与共同行动。

这个产业系统可以利用多样性形成的开放度和包容度,能够创造出利基市场,提供更多的蕴含新价值的产品和服务,并抵抗外界干扰,从而能够使系统主体(企业)之间,通过写作创造出"1+1＞2"的效果,并且使新主体进入该区域后,能够充分享受区域外部性优势,有利于企业降低成本和提升创新能力和竞争力。例如,梦想小镇借由众多孵化器来协调、带动其他主体,构建了资源共享、相互依存的创新生态系统。两年时间里,小镇先后引入了良仓孵化器、极客创业营、湾西孵化器、阿里纵贯会、蜂巢孵化器、上海苏河汇、北京36氪、500Startups等15个孵化平台。这些平台又利用各自网络吸引资源加入,比如,极客创业营为我国首家资源众筹孵化器,以划分部分股权形式吸引了大量社会资源参与。与此同时,这些不同类型的孵化器涵盖了办公、融资、社交、培训、市场推广、技术研发、战略辅导等各环节,形成了联系复杂的创业网络。

另外,产业生态系统还需要系统圈内的文化凝聚力。在多样性的创新氛围里,各主体之间需要对产业生态系统环境的价值形成共识。一般来说,主要通过人物凝聚力和人际交往来实现。前者是指成员共同进行创新活动,使这个创新系统朝更好的方向发展;后者则是小镇搭建的人际交流和交往平台,以及所在社区的情感活动所建立的社会纽带。

以制造业为例,特色小镇与传统制造业集群的区别就在于通过产业和创新生态系统以及系统内的平台,引进人才和创新要素,强化研发能力,增加品牌设计、品牌营销环节,尽可能采用智能制造技术,通过全域开放创新,将环境和文化元素融入生产、销售和品牌环节,将产业链的各环节与地域生产和生活环境融合起来,形成地域特色系统,体现制造业的高端化、智能化和人文化。如杭州采用"互联网+",使云栖小镇依托阿里大数据和富士康发展大数据,以及云计算、云储存,形成了以移动互联网为新兴业态的互联网生态系统。梦想小镇经过有意识培育产业生态系统,仅半年时间就吸引了400多个互联网创业团队、4400多名年轻创业者落户,300多亿元风险投资基金进入,形成了完整的互联网创业生态圈。同时,浙江省还利用投融资体制改革机会,将特色小镇的生态系统,经过若干年后在债券市场上市,从而形成真正的"特色"品牌。

一些边远地区可以保留传统生产工艺,但是需要通过研发、设计、品牌营销促进传统工艺改进和传播途径;围绕该传统工艺,延伸产业链,催生横向服务和公益性行业;同时,将这种传统工艺与当地的生产和生活相联系,在各种场合得到体现,以增强文化氛围,从而促进产品或产业品牌和知名度提升。

四、资金使用机制

特色小镇的开发环节有土地一级开发、二级开发,产业投资项目,产业链开发项目和综合开发项目。每个环节都有相应的资金供给模式与使用机制。一般来说,特色小镇属于地区经济社会全面发展范畴,所需资金应以企业为主体,政府提供政策保障、规划引导和服务等支持,以最大限度地优化资金环境。由上述特色小镇基础设施建设可知,除了采取PPP模式外,由于区域规模小、企业以中小微企业为主,在融资难的情况下,如何解决资金使用问题、调动企业积极性,是保证小镇建设顺利进行的关键环节。在特色小镇建设过程中尤其要注意城镇化成本支付问题,要将城市基础设施和城市土地进行一体化开发和建设,形成土地融资和城市基础设施投资之间,自我强化的正反馈关系,才能使资金进入良性运转轨道。

(一)实现资金合理使用途径

根据江苏省和其他地区的实践,目前主要有两种途径促进资金的合理使用。

一是从政府和市场责任方面厘清两者的关系,分清责任。采取权力清单、责任清单和负面清单管理模式,放开社会资本进入门槛,加强政府监管和服务。对于能够由市场发挥作用的,如企业对行业产品的选择、企业的战略规划、企业对资源的组织等,政府帮助企业消除审批等各种制度障碍,并提供服务型帮助,为企业创造提升质量的生产环境;对于竞争性强的行业要严格监督、公平执法,保证企业的公平竞争环境。

二是对特色小镇建设内容,按照成本收益进行分类,对于收益明确的项目积极鼓励私人资本进入;对收益不明确的项目进行打包,通过地方政府债券等方式融资;政府对公益性项目进行投资与收益补偿平衡机制,鼓励有实力的企业整体进入承建和运营特色小镇的过程中。

(二)案例

按照"政府引导、企业主体、市场化运作"的方式,浙江省的目标是重点培育100个特色小镇。从现有的资料和政策看,浙江将特色小镇的创建程序分为自愿申报、分批审核、年度考核、验收命名四个环节,3年后对实现规划建设目标、达到创建标准要求的特色小镇组织验收,通过验收的被认定为省级特色小镇。据相关报道,首批37个特色小镇创建对象计划3年投资2400亿元左右,到2017年可实现税收收入190亿元左右。在管理中,根据"宽进严出"的倒逼方式,先对符合发展条件的小镇给予承认,然后规定这些小镇原则上3年内须完成固定资产投资50亿元左右(不含住宅和商业综合体项目),金融、科技创新、旅游、历史经典产业类特色小镇的投资额可适当放宽;并要求所有的特色小镇必须建设成3A级以上景区,旅游产业类特色小镇则要按5A级景区标准建设。财政支持方面,特色小镇在创建期间及验收命名后,其规划空间范围内的新增财政收入上交省财政部分,前3年全额返还,后2年返还一半。对未达标者不但撤销称号,还要倒扣用地指标;对通过考核验收命名后,其规划空间范围内的新增财政收入上交市财政部分,前3年全额返还,后2年减半返还给当地财政。

浙江省对资金使用的动态考核机制,使特色小镇能上能下。在大力发展特色小镇的过程中,该省从投资、要素聚集、特色打造和产出效益等方面制定了一套考核标准。根据浙江省发改委相关部门规定,首次执行的考核采用百分制,分8项指标,分别是高端要素聚集、投资规模和结构、特色打造各占20分;功能打造、产出效益、整体进展各占10分;关注度和日常工作共占10分。根据此标准,第一批省级特色小镇创建对象的投资规模,要求不少于15亿元,其中信息经济、旅游、金融、历史经典产业特色小镇不低于10亿元,26个加快发展的县级特色小镇不低于6亿元。第二批省级特色小镇创建对象投资规模要求是不少于10亿元。投资结构中,重点突出特色,要求特色产业投资达到60%以上。在具体建设内容上,还要求特色形态明显、特色文化能得到充分挖掘,并能符合"三生融合"(即生产、生态、生活融合)和"四位一体"(即生产、文化、旅游和社区功能为一体),以及高端要素聚集(即具有高端人才、高新技术、高科技企业和新型业态特征)。这些考核指标初步形成宽进严定、动态调整的创新模式。例如,奉化海滨养生小镇因投资方撤资,固定资产投资、特色产业投资、税收收入等指标考核均为0,考核评分最低,从省级特色小镇创建对象降格为培育对象。南浔善琏湖笔小镇、苍南台商小镇和磐安江南药镇,因为"特色产业投资少、新增财政收入少"进入被"警告"行列。

北京市于2011年设立100亿元的小城镇发展基金,以全国首创的股权基金方式,引导打造旅游休闲特色镇、科技及设施农业示范镇、商务会议特色镇、园区经济特色镇、重点产业功能区配套服务特色镇五类42个特色小镇。但是,由于私营企业发展环境不好,私人资本进入不积极,至今效果不明显。云南省2011年5月出台《关于加快推进特色小镇建设的意见》,安排专项资金重点扶持,并鼓励社会各类投资主体参与包括现代农业型、旅游型、商贸型和边境口岸型四类210个特色小镇建设。但是,五年过去了,这些小镇并没有出现特色小镇的样子。我们认为,云南省如此大规模地发展小镇和众多特色小镇依靠政府资金扶持,实在不可取。因为云南经济发展水平并不太高,而且远离巨大的国内市场,仅靠自然风景和历史文物古迹发展旅游,与特色小镇差距较大;即使初期政府依靠各种渠道筹集了资金,一旦后续资金不能跟进,则前功尽弃。特色小镇在于政府给予创新环境,放开让企业自由成长,本是一个地区自然发展的过程,而不是靠政府资金打造出来的样板。为了响应建设特色小镇的号召,在时机不成熟时以运动式发展特色小镇,反而破坏了资源。

河北省馆陶县没有从外部吸引资金,而是重点整合本地资金资源。一是设立馆陶县美丽乡村建设基金,充分利用社会资本参与等方式筹措资金;二是通过政府投入引导性资金,调动民营资本以及百姓出工的积极性;三是与六家投资商签订协议,联合共建美丽乡村,有效化解了资金难题。同时,全县统筹规划、统筹建设、统筹供应物资、统筹管理特色村庄和小镇,组建美丽乡村"3+1"施工队、美丽乡村建材配送超市等。这种模式,既有效使用了有限资金,又调动了全县各相关利益者的积极性。

五、土地利用机制

特色小镇就是要解决过去城镇化中大量用地的问题。小城镇土地结构复杂,既有国有土地,也有集体土地,有宅基地流转、土地征用等许多情况。如何在不伤害农民利益的前提下,解决特色小镇建设的土地问题,如何通过集约发展和合理配置土地资源,提高土地使用效率是特色小镇的一项重要而艰巨的任务。在集体土地"三权分置"的利好政策下,通过合理的收益分享,通过转租、土地入股等方式探索利用集体土地进行产业开发的新途径。

由于之前的很多城镇化新概念,都使地方政府和房地产企业趁机占用了大量土地进行房地产开发。本次的特色小镇似乎又使一些房地产企业打着"文旅小镇"的旗号,热衷地产开发。为了防止特色小镇建设的泛地产化,不但需要在事前对土地增量和土地利用进行规划约束,更需要在事中和事后对土地利用现状进行评估;还要加强对建设项目后期运营中产、城、人、文、景、旅等融合方面的审核和监测;并要将过去支持房地产开发专项重点,转为支持企业投资和实体经济发展,尤其是支持中小型企业和创新型企业的成长。

因此,特色小镇只是增强底层发展能力,解决高层的大城市病问题,而不是扩大城市地盘;是一种大分散、小聚集的土地利用方式,仍然强调土地的高效使用而不是低密度的城市蔓延;更强调紧凑型、复合型和多功能融合型的土地集约,而不是借机进行城镇用地扩张。

实践证明,具有完善基础设施和服务,以及密集的生产和商业活动的成熟土地,对于企业和投资者更具有吸引力。尤其是对于特色小镇这种土地规模小,不利于大项目开发的小尺度空间而言,任何一个小项目的运作都希望将土地前期开发成本降到最低,同时还有成熟的社区服务。这样的地段一般都在旧城区,这就需要政府在吸引项目投资之前,对旧城区的旧厂房等废弃建筑物和基础设施进行改造,并进一步按照特色小镇的美观性进行环境建设;另外,通过增加土地利用的多样性为小城镇的多样融合创造发展空间。

(一) 浙江经验

总体来看,浙江省特色小镇建设普遍遵循的原则是,按照集约用地的要求,优先保障特色小镇建设用地,在差别化配置新增用地的同时,积极盘活存量土地和利用低丘缓坡资源,对纳入本市新增建设用地计划的重大项目所需农转用地计划指标由市统筹安排。对纳入创建名单的特色小镇,新增的建设用地,由各地先行办理农用地转用及供地手续。对如期完成年度规划目标的特色小镇,按实际使用指标的50%给予配套奖励,信息经济、环保、高端装备制造等产业类特色小镇,则按60%奖励。三年内未达到规划目标任务的,加倍倒扣省奖励的用地指标。

在盘活土地资源方面,根据全省首批9个特色小镇土地利用现状调查成果,有学者建议:一是,特色小镇对规划区范围内低效用地进行再调查,利用城镇低效用地再开发进行国家试点,将可以盘活利用的低效用地增补进入当地再开发专项规划,全力推动低效用地再开发工作;二是,放宽低效用地盘活政策管控,对能够盘活利用的工业等项目用地,在确保产业项目前提下,放开分割盘活等限制,提高存量土地利用效率;三是,重构产业用地标准。针对特色小镇建设过程中出现的新型业态,允许新型业态在存量土地上跨用途临时利用,并在产业、规划、用地等一系列制度体系中,重构新产业用地标准,设置合理的业态、价格等管控机制;四是,科学配置经营性用地、产业用地比重,测算经营性用地出让地价与前期开发投入之间的关系,确保经营性用地出让金基本能够平衡前期开发建设的资金投入;预测产业项目的利税收入及培育周期,确保特色小镇有产业发展空间。经调查发现,杭州基金小镇将原有废弃的厂房、仓库进行了修整,引入高端金融产业,实现了土地高效使用。

浙江梦想小镇在土地存量上通过功能置换、多主体开发、权属整合,实现了区域的新活力;在交通连通性方面,在保留传统街区宜人尺度和自由布局基础上,将镇域街道与城市交通体系衔接,增加了区域的微循环能力和空间可伸缩性;在景观方面,通过制定分类建筑对策,采用拆除、修缮、新建、功能置换等方式,实现了老建筑与新建筑的有机融合,体现新旧交替的空间层次性;在环境建设方面,通过保留乡愁元素,增加公共空间和街巷的呼吸空间;在配套服务方面,通过提升原有公共服务设施和增加符合现代生活的服务设施,提升了存量空间的生活舒适性。

(二) 河北经验

河北省馆陶县在美丽乡村建设实践中,不大拆大建,并针对不同村、不同户和不同产业,分别采取租赁、入股、合作等多种办法,对空心村的空间进行了重新利用。对于闲置宅基地和坑塘:一是按照"公司+村集体"形式进行绿化,收益由村集体和个人按比例分成;二是建设经营项目对外租赁。例如,粮画小镇咖啡屋、农家乐,黄瓜小镇鲜蔬果坊、酒吧,羊洋花木小镇的晓辉花坊,教育小镇的书屋等,都是在原来旧房子的基础上改造而成的;三是利用闲置土地建设基础设施和公共服务项目,如粮画小镇的竹池运动场、秋千广场、荷塘月色等,就是曾经的边角闲置空地。另外,通过环境整治,将"坏"空间变成"好"空间。如粮画小镇寿东村将废旧房舍改建成咖啡屋,将垃圾大坑改造成下沉式秋千广场和竹池运动场;教育小镇王桃园将废弃鸡舍改造成村民书屋和绘画工作室,等等。

六、吸引人才机制

特色小镇与以往城市外的卫星城不同,卫星城不需要考虑产业发展,而特色小镇是以产业为核心的地区可持续发展模式。不但创新创业小镇要吸引并留住人才,即使是普通产业也需要相应技能的劳动力。因此,特色小镇首先要创造工作和居住环境,引导人才创业和发展;同时,通过户籍改革推动人口就地城镇化,吸引年轻劳动力,形成宜居、宜业的新型城镇地区。

特色小镇的根本出路是基于本地资源和要素的地区成长过程。除了土地和资本外,吸引适合本地主导产业和相关产业的人才,是关乎小镇可持续发展的重要因素。一般来说,对于一个镇域规模的经济,要想吸引外地人才在本地扎根并不现实。因此,有效途径一般有两种:一是通过培训机构培养本地人才;二是通过重建"乡愁"模式等多种方式吸引本地走出去的人才返乡创业。亚洲的很多地区在经过了快速城镇化后,也都面临村镇发展人才和劳动力短缺情况,他们通过重振乡村经济和创造良好的发展环境,吸引年轻人重返故乡,取得了较好效果。河北省馆陶县具有丰富的文化资源和传统手工艺,针对年轻劳动力不足、手工艺人才短缺状况,通过建设教育实训基地,专门培训特色小镇建设使用技术人才,采取的主要措施有两个。一是对做出贡献的人才给予荣誉奖励。目前全县获得第一届"人才奖"的有36人,其中因美丽乡村建设获得的奖励占一半;另外还设置了"专业人才奖",截止到2015年底,全县共为10名美丽乡村建设专业人才颁发了证书,并享受政府津贴;二是创新督查评功制度。设立特别督查评功领导小组办公室,"因事设功、因功授奖、因奖用人"。2015年,为在项目建设、美丽乡村建设、县城建设等重点工作中,做出突出贡献的单位和个人记特等功14次、大功41次,获特等功人员全部得到了重用,极大地激发了广大干部的工作热情。

第二节 特色小镇的共同治理

特色小镇既是一个非行政单元的特殊聚集体,又是一个需要基层全面管理的行政经济空间,同时也是一个创新平台,包含着多种利益共同体。既需要基层政府的行政管理,又需要众多社会组织、企业及各类居民的共同参与,是一项涉及乡村基层组织、城镇社会自治组织和政府职能的多重交叉的特殊空间。尤其作为新型城镇化探索的改革前沿地带,特色小镇需要探索一条适于其发展的共同治理途径和有效的治理模式。

一、特色小镇共同治理中的相关利益者

小城镇作为连接城市和乡村的桥梁,其治理对象是介于城市和乡村之间的一个综合性的社会生活共同体,既联系着乡村的社会和经济,也孕育着城市的各种利益主体。在体现城乡接合部"三重"交叉的同时,还体现了城镇与乡村腹地的关系。因此,特色小镇共同治理的利益相关者包括:小镇政府及其各职能部门、各种社会团体,生产和服务型企业、投资者等私人部门和机构,乡村的基层组织和农业合作社等组织、村民联合自治组织,城镇居民、乡村居民,等等(见图2-2)。

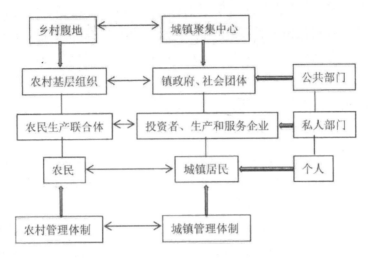

图2-2 特色小镇的利益相关者

由图2-2可见,除了城市治理中的公共部门、私人部门和个人等利益相关者外,特色小镇作为联系城乡的纽带,治理目标是城乡共同体。因此,我们称之为共同治理,包含了两种含义:一是所有利益相关者的广泛参与;二是城镇和乡村共同行动联合治理。除了通常城镇治理中各利益相关者角色外,城镇公共部门和乡村各种自治组织的角色,是特色小镇中城乡关系的真正体现者。

（一）城镇政府等公共部门

保持各方利益之间的平衡,是共同治理的手段和目标。在我国目前的行政体制下,政府是决定利益关系的主导者和决策者。决定利益相关者关系的工具是规章制度、各方实力对比、信息对称等三个方面的内容。因此,政府的作用是制约强势群体,保证利益分配过程尽量公平;通过放权等方式削弱强势群体的谈判能力、增强弱势群体的实力,为利益公平创造条件;通过制定信息披露规则,使公权透明化,并通过企业等机构公布信息,增强个体对信息的掌握程度,强化信息对称度。与此同时,作为城镇经济发展的先导和基础服务,政府在生产中的角色就是建设基础设施和提供公共服务。当然,政府可以通过采用多种方式,如建立网络化治理,对政府工程实行承包和转包制,以及开展PPP模式,为小镇的私人部门更好地参与建设和经济发展创造条件。尤其是,城镇公共部门要将农民作为弱势群体,纳入到特色小镇治理当中的利益相关者,通过管理工具增强农民在利益交易中的谈判实力和信息透明度,比如土地征用、乡村农产品收购作为城镇加工产品的原料时,制定一些规章制度,保护农民弱势群体的利益;在公共服务方面向乡村倾斜,以期通过增强腹地的发展能力为小镇提供支撑。

(二)乡村自治组织

乡村管理薄弱已成为导致乡村发展弱化的主要原因。只有健全的乡村自治和农民组织,才能将分散的农民和农村经济联合起来,形成竞争力。其中,村民委员会是基层群众性自治组织,它应该在一定程度上实现村民自我管理、自我教育和自我服务。但目前的村民委员会行政色彩太浓,多数是"管控"村庄而不是服务村民,它仍是代表国家基层政权的基本单位。因此,需要强有力的农村自发性的自治组织,才能最终解决乡村发展弱化的问题。

为了增强农村发展实力,一些地方的农民合作社应运而生,如购销合作社、资金互助合作社、生产型合作社、农业协会等。这些自发性组织除了组织农民、整合资源外,应该充分利用城镇的发展机会和城镇资源,组织农民在城镇设立销售渠道、建立自己的营销团队;通过城镇的聚集作用,建立农产品信息渠道,为农民决策提供市场信息;整合乡村资产,建立财产抵押担保公司等,为乡村增加贷款抵押能力。经济实力较强的农民专业合作社,可以在城市社区建立直销店。例如,河南省社旗县小杂粮产业合作联社,在城市社区成立消费者合作社;江苏省句容市戴庄有机农业合作社,成立了有机农业朋友会,其实质都是将乡村的生产者和城镇的消费者直接连接,真正实现了城乡一体化。另外,还可以联合城镇力量,建立城乡联合专业合作社,打破城乡界限,充分利用城镇资金、人才、市场、技术等资源,用组织起来的力量共同进入市场,以提高农产品的竞争力;或者联合起来兴办农产品加工和营销,实行产业化经营。还需要建立城镇和乡村各利益相关者之间的"利益共享、风险共担"分配机制。同时要用现代企业管理制度,建立职业经理人制度,促进农业产业化、农民工人化。

二、特色小镇建设过程中的服务型政府构架

特色小镇改革的主要目的,就是改变现存的管制型政府,变为服务型政府。从社区层面来讲,社区共治就是对服务型政府的探索。社区共治意味着政府、社会和市场之间的良性互动,即三者之间存在合理的边界,又能相互制约。其中,政府与每种利益主体都能形成一种伙伴关系,本质上形成了围绕发展目标的多中心治理秩序。这种治理原则既包括正式的制度和规则,也包括多数人达成共识的非正式安排。在此过程中,政府的角色始终是配角,其职能是保证各利益主体的积极性。主要有两条途径:一是重在公民参与,使其一切活动向民众负责,以较低的成本、更少的税收实现较高的产出和更好的服务,此为绩效考核标准;二是搭建公共服务平台,积极培育社会自组织的成长,强化社区自我管理、自我服务、自我监督和自我教育的公民自治。例如,南京市城东的仙林街道建立了"网格连心、服务为先、多元联动、协同发展"模式(见图2-3)。①

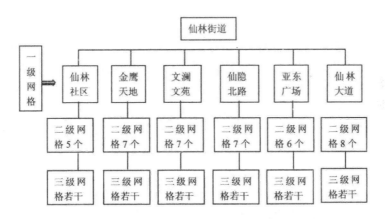

图2-3 仙林社区构建服务型政府的三级网格模式

仙林街道每半年对一级网格组织一次述职评议,由网格内的居民代表对各网格服务进行评议打分,将其作为绩效考核标准;年底再根据月度得分排名、两次述职评议结果、综合日常工作量及难易程度,与网格所在社区考核"捆绑",最终确定年度考核排名。同时,鼓励居民

①陈辉.服务型与社区治理创新研究[J].行政论坛,2012(1):89-92.

成立其他社会组织,实现自我管理和自我服务;街道干部手机号码也向社会公开,并直接服务群众。政府定期召开高校、物业公司、商业网点、施工单位、公众等三级网格参加的网格联席会议,搭建了政府、企业、社区与公民交流协商的公共平台。因而,仙林街道被中国社会工作协会授予全国首个"全国基层社会管理创新示范街"。仙林街道的工作主要在所辖的城镇地区,特色小镇的服务型政府可以参考该模式,将网格扩展到乡村地区,根据乡村地区的特点,对联系干部进行考核和评估,在城乡一体化管理方面进行尝试。

三、共同治理的 PPC 关系

共同治理强调的是公共部门和私人部门之间的合作伙伴关系(PPP)。但是为了更好解决政府融资难题,我国目前普遍将 PPP 模式狭义理解为一种吸引私人资本进入公共领域的融资模式。为了与这种融资模式区别开,我们这里称之为公共部门与私人部门的合作关系(Public-Private-Cooperation,PPC),用来表示社会各利益相关者广泛参与公共事务的合作关系。由前述的特色小镇由多种利益相关者组成可知,探索新型的共同治理,就需要在各种利益相关者之间,建立有序的责权利对等关系。这里列举一些国外政府在地方发展中的共同治理 PPC 模式以供借鉴。

(一) 计划职能中的 PPC 模式

地方经济其实是公共和私人利益都密切相关的高度混合体。公共部门不但要鼓励私人资本进入公共基础设施和公共服务领域,还要与私人部门共同参与治理。其中,规划职能是地方政府管理经济的首要任务,关系到事后的所有建设项目是否能够顺利实施,以及是否能够实现特色小镇的建设目标。在这个环节,国外一般倡导通过私人发展社团建立公共部门与私人部门的合作关系(见图2-4)。

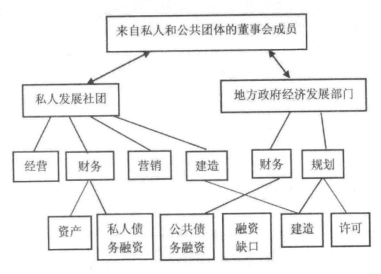

图2-4 公私合作关系中的组织结构和责任

图2-4中所表示的合作关系说明,PPC合作远远超越了公共部门对私人部门的服务,并使双方共同制定经济目标和履行各自的契约承诺。同时,为了保证这种合作关系进展顺利,还需要采取以下措施:一是建立鼓励市民参与的地方文化氛围;二是建立对地区发展目标的共同认知和普遍认可,从而鼓励全民遵纪守法的积极性;三是建立共同利益分享机制;四是建立相互交流与合作的网络平台;五是努力为居民创造就业机会和提高发展能力的机会;六是保持政策的延续性。通过上述六项措施,建立起公共部门与私人部门之间的长期信任关系,使地方发展成为全部利益相关者长期共同的目标和任务。

(二) 公私合作中的地方经济发展机构

发达国家的实践证明,建立良好的、有实际操作意义的公私合作关系,需要有效的运行机制;而有效运行机制的核心,是作为中介的合作机构的运行。这种机构的作用,目前主要表现在两个方面:一是可以使公共部门和私人部门一起进行人力资源开发,由于这种机构了解企业对人才和劳动力的需求,可以有针对性地为本地企业培养人才;二是使公共部门和私人部门共同开展商业活动,将政府的招商和促销行为,变为全社区营销的共同任务,塑造全域品牌。根据本地商业发展的每个阶段所需要的资源,组织各种商业活动,形成一个有弹性的全民商业社区。其合作关系见图2-5。

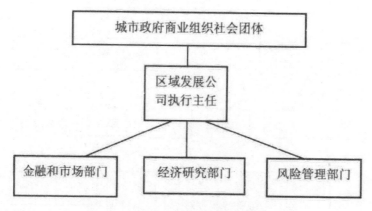

图2-5　公私合作中的地方发展机构组成

另外,为了解决当地发展人才不足的问题,可以成立培训发展公司,帮助经营困难的企业渡过难关;为了解决发展资金问题,还可以通过社区发展金融机构等方式,建立允许地方居民投资当地企业的机制,创造全民参与的积极商业环境。

四、城乡管理职能中特色小镇的行政权属

小城镇是联系城乡的纽带,承担着艰巨的社会管理任务,但其管理职能和权限却远比城市地区小。同时,许多小城镇只属于行政中心,对生产过程的管理和地区经济无能为力。尤其是,有的特色小镇连行政中心都不是,这个聚集中心既没有任何行政权力,也没有参与大市场和支配大市场的能力,目前的管理权限和管理能力根本承担不起城乡一体化的重任。

城市和乡村就地域关系来说表现为,城市从乡村演变而来,作为乡村发展的创新前沿,嵌入到乡村网络中,仅仅是地方行政单元的几个节点,并与乡村社会统合于同一个地理单元之内。但是,由于长期的城乡分制,城镇和乡村有着天壤之别,以至于在经济、文化和政治上有诸多对立。而在行政管理上,它们之间又存在着行政级别交叉的现象,如城市行政单元内有县、乡,省、地区,县的行政单元内有不同级别的市和镇。后者是一种自然的行政隶属。但前者意味着用城市行政

管理农村(一般是地级市管理县)。这种情况下,城市权力处于主导地位,地级市靠行政手段配置资源的方式,强化了中心城市的极化效应,在城市和乡村之间形成了非对称性的资源配置权力,加剧了城市对乡村利益的争夺与权力冲突,如此逐级向下延伸。不但乡村处于被剥夺态势,就连小城镇也处于发展劣势地位。有很多学者主张将"市管县"作为解决城乡分割的一项体制设置。他们认为,之前通过发挥中心城市辐射带动县域农村发展的环境已经发生了变化,建议重回"省管县",扩权强县,改变县依附或者受制于市的局面,增强县乡在经济社会事务中的自主能力和积极性。但是,这仅是针对目前地级城市管理县级经济而出现的问题,城乡分割的管理体制和城市设立级别的做法完全是计划经济体制的产物,在市场经济条件下,完全有必要打破,需要重新建立城乡统一的行政管理体制。

我们认为,应该避免各级政府之间在行政权力上的争夺,简化各级行政级别和下放行政权力,赋予基层更多的自主权。特色小镇尤其应取消隶属于某个城市还是乡村的行政级别。乡村地区不但要脱离地级市的管理,还要针对特色小镇的特殊地区,取消城乡有差别的管理权限,实行与各级城市同等行政权限,在特殊事务上给予特殊权力和专业管理职能,对于领导也可以不设级别,而是通过服务型政府构架,重新组建基于城镇和乡村共同发展的公共—私人部门合作管理机构。这个机构由政府、企业、社会,以及城镇和乡村等成员共同组成,直接对省级行政单元负责。这是因为,我国的城市是按照行政单元来划分和进行管理的,每一个城市行政单元都包括了大量郊区,城市地区在其中仅占一小部分,不是真正意义上由人口和产业聚集形成的"空间城市"。由于行政单元所占据空间面积不等,因此可以分布多个数量不等的聚集区,也可以仅有一个聚集区。这样一来,以行政单元的规模来讨论城市规模意义不大。在特色小镇建设中,可以尝试取消这种城镇与行政级别挂钩的做法,探索一条新型的共同治理道路。

五、城乡联合的社会资本构建

基于小城镇在突破城乡分离、加强城乡联系与合作、促进各种经济社会资源在城乡之间的自由公平流动、缩小城乡差别、增进城乡互惠等方面的功能与地位,已经得到共识,不难实现以工养农、以工补农、城乡互惠;但是,如果没有相应的制度配套,反而可能带来城市对农村资源的进一步掠夺性和剥夺性的使用。因此,必须培育城乡联合的社会组织,让这种组织通过特定的运行模式,鼓励城乡居民有效参与特色小镇的建设和发展,构建城乡联合的社会资本。

新中国半个多世纪的实践证明,长期的城乡分制所造成的城乡割裂,使得城乡社区各自形成封闭社会,都无法单独依靠组织内部的自身力量,实现社会资本的共享。斯瑞特等将联合概念运用到社会资本的研究上,提出了"合性社会资本",即通过建立城乡之间的垂直性网络联系,促使城乡社区的共同利益者参与公共政策。在承认城乡社区存在差异的前提下,通过建立城市和乡村的联合公共组织,将乡村经济作为供给方、城市经济作为消费方,建立统一运营模式;在保存乡村既有的文化多样性、物种多样性和生存方式多样性的前提下,为城市提供源源不绝的发展动力。

构建城乡互惠的市场纽带。在特色小镇的腹地,很多村庄都有自己的有特色的农业产品和手工产品,与乡土文化结合后,将成为不可替代的地方特色经济。但由于规模小、标准化程度低,需要建立有固定信任关系的消费者。通过"社区型农业",可以构建作为生产者的农民和消费者的市民之间的信任和互惠关系,让小农基础上的有机农业找到在城市中的客户群,实现小农经济和农村社区的现代价值,从而成为城乡和谐发展的新起点。

构建城乡一体化的服务纽带。村级社区服务中心和城镇政府共同投资修建农村道路、通讯、村庄整治、住房改造等基础设施,依托村域特色的"一村一品"和"美丽乡镇"建设,重新整合城乡社会资源,将农村公共服务由单一供给型转向多方联合供给型,打破公共服务产品供给方面的城乡二元分制。同时,也为城镇发展扩展了新的人口、就业和产业空间。

建立城乡互助的社会合作组织。由于农民自身能力等各种原因,农民合作组织尽管对农村地区发展十分重要,但在克服市场风险、进行现代化管理方面都有诸多缺陷。特色小镇如果能够跨越地域界限,植入多元文化,从城市、企业、政府和有创新能力的市民中提炼支持力量,形成城乡互助的合作组织,建立社会性的合作组织、经济性的合作社以及文化性的合作组织,才能最大限度地整合城乡资源。同时,加强城乡沟通,比如,将城市居民带到农村去参观有机稻米的整个生产过程,并让他们有机会参与整个生产过程的质量监督,培育城乡居民广泛参与式的农产品质量监督系统,而并非单靠认证机构。这样就将城乡的生产和市场统一起来了。

第三章 特色小镇的问题与发展前景

尽管特色小镇为我们探索新型城镇化提供了可操作的实践空间，但是在目前我国城镇化的十字路口上，城镇化的转型仍然面临诸多困难和挑战。除了要处理好发展与生态保护、特色与质量提升等关系外，还有三个方面的困难和挑战。第一，土地开发与建设的关系日益突出，在城市空间不断扩张情况下，特色小镇如何在土地受限条件下进行突破，尤其是集体土地"三权分置"的新制度为特色小镇发展带来哪些机遇与挑战，是特色小镇建设中要面对的主要问题；第二，截止到2015年我国的城镇化水平已达到56.1%，与经济发展进入稳态的阶段特征相对应，城镇化也将进入稳步推进阶段；同时，在人口红利逐步减少的情况下，作为对人口吸引力处于弱势地位的特色小镇而言，如何吸引人才进行创新，关系到特色小镇的命运；第三，特色小镇强调历史延续性和文化继承性，避免大拆大建，因为发展的主要出路在于对现有城镇和设施进行修复性建设。为了避免以往新城建设产生的城市过度扩张及城市蔓延等问题，特色小镇建设的主要工作是旧城改造而不是新城建设，其中的很多矛盾也将围绕旧城改造中的利益关系铺开。因此，旧城改造中的很多经验和教训也将成为特色小镇建设在实际操作中的核心内容。

第一节 土地制度与特色小镇建设

长期以来，我国土地的城乡分制是城乡分割的主要原因之一，也是导致其他城乡问题的根源。每一次城乡关系变革几乎都与土地制度有关。特色小镇最需要突破的也是土地利用和相关的制度安排。

不同的土地制度将为特色小镇建设和发展带来不同的机会和命运。

一、土地制度——从土地流转到"三权分置"

我国的土地二元分治始于1958年,尽管1978年改革开放放开了土地对农民的约束,但目前城乡土地分属于国有和集体土地及其不同的管理权限和使用性质,仍然是影响城乡经济要素流动和小城镇集聚发展的主要因素。1988年宪法修正案实现了由"不得出租土地"到"土地的使用权可以依照法律规定转让"的转变,奠定了土地使用权合法流转的宪法地位。但此时只允许土地承包经营权进行转包,禁止土地的转让和出租等行为。2002年十六大报告实现了农地流转的合法化。2003年,《农村土地承包法》标志着中国土地承包经营流转制度的正式确立。2013年,《中共中央关于全面深化改革若干重大问题的决定》对土地产权、土地流转、土地利用和土地权益分配等四个方面开始进行全面改革。尤其是土地流转,成为集体土地多元化经营的契机,使农民身份与土地的关系变得疏远,从而为他们进入城市提供了便利,同时也为农业生产的集中和规模化经营提供了前提条件。而农业的规模化,在一定程度促进了农民向小城镇集中居住,促进了农产品后续加工和农业、服务业等行业在小城镇集中,从而增强了小城镇发展的动力。

但是,现行城镇用地制度仍无力制止滥占农地行为,从而提高了小城镇的进镇门槛。同时,土地利益分享和使用的多元化,在一些农村基层中开始进行探索,并已经探索出一些有效的途径,取得了成功的经验。典型的做法就是不征用农村集体土地,允许农民把土地作为股份参与到小城镇发展中。这种由政府主导的通过土地利用的灵活性,在实现农区城镇化和工业化的过程中,地权仍归农村,使土地的非农化使用和集中使用,不与农民发生任何矛盾。因此,2016年通过的《关于完善农村土地所有权承包权经营权分置办法的意见》,为进一步健全农村土地产权制度,推动新型工业化、信息化、城镇化、农业现代化同步发展(简称"三权分置")提供了政策保证。"三权分置"通过建立土地所得的利益分配机制,不但明确了土地作为永久合法收入的途径,而且为土地加入现代农业及其相关产业集中使用土地提供了保障,从而促进小城镇作为聚集载体的生成。

二、"三权分置"与小城镇发展

"三权分置"是针对农村集体土地流转过程中的利益分配而提出的概念。土地流转是指拥有土地承包经营权的农户,将土地经营权或使用权转让给其他农户或经济组织。其实质是保留承包权,转让使用权。农地流转后,将导致所有权、承包权和经营权"三权分置"。

农地流转有四个参与主体(地方政府、农村集体经济组织、用地企业和农户),各主体在土地流转中都有自己的利益诉求:地方政府推进土地流转以提高税收、村集体积极推动土地流转以获取经济利益、用地企业通过土地流转获取非粮收益、农户流转土地获取部分土地的财产权收益。特色小镇共同治理模式也涉及这几个利益相关者。土地的"三权分置"使这些利益相关者重新分享利益有了新的机制。

(一)"三权分置"保证了农民群体的收益

农民作为城镇化的人口供应群体,也是腹地发展的主要群体,"三权分置"对农民的影响有三个方面:一是土地经营方式的变化;二是农民从土地要素所获得的收益增加;三是在保障农民没有失地顾虑的前提下,增强了农民的自由流动性。

土地经营方式的变化使原先"统分结合"模式中"统"的内容,从过去单一的集体经济,向集体经济、合作社、社会化服务组织、龙头企业等多元化、多层次、多形式的经营服务体系转变;"分"的内容从单一的传统承包农户,向普通农户、家庭农场、专业大户等多元经营主体共存转变,两方面共同构成了立体式、复合型现代农业经营体系,提高了农业生产经营的集约化、专业化、组织化和社会化程度,将有助于各种要素实现聚集。

财产性收益增加是通过如下方式实现的。农地产权"三权分置"使承包权和经营权独立开来,农民不再被承包经营权束缚,为农地的多元经营创造了条件。此外,使土地的经营权抵押等有了支撑,在有利于增加农民财产权利的情况下,使农地资本化成为可能。

（二）"三权分置"通过改变土地利用方式促进城乡一体化

"三权分置"对土地使用方式的意义在于：一是促进农村土地使用从"碎片化"走向"连片化"，扩大土地的使用面积和规模；二是促进农业经营主体从"单一"农户走向"多元"新型农业经营主体，丰富农业生产主体的类型，为农业多样化奠定基础，有助于相关服务业等产业发展。

农地产权"三权分置"释放了经营权，农民集体可以按照土地产出效率最大化原则配置土地，有助于实现土地最优化经营。这有利于土地经营权在更大范围内的优化配置，提升土地产出率、劳动生产率和资源利用率，为特色新型农业现代化道路开辟新路。

土地使用与土地经营权同时释放的还有农村劳动力、资金、生产工具、技术、管理等农业生产要素，为要素的自由流动创造了条件，从而使要素集中有了可能，在促进土地经营权价值实现、享受土地红利的同时，通过本地城镇化促进小城镇发展。

城乡土地价值差缩小。"三权分置"在保证农民收益的情况下，还有助于盘活农村建设用地，并体现出农村建设用地的市场价值，缩小农村集体土地与城市国有土地之间的价值差，有利于城乡一体化。

三、土地流转促进农产品型特色小镇发展案例

（一）黑龙江省兰西县土地信用模式

在"三权分置"的框架内，黑龙江省兰西县政府与中信信托有限责任公司、黑龙江省农科院、哈尔滨谷物交易所等四方共同成立"兰西中信现代农业服务有限公司"（以下简称"兰西中信"），搭建了一个多方共赢的平台。具体操作步骤是：农民首先将承包地信托给当地的农业合作社，合作社受托农民承包地后，经过整理再二次信托给"兰西中信"，由"兰西中信"对合作社农民发放信托凭证，作为农民获得土地收益权的法律证明。该平台分别依托各方的资金优势、科技优势、市场优势和土地规模经营优势，为兰西农业生产经营主体提供土地流转资金支持、种肥等生产物资代购及资金垫付、农机等生产性服务、玉米收储及订单收购等环节支持，促进了农业生产的现代化管理，有助于实

现非种植业,比如农业服务等行业的聚集。

(二) 黑龙江五常市民乐乡福胜村的农企合作

五常市民乐乡富胜村从2007年起,与中良美裕有机谷物制品(北京)有限公司合作,实行宅基地入股、承包地入社的土地流转。土地流转后,统一规划建设了"美裕新村",并采用"公司+农户+合作社+基地"的合作方式,进行水稻生产;利用五常水稻的优良品牌,推动了特色农产品现代化生产,并促进了新农村建设,为特色小镇发展提供了特色产品生产和加工体系,奠定了经济基础。

(三) 云南临沧市临翔区的龙头企业带动模式

2012年以来,云南临沧市临翔区以凌丰公司为龙头企业,大力发展咖啡产业。该公司利用土地流转,通过"企业+基地+农户"的模式,租赁农户的土地,形成了咖啡产业基地。具体做法是,农户按"依法、自愿、有偿"原则出租土地。例如,2011年末,全区家庭承包耕地流转总面积6384亩,占全区家庭承包经营耕地面积的2.7%;至2013年6月,流转总面积达31560亩,占全区家庭承包经营耕地面积的13.3%;与2011年末相比,流转面积增加505.5%,其中租赁反包面积26646亩,占总流转面积的84.4%。土地承租给龙头企业经营后,由龙头企业对土地按照标准化高原特色咖啡产业种植标准,进行统一规划后,再反包给农民具体耕种和管理。这既保证了集中、规模经营和标准化种植,又保证了高原咖啡的高标准生产,同时还保证了企业优质原材料的供应,从而建成了高原优质咖啡产业基地,使该地区迈入了特色农产品型小镇的门槛。

(四) 江西安义县农民入股合作社模式

江西安义县新民乡乌溪村村民,在引资发展水果种植园取得成功后,并不只满足于出租土地收取租金,而是通过以土地、资金入股的方式投资,成为股东。2012年,乌溪村看中经济效益较好的葡萄,建起了总投资500万元、占地500亩的葡萄种植园,并组建专业合作社。与南昌市其他水果种植园不同的是,乌溪村有15户村民通过土地入股的方式投资葡萄园,入股的土地达到了110亩。对于土地全部入股的村民,葡萄园还优先提供了劳动岗位,解决他们失去土地后的工作问题,使农民变为有不动产的农业产业工人,拉近了与城镇就业人员的距离,为今后的居民身份统一奠定了职业基础。

(五) 江苏无锡桃源村土地承包经营权集合信托计划

2013年11月,"北京信托——无锡阳山镇桃园村农村土地承包经营权集合信托计划"落地。由北京信托引入土地股份合作社,对桃园村项目实行土地经营权股份化,采取"土地合作社+专业合作社"的双合作社模式,先将集体土地经营权确权到村民个人,再由村民以其土地经营权入股到"土地合作社";"土地合作社"作为委托人,用土地经营权在北京信托设立财产权信托。同时,桃园村的水蜜桃种植能手成立"水蜜桃专业合作社",北京信托代表桃园村土地信托,将土地租赁给"水蜜桃专业合作社"进行水蜜桃种植;北京信托从"水蜜桃专业合作社"获得收益后,再依据信托合同分配给受益人,并可根据需要为专业合作社提供资金支持。这个模式利用外界资本,促进了当地特产水蜜桃的专业化种植,有利于特色产品质量的提升,为特色产品品牌管理提供了前提,并有助于特色产品的可持续发展。

四、"三权分置"与乡村旅游开发

乡村旅游是旅游型特色小镇建设的原始形态。现实中的旅游小城镇,尤其是自然风景型的特色小镇,多数是从乡村旅游演化而来。以乡村独特的田园风光和人文景观、农事劳动以及乡村特有的民俗和风土人情为要素开展的乡村旅游业,为满足旅游的多方面需求提供了可能。一方面,乡村旅游中最常用的是土地和设施的承包经营权转移,往往由于权益转移中的利益分配不公,而使旅游难以开展。四川成都红砂村采用农民土地集体入股,由政府统一经营的方式,年底按股分红,将土地集中起来进行旅游开发。目前三圣乡已建成了国家4A级风景区,是成都近郊乡村观光旅游的首选之地。另一方面,乡村旅游开发要求集乡村的原真性与商业开发为一体,需要一定量的商业用地。但根据国家有关法律,旅游开发投资者只拥有地上附着物一定时限的使用权,对土地本身并没有使用权,更没有所有权。因此,乡村旅游难以形成可持续发展的产业。土地"三权分置"则为解决土地规模化和长期稳定使用创造了条件。

(一) 山东泰安葛石旅游开发模式

泰安市宁阳县葛石镇是我国著名的大红枣基地,全镇有8.8万亩大红枣园,是非常有价值的乡村旅游资源。但枣园分布分散,难以形成规模。2008年,宁阳县开展特色农产旅游开发探索。以各村委会作为牵头人,组织农民旅游合作社,与旅游开发公司形成合作。其中,农民以土地、枣树及其他资源等,以财产作价为股本入股,按年度分红,并具有在旅游公司就业的优先权。根据这个模式建立的农游合作旅游公司,促进了特色农产品生产与旅游业的融合。

(二) 山东淄博梦泉的"整体租赁+制度保障"模式

山东淄博梦泉村在淄川区旅游局指导下,2003年与开发商企业进行旅游开发合作。通过"整体租赁+制度保障"的土地流转方式,由企业与当地政府达成协议,政府授权企业对当地旅游资源进行投资和开发,实施独家经营;政府主要通过强化景区建设项目的审批管理,来实施对旅游资源和环境的保护。农户通过获取补偿金、从事庭院服务和在景区打工获得收入。村委会对企业的经营活动进行监督,同时协调农户与企业之间的关系。另外,为了从制度上保证各利益相关主体获得持久的公平收益权,还成立了由农户代表、村委代表和企业代表组成的评估团,负责对乡村资源进行评估定价。从而建立了新型的、以合作社形式为基础的土地流转经营模式。这种新型的乡村旅游经营模式,保证了乡村旅游开发和经营过程中各利益相关者的持久公平收益,也保障了景区的可持续发展。这个模式是对传统土地租赁模式的一种改进。

总体而言,农地产权"三权分置"有利于促进农村劳动力转移,推动城镇化建设。"三权分置"继承了"两权分离"制度安排的精髓,有助于实现集体、承包农户、新型经营主体对土地权利的共享,有利于促进分工分业,让流转出土地经营权的农民增加财产收入,让新型农业经营主体实现规模收益,也有利于农村劳动力合理流动,促进新型城镇化,实现城乡、工农、区域协调发展。因此,"三权分置"为特色小镇的建设创造了土地要素和相关利益者的分配机制,减少了在土地使用和规模经营等方面受到的约束,使农民主体有条件参与特色小镇建设。

第二节 流动人口与特色小镇发展

我国城镇化以大量农村人口向城镇流动,尤其是向大城市流动为特征。随着城镇化进入成熟期,劳动力流动表现出了新趋势。劳动力出现了比较明显的从东南沿海向中西部回流,中西部人口流动逐渐转向省内的现象,农村劳动力出现了比较明显的城乡双向流动的新局面。新的人口流动趋势对农村经济的发展,缓解城乡之间的劳动力分布矛盾,并进一步带动农村经济的发展都提供了新的机遇。特色小镇在城乡体系中处于城乡的衔接点位,是连接城市和农村的重要纽带。特色小镇的建设立足于农村,农村劳动力状况对特色小镇的建设影响显著。在可以预见的时期内,特色小镇对于吸收农村地区剩余劳动力以及城市回流劳动力都将发挥重要的作用,而这一部分劳动力也将成为特色小镇建设的主要力量。

一、不同规模城市之间的人口迁移表现出分化趋势

一直以来,我国大城市对人口较强的吸引力导致小城镇发展弱化。但近年来,随着大城市病日益严重和各大城市相继进入郊区化阶段,人口已经出现了由中心城市向外围地区的迁移趋势,这导致小城镇也成为人口迁移的主要目标地,从而出现了人口向两极迁移的分化趋势。

(一) 总体趋势仍然流向大城市

《中国流动人口发展报告2016》指出:2015年,我国流动人口规模达2.47亿人,占总人口的18%,相当于每六个人中有一个是流动人口。未来一二十年内,我国仍处于城镇化快速发展阶段。按照《国家新型城镇化规划》的进程,2020年我国仍有2亿以上的流动人口。"十三五"

时期,人口继续向沿江、沿海、沿主要交通线地区聚集,超大城市和特大城市人口继续增长,中部和西部地区省内流动农民工比重明显增加。其中,外出农民工继续流入大城市。在外出农民工中,流入地级以上城市的农民工达11190万人,占外出农民工总量的66.3%,比上年提高2个百分点。

近年来,中国城镇人口规模结构严重失调,出现了明显的两极化倾向。一方面,特大城市数量和人口比重不断增加,特大城市人口2014年比2000年增加了16.57%,一些特大城市规模急剧膨胀,逼近或超过区域资源环境承载能力,大城市病问题凸显;另一方面,大城市和中等城市人口比重减少,2014年大城市比2000年减少7.55%,中等城市减少5.36%;表明中间规模等级的城市有萎缩迹象。与此同时,小城市和小城镇人口总量分别增加了7.45%和29.97%。尤其是小城镇人口增加得最快,甚至超过了特大城市人口增加的速度,出现了明显的两极分化趋势。

(二)建制镇比县城对人口更有吸引力

一般来说,小城镇由县城和建制镇两种聚集中心组成,往往县城的规模稍大而且发展程度高于普通的独立镇。所以,独立建制镇在客观上就成了县城的腹地,为县城提供一定的人口迁移来源。

2000—2014年小城镇人口增长的部分主要都是靠建制镇人口的增长来实现的,年均保持着比县城人口更快的增长速度。建制镇人口的增长率约为县城的5倍。这说明在人口总体表现为向大城市迁移的趋势下,建制镇的人口与县城之间却表现出了相反趋势,即人口更愿意向独立的建制镇迁移而不是向县城。这也说明,在基层城市,人口表现出与通常城镇化方向不同的逆向流动现象。

根据第六次人口普查和城市统计年鉴,自2000年以来,特大城市、大城市、中小城市和建制镇吸纳新增城镇人口的比例分别保持在30:18:18:34。这同样可以说明人口分别向大城市和小城镇迁移的分化倾向。这种倾向预示着小城镇将成为继特大城市之后人口集中的地方。在大城市病日益严重以及各大城市纷纷出台措施疏解中心城区人口的情况下,小城镇将吸引人口的巨大潜力。

二、人口在城乡之间的流动表现出一定程度的回流

农村人口向城市迁移推动着中国人口迅速城市化。1978—2015年中国的城市化水平由18%上升到56.1%,城镇人口也由1.8亿人增加到7.5亿人,增长了4倍多。农村人口城乡迁移规模也在不断扩大。但是近年来,从农村迁移出的人口有下降趋势。

改革开放以来我国农村人口城乡净迁移规模在1996年出现了一个大幅的增加;1997年至2003年,净迁移规模保持相对稳定的状态;2004年至2010年,净迁移规模出现较为明显的波动;自2010年开始,净迁移规模不断下降,2014年农村人口城乡净迁移规模只有1175万人左右。除了2008年的经济危机外,自2010年以来,农村迁出人口表现出显著的下降趋势,且速度较快,预示着一定程度的人口回流趋势(见图3-1)。

图3-1 1978年以来农村迁出人口变化趋势

(一) 劳动力地区之间回流

与原来劳动力由落后地区向发达地区流动相反,人口由发达的东部地区向来源地中西部地区回流,成为其中的一个趋势。2014年中国农民工总量达2.74亿人(国家统计局,2015),超过总人口的1/5。与此同时,东部地区大城市迁移人口增长缓慢甚至出现负增长。这说明,越来越多的农村劳动力从沿海发达地区向中西部传统人口输出地回

流,劳动力迁移也呈现出外出与回流并存的"双向化"格局。与2005年相比,2014年东部地区吸纳外出农民工占外出农民工总数的比重由75.4%下降到60.1%,中部和西部地区分别由12.3%、12.0%提高到21.2%和18.7%。

在跨省和省内流动方面也表现出了一定的转向。在2015年外出农民工中,跨省流动农民工7745万人,比上年减少122万人,下降1.5%,占外出农民工总量的45.9%,比上年减少0.9个百分点。这说明,在流动人口中,省内流动比跨省流动更占优势,也反映了劳动力就近迁移的倾向。

(二) 劳动力城乡之间回流

从各种迹象来看,我国农村外出劳动力回流始自20世纪末,因此21世纪是人口城乡回流的主要时期。很多回流人员在农村进行创业,改变了农村面貌。国务院发展研究中心牵头组织完成的"百县农民工回乡创业调查"课题组初步推算,现在回乡创业农民工总数约为800万人,他们约创造了3000万个就业机会。

劳动力回流为特色小镇的发展带来了新的动力。第一,回流劳动力加速人口向非农产业转移。随着土地改革的不断推进,"三权分置"的土地使用模式,也为农村劳动力的就业提供了更多可供选择的机会,越来越多的农村劳动力在回流后分布于工业和建筑、商业、餐饮等服务业,从而使从事传统农业的劳动力逐渐减少,农业生产正逐步转向农场生产和经营的模式;第二,回流劳动力在外务工积累了一定的资本,回流后从事传统农业的越来越少,而是选择从事农业的规模经营。这为农业的进一步集中创造了条件。这种情形与小城镇对人口吸引力的逐步增强说明,特色小镇的人口组成将不再以农村迁移人口为主,而使人口呈现出向产业化、技能化和多元化就业方式转变,甚至还可以带动城市高端创业人员和专业管理人员到农村创业和从事现代农业。特色小镇正是提供了一个创业和创新机会。

三、人口老龄化对小城镇劳动力供给的影响

进入21世纪,中国已经成为世界上老年人口最多的国家,也是人

口老龄化进展速度最快的国家之一。《中国老龄产业发展报告(2014)》明确指出,中国已步入老龄社会初期,老龄化问题愈演愈烈。快速城镇化使大量青壮年劳动力迁移到城镇,农村老龄化问题则更加突出。

第六次人口普查数据显示,我国农村人口老龄化程度远高于城镇,速度快于城镇,地区差异大于城镇,老年人口多于城镇。根据普查结果,第六次普查数据显示,2010年我国农村60岁以上人口占总人口的比例约为15%,较城镇人口老龄化程度高3个以上百分点;从2000到2010年,我国农村人口老龄化程度提高了约4个百分点,而同期城镇人口老龄化程度仅提高约2个百分点。

这些现象进一步说明,农村能够为小城镇提供的劳动力已不多。要想延续原来人口迁移型的城镇化道路已经不具备条件;同时,依靠人口红利发展小城镇经济也显得异常艰难。因此,特色小镇只有依靠创新的城镇化道路,利用回流的高素质人口,配合全国的经济转型,在条件合适的地区,将农村发展与城镇化相结合,开创小城镇的创新发展道路,而不是单纯依靠承接大城市地区淘汰的产业,延续原来重点发展小城镇的方式推进城镇化。

第三节 旧城改成与新城镇建设

特色小镇与以往的城市扩张完全不同,更强调内涵和集约式发展。因此,特色小镇的主要任务是修复性建设,而不是大拆大建,同时又要求小镇具有历史继承性和地区发展的延续性。其中遇到的最大问题是旧城改造。目前我国旧城改造的难度主要是平衡利益相关者,即拆迁补偿。

一、旧城改造模式与问题

据研究人员总结,我国旧城改造普遍存在的问题是:其一,深度不够。很多旧城改造是以单独的项目形式进行,缺乏对整体利用的通盘考虑,投资结构与城市综合效益不相协调;同时,基础设施老化问题也不能彻底解决,给城市环境带来了后遗症;其二,方式单一。很多项目往往采取"一刀切"的方式,进行大拆大建,导致土地利用率低下;其三,过度开发。部分旧城改造项目是通过增加开发密度和开发强度弥补拆迁费用和获取收益。这种模式容易突破城市规划的控制,忽略城镇主体功能;其四,忽视对旧城改造主体(即原有居民)的关注,甚至以剥夺原住民利益的方式进行,导致强拆等诸多后果;其五,忽视特色。近年来,由于地方缺乏主体文化意识,因此造成了"千城一面"的城市景观,尤其是在城市历史文化和景观保护区大兴土木,严重破坏城市的传统风貌和特色。这对特色小镇是致命的。因此,需要总结已有模式的经验教训,探索特色小镇建设过程中的旧城改造模式,避免后患无穷。王淇对目前我国的几种常用模式进行了总结和分析,对特色小镇建设很有启发。

(一)零星插建式的小规模改造

这种改造模式是指小规模地进行建筑单体的改扩建。优点:增加一定的城市容量,暂时缓解土地稀缺状况和改善环境;工作量少,影响波及面小,投资小,见效快。缺点:容易在特定地段产生众多高密度建筑社区,破坏整体环境,增加后期改造难度。这是一种治标不治本模式,难以实现综合治理。

(二)大规模整体改造

这种模式的目的一般是解决住房紧缺、清理贫民窟、增加基础设施建设等问题。旧城商业步行街等古镇改造多采用这一模式。其内在动力是经营城市,以获取商业机会和房地产收益。优点:一是时间短,见效快,能够在短期内根除旧城的诸多问题,并改善人民生活条件;二是便于统一规划、统一施工。缺点:容易导致利用大拆、大改、大建的手段来治理旧城问题和加快城市建设;毁灭了许多有价值的历史和城市风貌;造成了巨大的能源、资源浪费和环境污染;同时,因为是短期行为,所以忽略了文化内涵。为了体现所谓的文化,导致外形"有文化",而内在无特色的复制景观,如"唐风""宋风""明清风"等仿古街大量涌现,而造成千镇一面的"古镇"。

(三) 整体规划小规模渐进式改造

小规模渐进式旧城改造主要指：与社会经济条件相适应的重建、补建、整治、保护和修缮，自然和人文环境的整治与改善，充分体现了以人为本、协调发展的特点，主要是通过"持续规划"、"滚动开发"、"控制性规划"、"循序渐进"式的工作方式，整合各方需求而进行的一种动态平衡和可持续的发展模式，包括住宅改造、商业网点改造、道路交通改造、公共服务设施改造、生态环境改造、城市景观改造等多方面内容。

旧城区人口密集，社会经济条件多元化特征突出，具有明显的多样性，因此要保护旧城的传统特色和生活氛围，就必须保持其多样性元素。规模渐进式改造，通过综合规划和循序渐进式行动，实现了动态的规划和标准化活动的不断积累；通过多样化、灵活机动的处理方法，解决各种问题；在渐进性的发展过程中，可以最大限度地保护旧城的历史人文环境和特色风貌。这正是特色小镇建设过程所需要的。但是，在改造过程中，由于施工时间长，会出现各种临时性设施，也会给当地居民和游客带来不便，需要处理好短期与长期利益关系。

二、旧城改造中的利益关系——拆迁补偿问题

旧城改造的难点在拆迁，拆迁过程中涉及的利益主体有政府、开发商、拆迁实施单位、被拆迁居民及拆迁评估机构等。由于房屋涉及的利益数额巨大，且各方利益主体之间的权力不对等、信息不对称、实力相差悬殊，因此利益冲突不可避免，尤其是利益损益平衡困难。一般来说，政府掌握着各种权力，开发商和评估机构次之，被拆迁居民除了拆迁法的保护外，没有任何保护利益的权利，整个过程中权力最小。在信息方面，有时开发商和评估机构掌握的信息最完整，其次是政府；有时政府掌握着规划权力，在城镇发展的可预期方面信息量最大，其次是开发商和评估机构，居民掌握的信息仍然最少。在实力方面，无论是政府、开发商还是评估机构，都是机构实力，而居民则是个人实力，无论如何个人都难以与机构实力对比。所以，无论从影响谈判能力的哪一个方面，居民都处于最弱势一方。这就使得拆迁过程中的利益难以保障。因此，拆迁补偿标准过低而导致的利益损失现象较为普

遍,从而带来一系列矛盾和冲突。但是如果足额补偿,旧城区人口密集,土地空间有限,补偿费过高则还可能导致企业负担过重。

鉴于特色小镇建设过程中比普通城市建设的利益相关者多,拆迁中涉及的利益主体可能会更多。除了整体上依靠国家不断完善拆迁制度外,还需要探索具有可操作性的针对特色小镇特点的旧城改造模式。

成都模式:在旧城改造中,成都市以化零为整、组合成群、成片拆迁、市场运作的方式,按照大规模旧城改造方式,形成了以"阳光拆迁"、"扶困救助"、"多轮驱动"为亮点的改造模式。在改造过程中,遵循公开、公平、公正的原则,大力推行"阳光拆迁政策"、"阳光补偿安置标准"、"阳光拆迁评估"和"阳光拆迁裁决"为主要内容的"阳光拆迁"工程。另外,在旧城改造中提出多轮驱动、利益共享的拆迁新模式,鼓励具有资金实力的企业自筹资金、自行搬迁,腾出的土地交给土地拍卖中心统一拍卖。拍卖收益按政策规定扣除相关费用后全部归企业所有。通过多轮驱动这种方式,有效地建立了企业拆迁的利益平衡机制。

三、小城镇旧城改造实践

小城镇改造与大城市旧城区改造有一定区别,前者更注重环境与景观营造,保护任务重。为了突出宜居生态,一般多采取低密度建设的方式,经济利益少;同时,由于规模小,可发展的空间有限,难以获得规模收益,需要探索更丰富的实践模式。

(一)江西南城县改造教训

江西省南城县是一座有历史、有底蕴的古镇,旧城区域内的邻里关系结构较为牢固。其城镇化水平从2005年的21.86%增长到2014年的54.3%,在江西省县域城镇化中处于较高水平,且是较早进行旧城改造的县级行政区。由于过去忽视了对城市特色的保护,大量具有传统个性的社区被整体拆迁,一些具有南城特色的民居被无情地推倒重建,一大批象征着城市个性的建筑物消失殆尽,取而代之的是毫无新意的高层建筑,西汉古邑的个性已难见踪影。例如,在河东片区旧城改造中,在三个月的时间内就拆除了2462户房屋,拆迁面积达到36.8

万平方米,如此规模的拆迁使得城市个性无法延续。同时,随着大规模的旧城改造,旧城区域内的居民被分散安置在城镇的各个角落,原有的邻里关系被解体,不利于社会的稳定和传统文化的传承。另外,高密度的建筑吸引高密度人口居住,给城镇基础设施带来了巨大压力,使得旧城区面临又一次改造的潜在风险。由于改造规模过大,政府财政投入过大,远远超过了地方经济实力的承受能力,会逼迫城市空间向外扩张,容易导致小城镇的"大城市病"。如南城县河东和河西两个旧城区改造共需要资金10亿,占当地2014年财政收入13亿元的近77%,给地方经济可持续发展埋下了隐患。

(二) 湖南新化县旧城改造经验

新化县是湖南中部地区的一个贫困县,缺乏产业基础,为此提出了"城建兴县"发展战略。由于经济基础薄弱,在改造的过程中面临着一些困境:如基础设施缺乏,对外交通不便;县城的城市功能相对单一,居住功能占据了大部分城区用地;历史文化遗产和自然资源未得到有效保护。为了在旧城改造中避免这些问题,该县以城镇总体规划为开端,强化改造基础设施和改善居民生活为主要内容,通过扩充城市空间和提升发展质量,对旧城区的基础设施和居民租房进行了改造。改造取得了一定成果:通过与区域外大交通连接,奠定了将来发展的框架;通过改扩建和防洪等设施建设,增强了城市功能;保障房建设和安置小区建设逐步推进。但是,还存在保护与开发的矛盾:旧城内的古建筑、古街道没有得到有效保护和利用;在一定程度上仍然存在着千篇一律的建设模式等。

(三) 浙江玉环市坎门镇改造中的景观保护经验

坎门镇要想进一步发展,就会面临景观保护与改造问题。该镇通过以下措施,在一定程度上起到了保护小镇风貌的作用。一是集中体现功能结构。坎门镇是一个历史文化名镇,旧城改造是一个文化历史区域的更新过程。该镇在满足城镇功能布局的基础上,注重考虑景观的整体性和特色性,按地域的历史遗迹和现在的建成状况及自然地形地貌,划分为八个景观区。在建筑密度、形式、色彩、布局等方面进行控制,形成不同重点的景观特色区;二是进行区域性的保护。坎门镇地域特色明显,尤其是镇内南部山岙中有大片完整的古街,老店铺林立,街坊邻里怡然自得。规划以街区整体风格保护为核心,划定整个历史街区当中的各种文化元素,严格执行保护政策;将生活性人车混行道路改为旅游性人行道路;将小区域供给消费型商业改为大区域海岛旅游型商业;将居住、商业和零星建筑改造成连片商业、餐饮和居住垂直混合的综合建筑功能;用相仿风格的新建筑代替难以修复的古风格危房。该镇试图通过景观资源开发带动经济发展和居民生活质量的提高。

(四)广州金花街改造的企业主导模式

广州金花街是较早进行改造的旧城之一,始于20世纪80年代末,贯穿了整个90年代,是我国大规模旧城整体改造的一个典型代表。主要由政府将土地租用权无偿转让给开发公司,是一个开发商主导的运行模式。改造后新建了高级公寓、商业区和写字楼,以及针对新盖楼房增加了基础设施以及公共服务设施。但由于建筑密度过大,人口急剧增长,对旧城的交通和公共设施产生了巨大压力;容积率过高(有的地方超过了6.0)影响了旧城历史风貌的延续,冲淡了古城特色。

(五)常熟市旧城改造的市场化模式

常熟市在旧城改造规划方案设计上,注重保护江南水乡特色,同时统筹协调、规范旧城改造项目的建设和运行,完善各类建设制度,确保旧城改造项目的顺畅运转。常熟市政府提出了"基础先行、政府带头、内外联动、滚动开发、自求平衡"的总体发展思路,并制定了城市发展和旧城改造政策。为了缓解资金瓶颈问题,实施了投融资的市场化运作,由城市经营投资有限公司进行筹资与投资,通过对城市各类资产的运营来筹措资金。政府将这些资金专门用于旧城改造。在整个过程中,政府主要职能是规划控制和服务管理,形成了企业运作的市场化机制,提高了旧城改造的效率和水平。

四、新区建设

新区建设主要是大城市中的主要功能区建设,如广州天河体育产业和现代服务业新区、浦东新区、深圳福田的 CBD 等,大都规模较大,占用空间过多。之前的新区建设带来城市扩张的后遗症,与特色小镇的最终目标不吻合。特色小镇强调历史延续性,多数小镇通过旧城改造途径保持了可持续发展。因此,我国一般不采用新区建设推动特色小镇建设的模式。

但是,如果新区建设选择的区位适宜特色小镇发展,并且规划的主导产业能够作为城市产业的重要补充,并能成为一个有特色的城市功能区,那么新区建设也可以是特色小镇建设的一种方式。一些新型产业型的特色小镇也可以通过新区建设,打造现代旅游、服务等产业融合区,实现生态与产业以及人文的多功能融合,如杭州萧山区新区的综合旅游开发。

城市新区的旅游开发需要以旅游相关产业集群为基础,与土地开发、基础设施开发、公共配套开发、居住开发,以及区域发展和城镇化多方面要素相结合,形成"旅游核心吸引区+休闲聚集区+综合居住区+配套服务"的非建制的城镇结构,体现特色小镇的发展方向。杭州市萧山区采用新区建设模式,综合利用旅游资源,将景观和旅游相关产业发展设计为一个动态发展、不断提升的过程。如萧山区综合利用与西湖并称为"姊妹湖"的湘湖旅游度假区、以儒释道文化为核心的东方文化园、借助世界休闲博览会建设的杭州世界休闲博览园,以及浙江省农业高科技示范园区、浙江花木城等多样化的旅游资源,并充分利用这些优质旅游资源所产生的观赏、游览、商贸和文化价值,开发萧山区的旅游及相关产业;着力提升萧山及杭州市整体旅游业竞争力,从一个特殊的城市功能区角度,提升了萧山区的城市发展水平,加快了向新型城镇化转型的步伐。

由上可见,由于承担承上启下的作用和作为连接城乡的纽带,特色小镇在我国城镇化转型过程中会遇到诸多困难;但是,因为随着土地制度变革人口向小城镇居住的选择倾向愈益明确,以及城镇建设更加理性的发展趋势,所以从发展前景来看,特色小镇有巨大的发展潜力。

第四章 江苏特色村镇概况、分类及特征

随着新型城镇化和新农村建设的不断推进,政府及社会各界对村镇发展模式和前景的关注度越来越高,虽然对于相关理论研究和建设实践已经有了较多的探讨,也取得了一定成果,但特色村镇培育毕竟还是一个全新的概念,如何定义和定位,如何培育和建设,都是急需探索的现实问题。

第一节 特色村镇的内涵与特征

村,是聚落的一种基本类型。[①]聚落是指人类居住和生活的场所,如《史记·五帝本纪》所载,"一年而所居成聚,二年成邑,三年成都",《汉书·沟洫志》亦载,"或久无害,稍筑室宅,遂成聚落"。聚落是在原始农业兴起之后才出现的,是以氏族为单位的纯粹的农业村社。[②]因此在聚落形成之初,村落和聚落的含义是相通的。随着聚居人口的增多,聚落的形态发生变化,并因都市的出现而分为村落和城市,以及介于二者之间的镇。

镇,原指"博压"[③],有镇压、镇服之意,后喻"安定、镇定",即"镇国家,抚百姓",为镇戍、防御而设,主要行使军事职能。宋代以后,镇逐渐成为县以下的商业交易之所,称为"集镇、市镇",主要承担经济功能,即宋代高承《事物纪原》所载,"民聚不成县,而有税课者,则为镇"。可见,镇是介于城市与乡村之间的一个经济社会单元,它不仅有社会

---

① 刘沛林. 古村落:亟待研究的乡土文化课题[J]. 衡阳师专学报(社会科学),1997(2):72-76.
② 刘沛林. 论中国古代的村落规划思想[J]. 自然科学史,1998(1):82-90.
③ [汉]许慎. 说文解字[M]. 北京:九州出版社,2011.

组织功能,也有更强的人口聚集、资源聚集和经济活动功能,既是地方经济活动的中心,也是农村联系城市的纽带。

随着人们对村镇认识的不断深入,关注度不断提高,其中蕴藏的丰富历史信息和文脉特征日益凸显。为了挖掘村镇的文化价值和传承意义,不同评价体系相应推出。

2003年,住建部和国家文物局共同发布了中国历史文化名镇名村评选办法,将保存文物特别丰富且具有重大历史价值或纪念意义的、能集中反映地区传统风貌和文化特色的镇和村列入中国历史文化名镇名村名录。

2012年,住建部等部门启用"传统村落"概念,专指"拥有物质形态和非物质形态文化遗产,具有较高的历史、文化、科学、艺术、社会、经济价值的村落",以突出其文明价值和传承意义。同时启动了传统村落的全面调查和甄选工作。同年11月,党的十八大报告首次提出了努力建设"美丽中国"的任务和目标,而美丽中国的建设重点和难点在于农村。2013年中央1号文件提出要推进农村生态文明建设,努力建设美丽乡村。财政部、国务院农村综合改革办公室、农业部等相关部委也纷纷出台一些措施和政策来推动美丽乡村的建设。

2015年,为了适应和引领经济新常态,以新理念、新机制、新载体推进产业集聚、创新和升级,浙江发布《浙江省人民政府关于加快特色小镇规划设计的指导意见》,率先筹划建设具有明确产业定位、文化内涵、旅游和一定社区功能的发展空间平台,区别于行政单元和产业园区的特色小镇,同时公布了第一批省级特色小镇创建名单,"特色小镇"作为一个新名词进入公众视野。2016年,国家发展改革委、财政部以及住建部决定在全国范围开展特色小镇培育工作,计划到2020年培育1000个左右各具特色、富有活力的休闲旅游、商贸物流、现代制造、教育科技、传统文化、美丽宜居等特色小镇。随着第一批涉及32省共127个中国特色小镇名单的公布,全国各地迅速掀起特色小镇的建设热潮。

中国历史文化名镇名村名录和中国传统村落名录均侧重于评选具有历史文化特色的村镇,包括保存文物特别丰富且具有重大历史价值或纪念意义的、能较完整地反映一些历史时期传统风貌和地方民族特色等,通常是行政区划单元的"村"和"镇"。特色小镇则要求具有清晰明确的产业定位,其工作核心是通过发展特色产业推动新型城镇化和新农村建设。它不同于传统意义上的镇,不规定必须是行政区划单元,不是产业园区,也不是政府的行政平台,而是产业发展载体,是同业企业协同创新、合作共赢的企业社区,是企业为主、市场化运作、空间边界明晰的创新创业空间,是区域经济发展的新动力和创新载体。

参照已出台的中国历史文化名镇名村、中国传统村落和特色小镇的定义以及评选和培育标准,本书所探讨的"特色村镇"是指:依托自然环境、历史文化资源或产业,具有突出特色的村镇类型。

特色村镇应具备以下特征。

第一,和谐宜居的环境。空间布局与周边自然环境相协调,整体格局和风貌具有典型特征,路网合理,建设高度和密度适宜;居住区开放融合,环境优美,干净整洁,建筑彰显传统文化和地域特色;美丽乡村建设成效突出。

第二,具备完整的文化生态系统以及丰富的物质与非物质文化遗产,包括有鲜明地方特色,并且仍然富有生命力的传统生产、生活方式,传统工艺,独特的民俗文化等。传统文化得到充分挖掘、整理、记录,历史文化遗存得到良好保护和利用,非物质文化遗产活态传承;形成独特的文化标识,与产业融合发展;优秀传统文化在经济发展和社会管理中得到充分弘扬;公共文化传播方式方法丰富有效;居民思想道德和文化素质较高。

第三,特色鲜明的产业形态。特色产业是村镇发展的原动力,产业的发展基础、发展前景,特色的强弱以及产业链延伸和集聚能力,都关系到特色村镇建设的成败。在产业上,应做到定位精准,特色鲜明,战略新兴产业、传统产业、现代农业等发展良好、前景可观;产业向做特、做精、做强发展,新兴产业成长快,传统产业改造升级效果明显,充分利用"互联网+"等新兴手段,推动产业链向研发、营销延伸。在环境上,应具备良好的产业发展环境,产业、投资、人才、服务等要素集聚度较高。同时还要求通过产业发展,吸纳周边农村剩余劳动力就业的能力明显增强,带动农村发展效果明显。

第四,以经济文化资源连接城乡的平台。当前我国的经济实力已经具备了支撑城乡发展一体化的物质技术条件,城乡一体化需要一个能有效连接城乡的平台进行城乡生产要素、经济文化等资源的均衡配置。特色村镇由于受到城市和农村的双向辐射,发展具有明显的双向衔接特点,因此作为以经济文化资源连接城乡的平台,正是特色村镇担负的重要使命。

第二节 江苏特色村镇统计

一、各类名录统计

截至2016年,住房和城乡建设部等部门共评选并公布了六批(省级七批)中国历史文化名镇名村、四批中国传统村落。江苏共70个村镇入选,其中国家级历史文化名镇名村37个、省级54个,中国传统村落28个(见表4-1)。这些村镇具有历史悠久、传统风貌完整、地方文化突出、功能类型明确等特点。

表4-1 江苏历史文化名镇名村名单

序号	村镇名称	入选名录		
		国家级历史文化名镇名村	省级历史文化名镇名村	中国传统村落
1	苏州市吴中区东山镇陆巷村	第三批,2007	第四批,2007	第一批,2012
2	苏州市吴中区西山镇明月湾村	第三批,2007	第四批,2007	第一批,2012
3	无锡市惠山区玉祁镇礼社村	第五批,2010	第六批,2009	第一批,2012
4	苏州市吴中区东山镇杨湾村	第六批,2014	第七批,2013	第二批,2013
5	苏州市吴中区金庭镇东村	第六批,2014	第七批,2013	第二批,2013
6	苏州市吴中区东山镇三山村	第六批,2014	第七批,2013	第二批,2013
7	南京市高淳县漆桥镇漆桥村	第六批,2014	第七批,2013	第二批,2013
8	南京市江宁区湖熟街道杨柳村	第六批,2014	第七批,2013	第二批,2013

序号	村镇名称	入选名录		
		国家级历史文化名镇名村	省级历史文化名镇名村	中国传统村落
9	无锡市锡山区羊尖镇严家桥村	—	第四批,2007	第二批,2013
10	镇江市丹阳市延陵镇九里村	—	第四批,2007	第二批,2013
11	镇江市丹徒区姚桥镇华山村	—	第七批,2013	第二批,2013
12	常州市武进区前黄镇杨桥村	—	第八批,2017	第二批,2013
13	苏州市吴中区东山镇翁巷村	—	—	第二批,2013
14	苏州市常熟市古里镇李市村	—	—	第二批,2013
15	镇江市新区姚桥镇儒里村	—	第八批,2017	第二批,2013
16	镇江市丹阳市延陵镇柳茹村	—	第八批,2017	第二批,2013
17	常州市武进区郑陆镇焦溪村	第六批,2014	第七批,2013	第三批,2014
18	南通市通州区二甲镇余西村	第六批,2014	第七批,2013	第三批,2014
19	南通市通州区石港镇广济桥社区	—	—	第三批,2014
20	苏州市吴中区金庭镇衙角里村	—	—	第三批,2014
21	苏州市吴中区金庭镇东蔡村	—	—	第三批,2014
22	苏州市吴中区金庭镇植里村	—	—	第三批,2014
23	苏州市吴中区香山街道舟山村	—	—	第三批,2014
24	苏州市昆山市千灯镇歇马桥村	—	—	第三批,2014
25	淮安市洪泽县老子山镇龟山村	—	—	第三批,2014
26	盐城市大丰市草堰镇草堰村	—	—	第三批,2014
27	苏州市吴中区金庭镇蒋东村后埠村	—	—	第四批,2016
28	苏州市吴中区金庭镇堂里村堂里	—	—	第四批,2016
29	溧阳市昆仑街道沙涨村	—	第八批,2017	—
30	镇江市镇江新区丁岗镇葛村	—	第八批,2017	—
31	昆山市周庄镇	第一批,2003	第一批,1995	—
32	苏州市吴江区同里镇	第一批,2003	第一批,1995	—
33	苏州市吴中区角直镇	第一批,2003	第一批,1995	—
34	苏州市吴中区木渎镇	第二批,2005	第二批,2001	—
35	太仓市沙溪镇	第二批,2005	第二批,2001	—

序号	村镇名称	入选名录		
		国家级历史文化名镇名村	省级历史文化名镇名村	中国传统村落
36	泰州市姜堰区溱潼镇	第二批, 2005	—	—
37	泰州市泰兴市黄桥镇	第二批, 2005	第三批, 2004	—
38	南京市高淳区淳溪镇	第三批, 2007	第四批, 2006	—
39	昆山市千灯镇	第三批, 2007	第三批, 2004	—
40	盐城市东台市安丰镇	第三批, 2007	第四批, 2006	—
41	昆山市锦溪镇	第四批, 2008	—	—
42	扬州市江都区邵伯镇	第四批, 2008	第四批, 2006	—
43	海门市余东镇	第四批, 2008	—	—
44	常熟市沙家浜镇	第四批, 2008	第四批, 2006	—
45	苏州市吴中区东山镇	第五批, 2010	第一批, 1995	—
46	无锡市锡山区荡口镇	第五批, 2010	第三批, 2004	—
47	兴化市沙沟镇	第五批, 2010	第六批, 2009	—
48	江阴市长泾镇	第五批, 2010	第六批, 2009	—
49	张家港市凤凰镇	第五批, 2010	第六批, 2009	—
50	苏州市吴江区黎里镇	第六批, 2014	—	—
51	苏州市吴江区震泽镇	第六批, 2014	第二批, 2001	—
52	东台市富安镇	第六批, 2014	第七批, 2013	—
53	扬州市江都区大桥镇	第六批, 2014	第七批, 2013	—
54	常州市新北区孟河镇	第六批, 2014	第七批, 2013	—
55	宜兴市周铁镇	第六批, 2014	第七批, 2013	—
56	南通市如东县拼茶镇	第六批, 2014	第七批, 2013	—
57	常熟市古里镇	第六批, 2014	第七批, 2013	—
58	苏州市吴中区西山镇	—	第二批, 2001	—
59	苏州市吴中区光福镇	—	第二批, 2001	—
60	宜兴市丁蜀镇	—	第二批, 2001	—
61	新沂市窑湾镇	—	第六批, 2009	—
62	镇江市丹徒区宝堰镇	—	第七批, 2013	—
63	如皋市白蒲镇	—	第七批, 2013	—

序号	村镇名称	入选名录		
		国家级历史文化名镇名村	省级历史文化名镇名村	中国传统村落
64	淮安市淮阴区码头镇	—	第七批,2013	—
65	苏州市吴江区平望镇	—	第八批,2017	—
66	昆山市巴城镇	—	第八批,2017	—
67	东台市时堰镇	—	第八批,2017	—
68	苏州市吴江区桃源镇	—	第八批,2017	—
69	高邮市临泽镇	—	第八批,2017	—
70	高邮市界首镇	—	第八批,2017	—

自2016年《关于开展特色小镇培育工作的通知》发布以来,全国各地陆续启动特色小镇培育工作。截至目前,住建部已公布了两批共403个中国特色小镇名单(第一批127个,第二批276个),江苏共22个小镇入选(见表4-2)。

表4-2　江苏国家级特色小镇名单

序号	小镇名称	评定时间及批次
1	南京市高淳区桠溪镇	第一批,2016
2	无锡市宜兴市丁蜀镇	第一批,2016
3	徐州市邳州市碾庄镇	第一批,2016
4	苏州市吴中区甪直镇	第一批,2016
5	苏州市吴江区震泽镇	第一批,2016
6	盐城市东台市安丰镇	第一批,2016
7	泰州市姜堰区溱潼镇	第一批,2016
8	无锡市江阴市新桥镇	第二批,2017
9	徐州市邳州市铁富镇	第二批,2017
10	扬州市广陵区杭集镇	第二批,2017
11	苏州市昆山市陆家镇	第二批,2017
12	镇江市扬中市新坝镇	第二批,2017
13	盐城市盐都区大纵湖镇	第二批,2017
14	苏州市常熟市海虞镇	第二批,2017

序号	小镇名称	评定时间及批次
15	无锡市惠山区阳山镇	第二批,2017
16	南通市如东县栟茶镇	第二批,2017
17	泰州市兴化市戴南镇	第二批,2017
18	泰州市泰兴市黄桥镇	第二批,2017
19	常州市新北区孟河镇	第二批,2017
20	南通市如皋市搬经镇	第二批,2017
21	无锡市锡山区东港镇	第二批,2017
22	苏州市吴江区七都镇	第二批,2017

为积极推动特色小镇培育工作,江苏省发改委、江苏省体育局、江苏省农委等部门也相继公布了25个省级特色小镇(见表4-3)、14个体育健康特色小镇(见表4-4)、105个农业特色小镇名单(见表4-5)以及13个旅游风情小镇(见表4-6),进一步明确了江苏特色小镇的培育思路和建设方向。

表4-3 江苏省级特色小镇名单

序号	小镇名称	地理位置
1	南京未来网络小镇	东至新宁溧路,西至机场高速,南至江城路,北至阳山河
2	高淳国瓷小镇	南京市高淳区
3	无锡鸿山物联网小镇	无锡市新吴区鸿山街道
4	无锡太湖影视小镇	无锡市滨湖区山水城
5	无锡新桥时裳小镇	无锡市江阴市新桥镇
6	徐州沙集电商小镇	徐州市睢宁县沙集镇
7	常州石墨烯小镇	常州市西太湖科技产业园
8	常州殷村职教小镇	常州市邹区镇殷村
9	常州智能传感小镇	常州市新北区龙虎塘街道
10	苏州苏绣小镇	苏州市高新区西部生态城(镇湖街道)
11	苏州东沙湖基金小镇	苏州工业园区凤里街、现代大道交汇处
12	苏州昆山智谷小镇	苏州昆山高新区
13	南通吕四仙渔小镇	南通市启东市吕四港

序号	小镇名称	地理位置
14	海门足球小镇	海门经济技术开发区謇公湖科教城
15	连云港东海水晶小镇	连云港东海县中华北路1号
16	淮安盱眙龙虾小镇	淮安市盱眙县
17	盐城数梦小镇	盐城市城南新区
18	盐城汽车小镇	盐城经济技术开发区松江路18号
19	扬州头桥医械小镇	扬州市广陵区头桥镇
20	镇江大路通航小镇	镇江新区
21	镇江丹阳眼镜风尚小镇	丹阳市开发区
22	句容绿色新能源小镇	句容郭庄镇
23	泰州医药双创小镇	泰州医药高新区
24	泰州黄桥琴韵小镇	泰兴市黄桥镇
25	宿迁电商筑梦小镇	宿迁市洪泽湖东路1号

表4-4 江苏体育健康特色小镇名单

序号	小镇名称	评定时间及批次
1	江阴市新桥村	第一批,2016
2	淮安市淮河区施河镇	第一批,2016
3	溧阳市上兴镇	第一批,2016
4	南京市高淳区桠溪镇	第一批,2016
5	昆山市锦溪镇	第一批,2016
6	宿迁市湖滨新区晓店镇	第一批,2016
7	南京市汤山温泉旅游度假区	第一批,2016
8	仪征市枣林湾生态园	第一批,2016
9	徐州贾汪区的大泉街道	第二批,2017
10	南京老山有氧运动小镇	第二批,2017
11	太仓电子竞技特色小镇	第二批,2017
12	武进太湖湾体育健康特色小镇	第二批,2017
13	张家港市凤凰镇	第二批,2017
14	扬中极限运动小镇	第二批,2017

表4-5 江苏农业特色小镇名单

序号	小镇名称	序号	小镇名称	序号	小镇名称
1	徐州现代农业产业园区莓好田园小镇	9	徐州碾庄镇蒜香小镇	17	宿迁卢集镇生态休闲小镇
2	徐州新区街道草莓体验小镇	10	徐州占城镇药旅小镇	18	宿迁石集乡稻米文化小镇
3	徐州大沙河镇果都风情小镇	11	徐州港上镇银杏博览小镇	19	淮安和平镇生态文旅小镇
4	徐州首羡镇洋葱文化小镇	12	宿迁新庄镇杉荷小镇	20	淮安丁集镇花海休闲小镇
5	徐州敬安镇辣椒科创小镇	13	宿迁丁嘴镇金针菜小镇	21	淮安蒋坝镇河工风情小镇
6	徐州桃园镇蚕桑文化小镇	14	宿迁洋北镇西瓜小镇	22	淮安保滩镇花海农博小镇
7	徐州时集镇蜜桃小镇	15	宿迁郑楼镇玫瑰苑	23	淮安黄码乡红椒小镇
8	徐州阿湖镇巴山葡萄小镇	16	小镇宿迁颜集镇花木电商小镇	24	淮安仇桥镇水乡风情小镇
25	淮安岔河镇品稻小镇	40	镇江天王镇森林文化小镇	55	无锡湖㳇镇深氧休闲小镇
26	淮安闵桥镇荷韵小镇	41	常州郑陆镇太湖名猪小镇	56	苏州望亭镇稻香小镇
27	南京永宁街道莲香小镇	42	常州嘉泽镇花木小镇	57	苏州震泽镇蚕桑文化小镇
28	南京盘城街道葡萄风情小镇	43	常州礼嘉镇葡萄文化小镇	58	苏州东山金庭枇杷小镇
29	南京谷里街道大塘金香草小镇	44	常州西夏墅镇草坪田园小镇	59	苏州甪直镇水八仙小镇
30	南京横溪街道甜美西瓜小镇	45	常州薛埠镇茶香小镇	60	苏州凤凰镇蜜桃人文小镇
31	南京横梁街道E田园民宿小镇	46	常州天目湖镇白茶小镇	61	苏州锦丰镇金沙洲休闲养生小镇
32	南京龙池街道云厨小镇	47	常州戴埠镇南山农旅小镇	62	苏州锦溪镇水韵稻香小镇
33	南京白马镇蓝莓小镇	48	无锡东港镇红豆杉康养小镇	63	南通大豫镇西兰花小镇

序号	小镇名称	序号	小镇名称	序号	小镇名称
34	南京洪蓝镇草莓文旅小镇	49	无锡阳山镇蜜桃小镇	64	南通如城街道盆景创意小镇
35	南京桠溪镇慢城小镇	50	无锡洛社镇六次产业特色小镇	65	南通合作镇花海小镇
36	镇江上党镇清茶小镇	51	无锡雪浪街道杨梅小镇	66	南通启隆镇乐享有机小镇
37	镇江白兔镇鲜果小镇	52	无锡胡埭镇花彩小镇	67	南通惠萍镇水果小镇
38	镇江茅山镇葡萄小镇	53	无锡璜土镇葡萄风情小镇	68	南通三厂镇山羊文化小镇
39	镇江后白镇草毯绿波小镇	54	无锡张渚镇茶旅文化小镇	69	泰州大泗镇中药养生小镇
70	泰州溱潼镇溱湖八鲜小镇	82	扬州界首镇芦苇风情小镇	94	盐城特庸镇蚕桑小镇
71	泰州垛田镇香葱小镇	83	盐城龙冈镇桃园休闲小镇	95	盐城九龙口镇荷藕小镇
72	泰州生祠镇苑艺小镇	84	盐城张庄街道葡萄小镇	96	盐城富安镇茧丝绸小镇
73	泰州宣堡镇林果氧吧小镇	85	盐城黄尖镇丹鹤小镇	97	盐城五烈镇美丽田园小镇
74	扬州沙头镇蔬艺体验小镇	86	盐城便仓镇牡丹小镇	98	连云港黑林镇蓝莓小镇
75	扬州甘泉街道樱花爱情小镇	87	盐城新丰镇荷兰风情小镇	99	连云港厉庄镇樱桃创意小镇
76	扬州瓜洲镇葵花园小镇	88	盐城草庙镇麋鹿风情小镇	100	连云港石梁河镇葡萄文旅小镇
77	扬州丁伙镇花木田园小镇	89	盐城黄圩镇森氧小镇	101	连云港双店镇切花电商小镇
78	扬州射阳湖镇荷藕文化小镇	90	盐城滨海港经济区何首乌小镇	102	连云港新安镇蘑菇文化小镇
79	扬州枣林湾园艺世博小镇	91	盐城正红镇草柳工艺小镇	103	连云港新集镇稻渔生态小镇
80	扬州马集镇黑莓小镇	92	盐城郭墅镇瓜蒌康养小镇	104	连云港小伊乡藕虾休闲小镇
81	扬州卸甲镇好种源小镇	93	盐城洋马镇菊花小镇	105	连云港南岗乡循环农业小镇

表4-6　江苏首批旅游风情小镇名单

序号	小镇名称
1	无锡灵山禅意小镇
2	盐城荷兰花海风情小镇
3	南京汤山温泉风情小镇
4	泰州溱潼会船风情小镇
5	苏州永联江南田园风情小镇
6	苏州震泽丝绸风情小镇
7	无锡湖·茶旅风情小镇
8	连云港连岛海滨风情小镇
9	南京桠溪慢城风情小镇
10	无锡阳山桃园风情小镇
11	常州南山竹海风情小镇
12	苏州旺山文旅风情小镇
13	宿迁三台山衲田花海风情小镇

二、数量与分布

据统计,江苏列入各类名录的特色村镇共有274个(其中包含部分重复村镇),其中苏州特色村镇数量最多,约占全省的24%左右;其次为无锡,占10%左右;盐城占9%;分布在南京、镇江、常州、南通、徐州、扬州的特色村镇数量比较均匀,大多集中在16~21个,占比6%~8%;泰州、淮安分别占5%;连云港和宿迁数量最少,各占全省现有特色村镇总量的3%(见表4-7)。

表4-7　江苏特色村镇分布统计表

名录\地区	传统村落	历史文化村镇	国家特色小镇	省级特色小镇	体育健康特色小镇	农业特色小镇	旅游风情小镇	各地合计
苏州	14	32	5	3	3	5	3	65
盐城	1	4	2	2	—	15	1	25
无锡	2	6	4	3	1	8	3	27
镇江	4	6	1	3	1	5	—	20

名录 地区	传统 村落	历史文 化村镇	国家特 色小镇	省级特 色小镇	体育健 康特色 小镇	农业特 色小镇	旅游风 情小镇	各地 合计
常州	2	4	1	3	2	7	1	20
南通	2	5	2	2	—	6	—	17
徐州	—	1	2	1	1	11	—	16
扬州	—	4	1	1	1	9	—	16
南京	2	3	1	2	3	8	2	21
泰州	—	3	3	2	—	5	1	14
淮安	1	2	—	1	1	8	—	13
连云港	—	—	—	1	—	8	1	10
宿迁	—	—	—	1	1	7	—	10
合计	28	70	22	25	14	102	13	274*

*注：因不同名录有个别重复，故实际村镇总数低于274个。

据各类名录显示，江苏特色村镇的"特色产业"大多集中于历史文化、传统制造业、农业及其延伸产业等三个方面，信息产业和高端制造业也有一定发展基础，并尝试发展体育健康、养老等新兴产业，但对金融创新等方面则少有涉及。虽然各类名录的评定条件对入选村镇有所限制，但也能大致体现江苏特色村镇的优势和特点：第一，具有悠久的历史传承和丰富的文化积淀，能够满足历史经典类资源的深入挖掘；第二，具有深厚的传统产业基础，有利于引入现代元素或进行产业升级；第三，具有较好的产业基础，在细分产业内具有领先和前沿技术，能够引领行业发展新方向。

三、相关政策规定

（一）历史经典保护规定

江苏历来对历史文化经典遗存的保护工作极为重视，2009年，省住房和城乡建设厅和省文物局联合提请省政府办公厅转发了《关于进一步规范历史文化名城名镇名村申报认定工作的意见》，明确了传统风貌与格局具有特色，文物古迹较为丰富的古村落，可以由所在城市、县人民政府向省人民政府申报历史文化名村，符合申报条件的，由省人民政府公布为江苏省历史文化名村。同时明确了历史文化名村保护规划的制定、实施以及监督管理等规定。2010年起实施的《江苏省城乡规划条例》中,进一步明确了历史文化名村应当编制保护规划,经所在地城市、县人民代表大会常务委员会审议后,报省人民政府审批。

2011年起,江苏省委省政府实施"村庄环境整治行动计划"以来,要求在推进村庄环境面貌改善的同时,突出传统村庄肌理、形态保护和乡土文化传承,着力塑造乡村特色风貌,为村庄文化遗产的延续发展提供新的动力。省住房和城乡建设厅组织编写了《江苏省村庄环境整治技术指引》(试行),要求各地在村庄环境整治中确定适宜的整治目标和方式,对于具有自然、历史人文特色的村庄,要强化地方特色和乡村风貌塑造。

江苏省要求有关市、县严格按照国家《历史文化名城名镇名村保护条例》(2008年7月实施)和《历史文化名城名镇名村保护规划编制要求》(试行)(2013年3月颁布)的有关规定,按期组织编制完成历史文化名村保护规划,依法加强对历史文化名村的保护、利用和管理工作。此外,《江苏省历史文化名村(保护)规划编制导则》也由省住房和城乡建设厅于2014年7月下发,明确历史文化名村应保护村庄的历史空间格局和传统风貌,原则上不扩大村庄建设规模;保护并合理利用各时期的各类物质文化遗存,保护地方建筑特色和传统工艺;保持村庄历史文脉、传统功能和原住民生活的延续性,鼓励传统特色产业和乡村休闲度假产业的发展;改善村庄人居环境和村民生活质量,在符合历史文化保护要求的前提下,因地制宜地采取灵活的技术措施进行基础设施建设。

此外,江苏还在全国率先以省政府规章形式对传统村落进行立法保护。2017年12月1日,《江苏省传统村落保护办法》颁布实施,从基本原则、工作体制机制、保护对象、申报认定、规划管理、保护和利用等方面进行了规范。《办法》的出台体现了江苏历史文化保护水平的不断提升,也标志着江苏对"乡愁记忆"的保护落到实处。

(二) 特色产业创建要求

为贯彻落实国务院关于特色小镇建设的重要指示,江苏省政府于

2016年12月发布《关于培育创建江苏特色小镇的指导意见》。《意见》对特色小镇建设提出了坚持创新向导、因地制宜、以人为本、市场主导、节约用地等总体要求,以及打造产业升级新平台、培育经济发展新功能、丰富公共服务新供给、建设美丽宜居新小镇等创建要求,并将"特色"聚焦于高端制造、新一代信息技术、创意创业、健康养老、现代农业、历史经典、旅游风情等方面。

2017年2月,为贯彻落实省政府《关于培育创建江苏特色小镇的指导意见》要求,江苏省发改委印发《关于培育创建江苏特色小镇的实施方案》,进一步明确了江苏特色小镇的创建目标以及各类型特色小镇的产业定位,针对建设空间、功能集成、项目投资、运行机制、综合效益等方面提出明确要求,按照"宽进严定、动态管理、优胜劣汰、验收命名"的原则组织实施,并在实施过程中通过建立协调机制、加强土地保障、强化财政扶持、优化融资支持、鼓励试点示范等措施,确保江苏特色小镇创建工作的顺利进行。

与此同时,市一级特色小镇培育创建的实施方案也逐步颁布实施。2017年4月,苏州出台14项扶持措施,助力全市特色小镇建设;镇江印发《镇江市创建田园特色小镇实施方案》;6月,无锡发布《无锡市人民政府关于培育建设特色小镇工作的实施意见》;8月,淮安出台《关于培育创建市级特色小镇实施意见》;10月,南通市政府发布《关于培育创建南通特色小镇的实施方案》;11月,连云港印发《连云港市产业特色小镇建设实施意见》。截至目前,江苏各市均已根据自身发展需求,出台能够彰显当地特色、引领创新发展的特色小镇实施意见或规划方案,为全省特色小镇培育建设的顺利推进提供了切实保障。

第三节 江苏特色村镇的六种类型

所谓"特色",就是区别于其他事物的品质、风格和形式。"特色"的形成是一个长期积累的过程,需要依托村镇自身的资源禀赋状况、经济社会的物质基础以及历史文化的积累等条件。因此,特色村镇不能凭空打造,其培育要结合村镇自身的生态环境、文化资源和历史传统,因地制宜、稳步推进、健康发展。依托自然生态环境、历史文化以及农业与工业发展基础等自然、人文、经济资源,江苏特色村镇大致可分为六种类型。

一、江苏历史经典特色村镇

2003年,住建部和国家文物局共同发布了中国历史文化名镇名村评选办法,将"保存文物特别丰富;历史建筑集中成片;保留着传统格局和历史风貌;历史上曾作为政治、经济、文化、交通中心、军事要地,或者在近代和现代发生过重要历史事件,或者传统产业、历史上建设的重大工程对地区的发展产生过重要影响,或者集中反映地区建筑文化特色、民族特色"的村镇,列入中国历史文化名镇名村名录。

以此评价标准为基础,历史经典特色村镇是指依托于完整历史风貌、深厚文化底蕴和重要历史事件等,具有明确的历史经典和文化特色的村镇类型。此类特色村镇在时间上需具有较为完整的发展沿革,在空间上仍能保持完整的传统风貌和活态性,并具备完整的文化生态系统以及丰富的物质与非物质文化遗产,包括有鲜明地方特色,并且仍然富有生命力的传统生产、生活方式和传统工艺,以及独特的民俗文化传承如丝绸、刺绣、紫砂、漆器、茶叶、雕刻、珍珠、酿造等。

历史经典特色村镇镌刻着中华民族几千年的历史印记,具有珍贵的历史文化价值,是中国乡土文化、历史记忆和自然遗产的"活化石"。江苏拥有28个中国传统村落,70余个历史文化名镇名村等,这些凝聚着江苏乡村文化记忆的村镇均可归类为历史经典特色村镇。如被誉为"太湖第一古村"陆巷村,是一座有着800多年历史的传统村落,至今仍留存了大批珍贵的传统建筑文化遗产,包括一街六巷(紫石街、古西巷、旗杆巷、姜家巷、韩家巷、文宁巷、康庄巷)等历史街巷,遂高堂、三有堂、景岁堂、世和堂、三德堂、双桂楼、惠和堂等26处文保单位,怀德堂、怀古堂、昭仁堂、金元堂、仁合堂、景和堂、会辅堂、宝俭堂、维新堂等11处优秀传统建筑,以及部分传统民居、河道、牌坊、过街楼等历史遗迹。陆巷村是目前江南建筑群体中质量最高、数量最多、保存最完好的传统村落，有"东山古建筑博物馆"之称。丰厚的历史文化遗迹为江苏特色村镇建设提供了良好的物质载体和文化空间。

二、江苏农业特色村镇

特色村镇培育工作的核心是通过发展特色产业推动新型城镇化和新农村建设，而农业产业是支撑新型城镇化和新农村建设的根基，特别是在经济欠发达地区，农业特色产业相对来说更具备培育条件。《农业部办公厅关于开展中国美丽休闲乡村推介工作的通知》、《国务院办公厅关于进一步促进农产品加工业发展的意见》以及2017年中央1号文件都明确提出，加快建设农产品加工、农业文化旅游、休闲农业和乡村旅游、农业特色互联网等，一产、二产、三产深度融合的特色村镇。2017年10月，农业部发布《农业部办公厅关于开展农业特色互联网小镇建设试点的指导意见》，提出以农村资源禀赋和特色产业为基础，以"互联网+"为手段，充分发挥市场主体作用，创新制度机制，高起点、高标准、高水平培育一批特点鲜明、产业发展、绿色生态、美丽宜居的农业特色互联网小镇。在政策导向和支持下，农业特色村镇已成为各地重点培育的特色村镇类别之一。2017年，江苏率先提出农业特色村镇的培育构想，计划用3~5年时间培育100个农业特色小镇、200个休闲农业示范村、300个主题创意农园，并公布了105个江苏省农业特色小镇名录，涵盖了农业历史、农业文化遗产、创意休闲农业等多种特色，为江苏农业特色村镇建设提供了发展思路。

(一) 农业特色村镇概述

1.农业特色村镇的内涵。农业特色村镇是指依托于农村自然环境、农业特色产业或农业历史文化资源，具有明确的特色农业产业定位的村镇类型。作为以农业产业为特色的村镇，其服务地方经济活动和联系城乡的纽带作用更为突出，带动农村发展和拉动农民增收的目标也更为明确；涵盖了农业历史经典产业、非物质农业文化遗产保护、农耕文化、农家乐、创意休闲农业等多种特色村镇。农业特色村镇是特色小镇建设的一部分，是遵循创新、协调、绿色、开放、共享发展理念,具有明确产业定位、文化内涵和优势资源,兼具产业、文化、休闲和社区功能的农业特色产业发展集聚区。农业特色村镇不受行政建制限制,也不同于一般的农业产业园区,规划面积一般控制在3～5平方千米,核心区在1平方千米左右。

江苏省特别重视农业特色村镇,"田园牧歌"式的生活体验,是一代又一代人返璞归真的梦想。江苏省从2017年起启动"12311"创意休闲农业省级特色品牌培育计划,计划用3～5年时间培育100个农业特色小镇、200个休闲农业示范村、300个主题创意农园,构建一个全国领先的创意休闲农业互联网平台,每年举办一期创意休闲农业设计大赛展。其中,培育农业特色村镇,是扎实推进农业供给侧结构性改革的重要载体,旨在实现我省农业特色产业由"特"转"强"、"聚""合"升级。从2017年开始,全省分批培育100个左右主导产业特、农耕文化深、融合程度高、"双创"氛围浓、生态环境美、富民效应大的农业特色村镇,争取一批农业特色村镇列入省级特色村镇。

2.农业特色村镇的特征。

第一,地域基于农村。农业特色村镇是农业产业发展的载体,通过农业产业发展,起到吸纳周边农村剩余劳动力就业,带动周边农村发展的积极作用。因此农业特色村镇在地域上应基于农村,或辐射范围涵盖农村,这样才能将来自城市的资金、技术、信息、市场等要素直接有效地作用于农村发展,同时再经转换,反作用于城市。

第二,组织面向农村。培育农业特色村镇涉及定位农业产业类型、制定发展模式、规划发展前景、控制发展环境等环节,因此组织职能应直接面向农村,以确保培育工作的精准执行。

第三,功能服务农村。农业特色村镇是具有明确农业产业定位、农业文化内涵、乡村旅游资源和一定社区功能的平台,这一平台的核心任务在于发展农村经济,促进农民增收,为农业、农村和农民服务。

第四,农业产业聚集的平台。农业产业集群化发展是加快农业产业化进程和提升涉农产业竞争力的有效途径。农业特色村镇是农业产业化、现代化的先导区,因此在培育过程中,更应注重平台功能,使其具备吸引农业相关产业集聚、实现融合发展的环境或条件。

第五，农产品加工和交易的平台。《国务院办公厅关于进一步促进农产品加工业发展的意见》明确提出，到2020年农产品加工转化率达到68%，到2025年达到75%，基本接近发达国家农产品加工业发展水平。特色农产品是农业特色村镇的显著优势，因此在发展农产品的加工、销售、转化升值等方面，农业特色村镇应发挥积极作用，为促进农业提质增效和农民就业增收创造条件。

第六，以经济文化资源连接城乡的平台。当前我国经济实力已经具备了支撑城乡发展一体化的物质技术条件，城乡一体化需要一个能有效连接城乡的平台进行城乡生产要素、经济文化等资源的均衡配置。特色村镇由于受到城市和农村的双向辐射，发展具有明显的双向衔接特点，因此作为以经济文化资源连接城乡的平台，正是特色村镇担负的重要使命。

在当前农业特色小镇成为"创新建设焦点"的形势下，从当地经济社会发展实际出发探索建设思路，对推进农业供给侧结构性改革，培育农业农村发展新动能，实现吸纳周边农村剩余劳动力就业和带动农村发展具有重要意义。

3.农业特色村镇的类型。不同于军事重镇、矿业村镇、工业村镇，农业特色村镇围绕农业做文章。乡村的自然生态环境、民俗风情和传统风貌，具有丰富生物多样性的农业系统和农业景观，具有地域特色的优质农产品及相关农业产业等，都是农业村镇独有的特色资源。依托乡村优美生态环境、历史文化资源和农业生产发展，农业特色村镇大致可分为六种类型。

一是依托独特自然环境和农业景观的特色村镇。优美的生态环境和独特的农业景观是发展农村生态旅游，优化农民收入来源构成的重要资源。以此为依托的农业特色村镇不仅可以满足城乡居民不断提高和增长的新需求，同时也为农民增收增加新渠道。位于江苏兴化的垛田镇，即是以垛田景观成功促进当地一、二、三产融合发展。垛田是在湖荡纵横的沼泽地区，用开挖网状深沟或小河的泥土堆积而成的垛状高田，四周环水，各不相连，似水面上的万千小岛，故有"千岛之乡"的美誉。2014年，垛田传统农业系统凭借独特的土地利用方式和农业景观,以及突出的生产和生态功能,被联合国粮农组织评为全球重要农业文化遗产。每到清明时节,大小各异的垛田上开满金黄色的油菜花,成为当地特色景观,每年吸引游客近百万人。

二是依托优质农产品生产的农业特色村镇。目前,我国农产品供给存在着质量不高、优质农产品不多等问题,将增加优质农产品供给放在突出位置已成为农业供给侧结构性改革的重要内容,这也是依托优质农产品生产的特色村镇需要肩负的首要任务。无锡阳山镇的水蜜桃种植历史可追溯至南宋,距今已有700年之久,被誉为"中国水蜜桃之乡"。阳山镇现种植的水蜜桃品种是20世纪二三十年代从奉化引入,具有形美、色艳、味佳、肉细、皮韧易剥、汁多甘厚、味浓香溢、入口即化等特点,又被称作"玉露蜜桃"。阳山水蜜桃还可酿酒,加工罐头,制成桃干、桃脯和蜜饯等,桃树的根、叶、皮、花、果仁均可入药,附加值极高。2000年以来,阳山积极推动土地流转,改变经营模式,发展合作社和家庭农场,收效显著。近来,阳山通过电商平台,成功开启销售新模式,并以水蜜桃为依托,从单一农产品生产向多元化经营发展。

三是依托农产品加工的特色村镇。依托农产品加工的特色村镇是实现产城融合发展的有效途径,也是新一轮特色村镇建设中的热点。以"蚕桑文化小镇"震泽镇为例。震泽,地处"吴头越尾",是以太湖古称为名的千年古镇,自唐朝起震泽人就开始栽桑、缫丝、织绸,明清时期鼎盛一时,至今丝绸已经成为震泽的文化地标,融入了古镇的灵魂之中,蚕丝牵起了震泽的古往今来,震泽正串联起散落在古镇、古街、古宅中的蚕丝记忆,打造一条集农业观光、工业旅游、美食体验、生态休闲等于一体的丰润灵动的绿色经济产业链。

四是依托农产品贸易的特色村镇。公道镇依托本地资源,以高效、安全、优质为重点,着力打造具有公道特色的省级渔业产业园,目前园区已建成核心区5000亩。园区与300多户生产户建立了利益联结机制,已入驻红瑞、碧海等10家骨干养殖企业。园区养殖确立以养殖甲鱼、螃蟹为主,锦鲤、鳜鱼、小龙虾等"六小"品种搭配养殖为辅的模式,养殖品种发展到10多个,水产品年产量近3500吨,产值3亿多元,辐射带动周边5万亩特种水产养殖。

五是依托历史风貌的农业特色村镇。甪直镇是一座有着2500年历史的水乡古镇,以水多、桥多、巷多、古宅多、名人多著称。镇内水系纵横、古宅林立、古桥各异,遗迹众多,水乡特色浓郁,历史风貌完整,是"中国历史文化名镇""中国特色景观旅游名镇",被誉为"神州水乡第一镇"。以"水乡""名镇"为依托,甪直镇重点打造历史文化旅游产业,同时发展生态农业,突出特种水产养殖特色农业,持续提升"水乡第一镇"的特色品牌。

六是依托民俗风情的农业特色村镇。中华农业文明历史悠久,农业民俗多彩丰富,它们以不同的文化形式融入整个民族的精神世界和遗产宝库。方巷镇以渔业产业和渔文化融合打造扬州市渔文化博览产业园,园区内陆面积1500亩,湖区养殖面积13500亩,捕捞水面120000亩,大小船只1100艘。主要从事水产品养殖和捕捞、休闲渔业观光、渔家乐餐饮、渔家民宿、渔文化展示以及淡水鱼类科普宣传等。

4.收录标准。农业特色村镇是江苏特色村镇的最大宗,这与我国农业大国国情相符,也正因此,农业特色村镇往往与本书分类方式中的其他村镇有所重合,如历史经典、旅游休闲、健康养老等。道理也很简单,如历史经典村镇往往以传统农业为基础,耕读传家;旅游休闲村镇发展方向之一就是农业旅游,注重农业体验;健康养老亦是离不开对农业的亲近,否则何谈"健康"?

文中拣选最具代表性的农业特色村镇,尽量与其他类型村镇不再交叉,然而这只是理想状况,个案所列仍然具有其他类型特色村镇的部分功能,或者说一个健全的特色村镇就应当如此,这是无可厚非的。如中国特色小镇(2016)徐州邳州碾庄镇就拥有独具特色的农业现代化示范园区,但是它也是江苏省批准的历史文化名镇(淮海战役的首捷之地),它更是全国闻名的"五金之乡",镇域内形成五金电器工具(龙头)、板材、食品制造、棉纺织业四大支柱产业,其发展战略亦是围绕"建设省级特色产业园、打造宜业宜居新碾庄"发展定位,坚持"工业立镇、产业强镇",坚持产城融合,全力加快五金机械主导产业发展。所以我们认为碾庄镇应该归类到制造业村镇,以其主要矛盾为依归。

又如,果蔬采摘是2017年江苏农业特色小镇名录中最多的一类,比如,以阳山水蜜桃闻名天下的"蜜桃小镇"阳山镇、南京溧水区的"蓝莓小镇"白马镇、苏州吴中区的"枇杷小镇"东山金庭等,很自然地与休闲旅游衔接在了一起。南京浦口区永宁街道的"莲香小镇"就是一片以特色农业与休闲观光结合的美丽乡村,这里拥有南京最大、品种最全的观赏莲景点"荷博园",种植百余种精品观赏莲花,还有充分展示荷花特色的"莲文化馆"等;高淳桠溪镇的"慢城小镇"更以农业生态旅游跻身国家4A级旅游景区。在不少村镇,历史文化遗产成为其中的精髓,盐城东台五烈镇的"美丽田园小镇"专设村史馆,全面展示农村发展历程,馆藏实物2350件、文献资料4450件,百坊园内设戏坊、酒坊、手工坊、豆腐坊、老街坊等传统民间作坊,也是国家3A级旅游景点。

5.内部规律。总览之,江苏农业特色村镇分布广泛、种类丰富,但并非无规律可循,主要集中在苏中、苏北地区(本章未能尽显该特点),且均具有一定的农业基础,即历史时期就具有深厚的农业底蕴。就地域而言,集中在苏中、苏北地区,并不是说苏南不适合发展农业,而是由于苏南工业挤占农业,以及与江苏整体产业布局、历史遗留态势密切相关,有趣的是苏南农业特色村镇发展现状确优于苏北、苏中。

苏中、苏北农业村镇盲目上马第二、三产业恐怕也并非明智之举,适合自己的才是最好的,这不只是中国特色,更是文化自信。住建部在2017年7月提出特色小镇发展三个"不盲目"之一就是:"传承小镇传统文化,不盲目搬袭外来文化",学者以为,这不只是"不要拆除老房子、砍伐老树以及破坏具有历史印记的地物",不盲目转型村镇特色,亦是关键,特色村镇重在"特色",特色小镇《第二批申报通知》中指出"以旅游文化产业为主导的特色小镇推荐比例不超过三分之一",是大有深意的。

农业特色村镇继续细分又可分为传统农业特色村镇与现代农业特色村镇,当然二者你中有我、我中有你,均不可偏废,但有所侧重。如东山镇自古以来便有丰富的动植物资源,自然其传统特色林果种植在今天依然迸发活力,这些传统优势当然应大加利用;望亭镇是典型的主打现代农业,其智慧农业产业园已成为全镇乃至全县推广运用新品种、新技术的"窗口",成为高效农业发展的"样板"。

(二)农业特色村镇案例解析

在总论的基础上,各论以三大典型的农业特色村镇为案例,进行深入分析,展示它们作为农业特色村镇取得的成就。以下村镇均是江苏省农业特色小镇,极具研究的典型性,同时它们也是其他评价体系中的佼佼者。

1.苏州市吴中区东山镇。东山镇是首批国家级风景名胜区(1982),江苏省历史文化名镇(1995)、江苏省重点中心镇(2005)、江苏省历史文化名村(陆巷村,2006)、中国历史文化名镇(2010)、全国环境优美乡镇(2010)、江苏农业特色小镇(2017)。

图4-1 洞庭山万亩茶园

(1)基本情况:宋代,东山为建制镇,属吴县。东山镇又称洞庭东山,位于太湖东南岸东山半岛西南部,距苏州古城区37千米。常住人口5.3万余人,辖12个行政村和1个社区。国家5A级旅游景区。东山景区以其湖山秀美、花果成林的自然景观特色及民风淳厚、古宅名园众多的江南古镇、古村而著称,是太湖风景名胜区的沿湖重点景区,素以"鱼米之乡"名闻中外。自然风景,得天独厚;名胜古迹,星罗棋布;人文景观丰富,文化底蕴深厚,被誉为"天堂中的天堂,花园中的花园"。

东山镇是伸展于太湖东首一个长条形的半岛,也是太湖中最大的陆连岛。东山境内低山丘陵,绵延起伏,从北到南。一条东山山脉,把东山分为前山和后山两部分。山脉北东走向,长约10千米,宽3千米,山体为泥盆系石英砂、砾岩。主峰莫厘峰俗称"大尖顶",海拔293.5米。山前又布有山麓平原、冲积平原、滨湖水网平原等,山后仅有较少的山麓平原。北、南、西三面临湖,东南面连陆。莫厘峰分出三支脉,一支自北而东为芙蓉峰、翠峰;一支南向为九峰、小莫厘(即箬帽峰),其下为庙山;一支自北而西为丰圻、小长湾、尚锦、吴湾(洪湾)诸岭。

东山境内有37条河道。渡水港(具区港)北起小北湖口,西南至白浮门出太湖,纵贯境域,全长12千米。大缺口地处东山东北,横越东西,连接小北湖与东太湖,隔岸即渡村镇,全长3千米。雕鹗河通渡水港,在摆渡口与大缺口交汇入渡村境,与黄洋湾相接,旧时为东山通苏州的主要水道,全长3.5千米。

(2)动植物资源:东山境内植物种类较多,约500种。由于半岛山区、平原均被植物覆盖,水域中又含有丰富的水生植物,使植物资源丰富多彩。主要植物资源分布有:山区以果林茶树覆盖,山头瘠薄地带以薪炭林为主,还有部分国外松与果林混交。境内动物从水生、陆上动物到飞禽种类繁多,资源丰富。

(3)林果种植:东山山区有花果,平原出产蔬菜,滨湖低地种植桑树、养殖水产。盛产大佛手银杏、白毛板栗、柑橘、三山岛马眼枣等名特优花果,出产白切羊肉、太湖莼菜、牛舌头饼、藕粉、藕丝饼、绿豆饺等传统土特产品,尤以花果、茶叶、太湖大闸蟹和"太湖三白"(白鱼、白虾、银鱼)著名。东山是江苏省湖羊资源保护区,是重要的湖羊产地,白切羊肉又名山煨羊肉,产于西泾山禾家湾一带,已有200余年历史,为东山著名特产。

全镇有蔬菜、茶叶、果品等6个省级无公害农产品基地,"碧螺"牌、"古尚锦"牌、"吴侬"牌、"憨憨"牌、"御峰"牌、"莫厘"牌茶叶和"雨花绿"牌蔬菜、"碧螺"牌青虾、"碧螺"牌清水大闸蟹等9种农产品获得国家级绿色食品证书,"碧螺"牌枇杷和"莫厘峰"牌杨梅为省级名牌产品。

东山农产以果树、水产以及蔬菜为主,悠久的种养历史以及独特的小气候环境,孕育出一大批蜚声海内外的名特优品种,如白沙枇杷、洞庭银杏、碧螺春茶叶、太湖莼菜、河蚬、中华绒螯蟹等。全镇现有果树、茶叶种植面积3万多亩,是著名的花果山、鱼米乡。东山镇是中国碧螺春之乡,历史十大名茶之一"碧螺春"茶叶、"白沙枇杷"等一大批地方特色品种,已有1000多年栽培历史,在国内外享有很高的知名度。第二届"国饮杯"全国茶叶评比(第一阶段)于2012年7月20日圆满结束,由东山御封茶厂选送的"桶木红毫"红茶荣获一等奖。"桶木红毫"是东山御封茶厂新开发研制的红茶新品,该茶不同于滇红、祁红等红茶制作工艺,而是采用碧螺春原产地洞庭群体小叶种为原料,将碧螺春炒制工艺与现代微发酵红茶制作工艺相结合,打造而成的具有苏州地方特色的红茶新品。该茶汤色明亮,呈琥珀透明状,芽形卷曲带红毫,上口香、收口味甜。桶木红毫上市后,2013年的销量就已达到3000斤,产品供不应求。

2012年,全镇水稻种植面积1200亩,亩产550公斤,总产660吨;果品种植面积3万亩,总产30万担,其中夏果10万担,秋果20万担,总产值5000万元;茶树种植面积1万亩,茶叶总产100吨,其中碧螺春60吨,炒青40吨,总产值5000万元;水产养殖面积60000亩,水产品总产量4000吨,总产值40000万元。

东山有碧螺春茶文化旅游节(3月上旬至4月上旬)、枇杷节(5月下旬)、杨梅节(6月下旬)、太湖大闸蟹文化旅游节(9月下旬至10月下旬)、民俗风情节(9月下旬至10月下旬)、橘子采摘节(10中旬至12月中旬)等旅游节庆活动。

2.苏州市相城区望亭镇。望亭镇是江苏农业特色小镇(2017)。

(1)基本情况:望亭,古名"御亭",曾名"鹤溪"。唐代设望亭市,宋代设望亭镇,镇以亭名,一直沿用至今,是一座具有近两千年历史的古镇。

望亭镇位于苏州市相城区西北部,南接苏州高新区,北靠无锡高新技术开发区,西邻太湖,东临黄埭镇。望亭镇地处交通要道,水陆空交通网络俱全。东部沪宁高速、苏州环城高速公路近在咫尺,北距无锡硕放国际机场约 5 千米,京沪铁路、312 国道、京杭大运河、太阳路穿镇而过。全镇总面积 42.8 平方千米,现有 7 个行政村、3 个居委会,常住总人口 7 万余人。

望亭地处古代江水洲地区,今长江三角洲冲积平原的中心地带,太湖流域的中部,是太湖平原的一部分。地势低平,平均海拔 4 米(以青岛为基准,下同),最高处是华兴村的时埂上东,海拔为 9.2 米。海拔在 7 米以上的地方还有:新埂村北、新开河城头(7.3 米),长房村北、东长房城头(8.2 米),新杭村虾蝗潭北(7.7 米),何家角村吴县煤灰砖厂西(8.2 米),四旺村月城(7.5 米),太湖村下圩田东南(7.2 米)。最低处是太湖沿岸,宅基村的浪沙浜,海拔不到 3 米,最低处仅 2.3 米。其他地方地势平坦,海拔在 3~4 米。

(2)众创空间:御亭农产园新成立的众创空间,在苏州大市范围内的农业战线还不多见,它是专门给有想法、有创新的"种田人才"搭建的一个"大众创业、万众创新"的平台。

御亭农产园的众创空间,宛如优渥的土壤,让新一代职业农民茁壮成长。目前农产园已经吸引数家企业落户,甚至将智慧精准农业大数据云平台引入众创空间。农业大数据云平台,可以全方位获取存储、分析和可视化信息,为用户提供高效精准的农业大数据服务。这样的大数据平台,很好地体现了"互联网+农业""农业综合体"全新理念。智慧农业就是将物联网技术运用到传统农业中去,运用云媒体对农业生产实施全程控制,使传统农业更具有"智慧"。

望亭镇牢牢抓住自己鲜明的智慧农业这一产业特色,规划建设智慧农业特色村镇,以此加快产业转型和历史文化传承。他们充分利用御亭现代农业产业园的生态环境资源优势,突破发展瓶颈,打造沿太湖智慧农业特色村镇,发展具有望亭特色的"农文旅"。依傍太湖和京杭大运河得天独厚的优势,着重营造"一带两翼"景观区。以御亭路为中心的景观带由东及西连接起运河和太湖,沿太湖两翼构筑一个靓丽湖滨景观廊道。"一带两翼"中间点缀稻城花海、农家乐等,望亭整体环境面貌有望得到大幅提升。

望亭结合美丽村庄建设,构筑以智慧农业为特点的文化旅游,彰显生态江南水乡自然村落和太湖农耕文化特色。沿太湖呈现大片水稻田,与成片的农家乐、民宿融为一体,给远离田野自然的游客一次回归本真的机会。成片的水稻田融入健身元素,营造骑行圈等健身设施,并与特色水果、花卉功能区遥相呼应,组成原生态绿色田园风光。"宽心园"种植来自台湾的各种特色新奇水果,让游客流连忘返;一家马术俱乐部捷足先登,无疑给许多身处城市的市民有了一个骑马的机会。一个个匠心独具的项目,给望亭特色村镇平添许多韵味。

(3)棚内课堂:御亭现代农业产业园是苏州市"四个百万亩"主要基地之一,园内拥有万亩水稻良田示范区、苏州市菜篮子工程建设永久性蔬菜基地、为民食用菌基地、鱼菜共生实验基地、家庭农场等产业基地,拥有"金香溢"大米、"虞河"蔬菜、"巨美"大米、"葛老板"食用菌、"亚欧"葡萄、"林莓莓"草莓等知名农产品。

近年,御亭农产园积极推进产学研合作,重点搭建中英可持续集约化农业养分管理和水资源保护项目、省物联网应用示范工程建设单位、省企业院士工作站、省博士后创新实践基地、中国移动智慧农业概念展示馆、南京农业大学产学研合作基地、扬州大学园艺与植物保护学院教学实习基地、扬州大学商学院实践基地、苏州科技学院产学研合作基地等平台。2015年,苏州市农业科学院御亭现代农业科技创新中心揭牌成立,双方集聚人才、科研,深化产学研合作,加快智慧农业发展。

2011年前在望亭镇御亭现代农业产业园竞得江苏省首批智慧农业项目的同时,中科院南京土壤研究所院士朱兆良带领团队,到御亭现代农业产业园建起"院士工作站",对水稻、蔬菜生长的土壤进行研究,开发精准农业,将高等院校的课堂搬到田间。随之摄像头、传感器、信息接收箱等新设备的运用,宛如给农业装上一只"智慧大脑",从此苏州农民走上了"电脑种田"的科技兴农新路子。"人才智慧"推动"农业智慧",也带动整个园区的智能化建设和创新发展,打造出高等院校的"棚内课堂""园中学校"。一批博士生、硕士生相继将课堂里研究的课题,带到御亭农产园的田头,在田畈里搞科研。像林亚萍的智能草莓,沈永林的遥感科技,段礼强的信息化、智能化大数据传感技术,果实累累。硕士生林亚萍,智能化种草莓种出了名堂,她对草莓的生长温度、湿度、土壤成分等都进行智能控制,接下来,她还要给草莓网格化、装上监控,让市民认领一块草莓地,平时由她负责生产管理,认领者可通过监控随时了解草莓生长状况,等到草莓成熟时亲自下地采摘,体验收获乐趣。

现在御亭农产园的年轻职业农民,只要手捧一台iPad或者手机,就能浇水施肥,开关风机、天窗,连农产品销售也是网络化。这样的智慧种田,得益于高等学府的"棚内课堂",是它带来了新知识、新技术、新变化。

3.无锡市惠山区洛社镇。洛社镇是全国环境优美乡镇(2006)、国家卫生镇(2008)、全国文明镇(2008)、全国重点镇(2014)、江苏农业特色小镇(2017),并获得"全国环境优美乡镇"、"全国群众文化先进镇"、"全国亿万农民健身活动先进镇"、"全国文明村镇创建工作先进单位"等荣誉称号,两次荣获"中国乡镇之星"称号。

(1)基本情况:洛社镇位于无锡市西北侧。2004年2月,由原洛社镇、杨市镇、石塘湾镇三镇合并而成,是惠山区"一区四组团"中最大的一个组团,是无锡市主城区西侧的卫星城。全镇总面积93.45平方千米,总人口超过15万人(其中常住人口11.5万),设有32个行政村、5个社区居委。洛社镇东接无锡,西临常州,南依太湖,北近长江。京杭运河,312国道,京沪(高速)、沪宁、新长三条铁路,沪宁、锡澄、锡宜三条高速公路或穿境而过,或毗邻相伴,水陆交通十分便利,距无锡市区约12千米。

洛社镇是江南历史文化名镇,距今已有1600多年的历史,自古文教昌明,人杰地灵,物阜民丰。20世纪以来,洛社工商业颇具盛名,素有"小无锡"的美誉,是苏南乡镇企业的发祥地之一。

(2)六次产业:洛社镇的农业发展独具特色,形成了万亩桃园、特种水产养殖、乳鸽、畜禽、苗圃等特色农业。优质稻米基地、精细蔬菜基地、南洋生态养殖园等3个项目列入了无锡市都市农业建设项目。

目前全镇拥有工业企业1200多家,其中太锅集团和天奇集团被认定为国家级重点高新技术企业,"天奇物流"在深圳中小企业板成功上市,成为无锡市中小企业第一股。工业园区建设取得重大进展,原洛社、杨市、石塘湾三个园区优化组合,重新确定发展定位,发展优势显现,获无锡市"先进重点开放园区"称号。杨市金属表面处理科技工业园创出了特色品牌,是经江苏省环境保护局正式批准设立的全省唯一一家以表面处理及相关行业为特色的主题园区。

近年来,洛社镇在挖潜"工商名镇,活力洛社"的同时,大力发展现代农业,力促"六次产业"在当地发芽生长。洛社镇引进先进理念及技术,打造文化创意品牌,建立智慧化"六次产业"基地,推动当地农业转型发展,改善农村生态环境,服务新时代农民,致力于打造一个真正意义上的美丽乡村。

六次产业,是基于农业的完整产业体系。所谓六次产业,并非六个垂直的发展阶段,而是"1 2 3"的结构。"1"是指农业经济的一级部分,也就是一产,是原材料的生产阶段。"2"是指农业经济的二级部分,也就是二产,是原材料的加工制造阶段。"3"是指农业经济的三级部分,也就是三产,是直至消费者手中的运输、销售等服务环节的部分。比如草莓,种植草莓到采收是为一产;草莓加工成草莓酱、草莓蛋糕等是为二产,是原材料的加工制造阶段;将草莓及草莓制品运到市场销售,或由此产生的旅游、服务、互联网销售等环节是为三产。它们之间是1、2、3相乘的关系,意味着它们之间缺一不可,也就是说:如果其一为零,结果只能是零。而之所以称为六次产业,表示这是它们共同作用的成果。六次产业从结构上已经包含了二产和三产,所以也就超越了传统意义上的农业。

(3)尚田农业核心区:尚田农业核心区规划建设面积3000亩,其中核心区1000亩。尚田集团要打造的是全国首家从生产、加工、行销到服务的六次产业示范园区,因此很多时候都是摸着石头过河。尚田自2011年末开始,以振兴农业、建设农村、惠泽农民为宗旨,依循六次产业之理念,按照政府引导、企业主导、群众参与的方式,园区持续建设至今。

尚田是基于六次产业理念,以精致农业为根本,以"一带、二区、三基地"的核心建设理念,依托万马村纯天然、无污染的天然水系资源,打造的一个具有江南水乡特色的水、宅、田型田园风光区。

一带：以万马村东西走向的天然水系为自然景观带，形成一条具有江南农耕文化特色的观光体验线路。

二区：①以尚田主体为核心区域，打造一个具备种植、养殖、加工、园林景观、亲子体验、教育培训、摄影基地、餐饮、民宿、农疗养生、工艺作坊、文化创意、休闲游憩等多功能的六次产业旗舰示范区；②以四号、五号农场为主体，打造一个种植高端生菜的体验农场和水草农场。植入传统手工艺的作坊及民宿，使该区成为一个集水草文化、素食文化、传统工艺文化于一体的水、田、村宅型的江南原生村落形态，使本项目成为具有六次产业功能的重点展示区。

三基地：①葡萄种植基地；②蔬菜瓜果种植基地；③稻麦等主食种植基地。

园区内拥有餐饮区、主题民宿区、户外活动区、亲子乐园、主题花园区、种植区、食品工厂等项目。其中餐饮区分为婚礼主题酒店——蒙德里安主题酒店和商务主题酒店——上林苑；户外活动区有攀岩、游艇、烧烤、垂钓、露营等项目；主题花园区包括紫藤园、玫瑰园、盆景园、兰花园及英式主题摄影花园；种植区包括20个家庭农场、四季果树采摘、开心农场；食品工厂分为熟食加工和生鲜加工。

"尚田生活·蒙德里安"一站式婚礼中心拥有一支专业的策划团队，为每对新人量身定制属于他们的独特婚礼，还可策划创意公司企业年会等会务会议接待；园区内有草坪、香草园、欧式礼堂、人工湖和沙滩等，可以满足不同的风格需求；360度全透明玻璃阳光房可同时容纳1500人就餐，品尝美食的同时尚田美景尽收眼底。在尚田参加婚礼，宾客们会陶醉于尚田的自然美景，畅玩园中各种项目，在采摘园体验田园快乐，在烧烤区大快朵颐，在party上尽情欢唱，享受园区美丽的夜景。

园区里还有很多互动场所，如亲子农场，游客可以在这里观赏各类牛、羊、矮脚马等动物，还可以学习如何挤奶。有一个大棚专供亲子家庭普及农业知识，孩子和家长可以在地里摘菜。园区内还在打造20栋主题民宿，每栋民宿都有一个鲜明的主题，届时将带给游客更有特色的居住体验。

尚田农业园区交通条件极其优良,惠山高铁站、沪宁高速玉祁出口、沪宜高速盛岸路出口、沪蓉高速常州戚墅堰出口、312国道、西环线、京杭运河等毗邻左右。随着无锡六次产业示范园区的示范先行,将给附近多地旅客多一个到惠山站下车的理由,也将激发惠山城铁站的活力,从而带动惠山城铁经济圈,进一步为无锡的发展带来名气、商气、人气。同时无锡旅游集散中心的顺利落户,伴随着西环线等交通要道的通车,能够有效对接阳山、灵山、鼋头渚、马山等风景名胜区,真正实现旅客能到无锡住一晚的旅游。2017年正式开园运营后,5年内游客人次将达到100万。在尚田,能找到的并不仅仅是一处世外桃源,更是一种生活方式。

(三) 农业特色村镇的问题与思考

近年来,随着市民下乡的热潮,江苏大都市周边的乡村采摘园、农家乐、民宿等乡村休闲热度不减,国家旅游局、农业部等多部门也多次出台政策推动并鼓励其发展壮大。可以想见,农业特色村镇将成为特色村镇建设中的一条捷径,但农业特色村镇的打造,远非如此简单。如果不从最初就考虑企业化运营,不考虑利润,农业类特色村镇会"死"得很难看。不只农业特色村镇,所有特色村镇都必须要经由消费链条来检验,从消费端考虑出路。

1.建设农业特色村镇中存在的问题。

(1)主导产业链条不紧,产业化水平不高。有的农业生产基地基础设施薄弱,受自然风险影响较大;有的没有实行标准化生产,科技水平不高,农产品质量安全无法保证;有的农业经营主体组织化程度偏低,技术管理服务人才不足,缺乏相应的支持引导政策;有的农业产业链条不完整,加工或者流通跟不上,产业化水平不高;有的分工不合理,存在恶性竞争现象。

即使是农业特色突出的村镇,很多特色农业项目或相关上下游企业分散在几十平方千米范围的集聚区和园区里,布局过散,很难形成产业规模优势。大部分的特色村镇往往只是一个概念性项目名称,缺乏实质的产业项目和投资主体。对一些特色项目缺乏利用旅游业等第三产业实现产业融合发展的意识,资源整合弱、项目组合少;一些农业项目距离城区较远,产城融合发展程度较低;一些项目周围自然环境待改善,与互联网、旅游等第三产业融合发展困难不小。

(2)产业缺特色,同质化严重。就目前江苏的绝大部分农业建制镇来说,主导产业特色并不鲜明,多地谋划的农业生态、休闲、健康和养生等类型的特色村镇,名称相近、内容相似、实质相同,产业层次不高,缺乏与众不同的特色。在全市范围内都有"撞衫"的高概率,更别说在全省甚至全国范围内做到别具一格了。

有的村镇政府看到特色村镇的概念就眼前发亮、热情高涨,以为荣获特色村镇的称号就可以大规模开展城镇化建设了。有的喜欢大手笔、大规划,强调"高、新、奇""宽、大、洋"等形象工程,建设明显超过自身发展阶段。有的没有贯彻"以人为本"的理念,将特色村镇房地产化,把原有的产业"特色"变成了房地产一家独大的"单色",人为抬高了居民的生活成本,背离了小城镇低成本创业就业的初衷。有的没有充分挖掘地方特色文化,使得特色村镇建筑风格千镇一面。

(3)由于资金、土地、政策的缺陷,人才大量流失。一方面,我国等级化的行政管理体制造成了小城镇在财政、土地、人才、政策等方面无法与高等级的政府相比;另一方面,小城镇缺乏科学规划和政策引导,没有与市场协同发力。以上原因,使得小城镇基础设施和基本公共服务滞后,造成人口减少和人才流失。

农业特色村镇是一个结合农业、文化、旅游和生产、生活、生态融合发展的综合体,其对相关人才的需求也远高于以往的小城镇建设。调查发现,目前特色村镇建设不仅需要大量规划设计、经营管理、市场营销和社会治理等方面的复合型人才,而且伴随着电商、微商等新经济模式的快速发展,亟需电商交易平台综合服务、支撑服务以及美工、摄影等方面的人才,而电商人才引进难、留住难等问题制约了村镇的产业升级和品牌化运作。

(4)宣传推广力度不足。农业特色村镇建设需要通过产业、文化、旅游以及居住等功能的叠加来激发潜力拓展空间,需要通过人口聚集效应带动整个区域的发展,这在一定程度上有赖于精准化的宣传和品牌化的推广。目前江苏一些具有独特风貌和产业优势的农业特色村镇还没能被外界所了解和熟知,这对于吸引投资和聚集人气都不利。虽然105个江苏省农业特色小镇名录的颁布有利于江苏农业特色村镇的宣传,但各级政府在农业特色村镇的宣传推广方面尚需下大力气,宣传手段和途径还有待多元化,宣传内容也有待整合、升级和完善。

2.对农业特色村镇的规划建议。农业特色村镇必须是一个集农业科技、生态旅游、文化游乐、教育培训、养生保健于一体的共同体。借助当地优质农业产品,打造农业特色村镇也将成为农业供给侧改革的抓手,农业特色村镇将成为职业农民、大众创业创新的支撑地。

未来随着可追溯体系等"互联网+"功能,农产品个人定制营销、全生产过程展示营销、特殊地理标识营销、种植环境的远距离视频体验式营销等多种互联网营销新模式等元素注入农业特色村镇,村镇将具备候鸟式旅游、康养养老、农业体验等功能。

首先,政府引导,企业主体,市场化运作。政府的作用体现在政策引导、规划发展、文化内涵挖掘、整合资源、基础设施配套,搭建项目推荐平台、招商引资平台、审批服务平台、金融扶持平台等方面,政府服务要配套化。投资主体要市场化,每个村镇要通过招商引资确立一个投资主体,可以是国有投资公司,也可以是民营企业,由企业主导项目建设。集约利用土地基础,给予城乡建设用地增减挂钩指标支持,对不同村镇确定的开发主题、特色产业做好统筹规划、差异化定位,避免同质化竞争、重复建设。农业特色村镇在建设过程中破解资金难题、拓宽融资渠道尤为重要,可综合运用发行债券、融资租赁、产业基金、收益信托、PPP模式等不同手段,破解资金难题。

其次,树立服务意识,强化人才支撑。对农业特色村镇而言,特色主题定位、特色产业发展、新业态经济运作都需要人才引领,若没有外来人才的注入,单单靠本地村镇居民恐怕难以担此重任。因此,特色村镇的人才引进、培养工作必须引起高度重视。资源配置中政府与市场的关系尤为重要,人才支撑也同样需要政府人才和市场人才的相辅相成,即提高基层领导干部的能力素质和引进创新创业的企业家人才。同时,对创新创业的市场人才,要创新人才引进、管理、服务的体制机制,为人才创新创业提供好的平台和环境,在基础设施等硬件方面力求完善的同时,还要在人才监管考评及人才引进后的教育、医疗、住房、养老等服务的软件方面体现出特色村镇的环境吸引力。

再次,广泛宣传发动,推介典型示范。努力提升农业特色村镇的知晓度,加大对外宣传力度。组织开展农业特色村镇试点示范,从设备、资金和人才等方面给予重点扶持,通过整体功能的叠加,统观发展效应,以探索不同区域、不同资源类型的农业特色村镇建设的有效模式,形成先进典型,及时总结经验并加以推广应用。培育壮大龙头企业,支持和引导龙头企业创办或领办各类专业合作组织,帮助农民专业合作社和农户入股龙头企业,鼓励农民专业合作社兴办龙头企业,实现龙头企业与农民专业合作社深度融合。引导企业开展技术升级改造和市场拓展,帮助企业积极申报国家级和省级龙头企业。积极组织区内企业参加各类农产品展销会、洽谈会等,提高品牌知名度。

复次,产业融合发展,特色产业立镇。一是现代农业产业能够达到基础设施工程化、产地环境生态化、生产手段机械化、科学技术集成化、生产过程标准化、生产服务社会化、经营管理信息化、现代农民职业化。对于农林牧渔特色产业,要牢固树立以质取胜的理念,注重在品牌农业方面发力;二是农产品加工能够做到绿色化、园区化、集群化、品牌化。依托特色农产品或深加工产品,打造一批优势特色明显的农业区域公用品牌、企业品牌和产品品牌,实现品牌溢价;三是商贸物流能够做到智能化、网络化、一体化。利用大数据、物联网、云计算、移动互联网等新一代信息技术,培育发展网络化、智能化、精细化现代流通新模式,积极发展电子商务、农商直供、加工体验、中央厨房等新业态;四是文化传承要做到商业化、通俗化、参与化,挖掘具有当地特色的历史文化、民俗风情、自然资源和特色产业等,形成特色村镇的辅助产业,构建特色村镇品牌。还要把民俗风情文化进行景观化打造,让人一看到景观就能联想到村镇。

最后,针对苏北地区,要选对产业建好农业特色村镇。首先,所选择的农产品产业必须具有巨大的市场价值和市场需求,如铁富镇银杏除了药用和食用等其他使用价值之外,还有极高的观赏价值;其次,所选择产业应当是当地或者能成为当地地道的农产品,或者是具有地域特色的农产品,在市场价值中占有唯一性或排他性。此外,所选择产业还需要具有扶贫价值。苏北地区的特色村镇有着庞大的低收入贫困人群,因此所选择产业的技术门槛相对而言应该低一些,需要有可普及的特点,以便于贫困地区的引进和推广。同时,扶贫地区由于有着产品扶贫资金等优势,可以在资金上对优质农产品的推广给予扶持。

优质产业要有大型品牌企业牵头参与。无论是中西部农业贫困地区产业脱贫,还是打造农业特色村镇发展优质产业,都需要引进并依靠大型农业品牌企业。实践证明,再优质的农产品也需要通过发达的销售网络进入大城市。由于缺乏品牌和渠道,往往造成农产品在丰产后出现滞销。农业产业扶贫的新模式不能是一个企业的单打独斗,要形成可复制、可推广的扶贫模式,并动员更多的上下游合作企业伙伴、经销商等社会资源参与进来。农业扶贫类特色村镇发挥龙头企业的示范带头作用至关重要,苏北贫困地区特色村镇急需优质产业板块注入,而有品牌、渠道和市场的大型企业集团的参与将起到产业带动的引擎效果。大企业所带的高附加值、全产业链正是特色村镇兴建所必需的要素环节。

总之,农业特色村镇规划应结合现代农业进行统筹规划,融合农业产业发展,把农业产业的规划布局、发展方向、重点项目内容,在全域范围进行城镇空间协调以及市政基础设施协调规划,通过现代农业+小城镇,构建产城一体、农旅双链、区域融合发展的生态发展经济态势——新田园特色村镇。

农业特色村镇建设需要生态农业与开展生态乡村建设统筹发展,积极调整农业产业结构,发展"高产、优质、高效、安全、生态"的现代农业,实现农业发达、农村繁荣、农民富裕,生态农业统筹发展。为加快土地流转,构建标准化农业产业园区,引进新品种,与科研院所相结合,引进先进农业技术,构建生态循环农业技术体系,打造生态农业产品品牌;结合农村宜居环境建设,融合休闲农业观光,开展乡村民宿、文化体验等第三产业,从而推动美丽乡村农业产业结构调整和农业特色村镇建设。

三、江苏制造业特色村镇

制造业特色村镇是指依托制造业优势,具有明确的特色制造业定位的村镇类型。

江苏是我国民族工业发祥地、乡镇企业发源地,制造业发展历史悠久,以机械、电子、石化、轻工、纺织、冶金、医药、建材等八大行业为代表的制造业总量规模全国领先,拥有门类齐全的生产体系、庞大的产业工人队伍、巨大的运输网络和消费市场。拥有47家全国500强企业(2017)、56家中国制造500强企业(2017)、125家营业收入超百亿工业企业(2016)。2016年,江苏省制造业总产值达到15.3万亿元,约占全国的1/8、全球的3%,居全国第一位。作为制造业大省,江苏的制造业资源优势显著,入选国家级特色小镇名录的22个特色小镇大多是经济总量较大、规模较大的工业强镇,未来发展潜力巨大。25家省级特色小镇创建名单中,也有近1/3聚焦高端制造产业。

当前,全球制造业正在经历颠覆性变革,江苏制造业也正处于转型升级的关键阶段。在江苏全省制造业大会上,李强指出:《中国制造2025江苏行动纲要》已经明确到2025年建成国内领先、有国际影响力的制造强省,江苏"十三五"规划纲要也提出把江苏建成具有全球影响力的产业科技创新中心和具有国际竞争力的先进制造业基地。因此,江苏的制造业特色村镇建设既要依托具有深厚基础和优势地位的传统制造业,同时也要推进从"制造大省"向"制造强省"的转型,积极发展智能装备、节能环保、航空航天、海洋工程、轨道交通、新能源和新材料、生命健康等主导产业,培育适合特色小镇集聚发展的高端制造业。

(一) 江苏制造业特色村镇概述

1.江苏制造业特色村镇的界定。制造业是实体经济的关键,长期以来,江苏省GDP的排名基本稳居全国第二位。在江苏,聚集着300多家世界500强企业,其中大部分集中于制造业,江苏制造业对地区经济增长具有举足轻重的影响,是驱动地区经济持续、健康发展的核心动力。特别是将制造业作为创新建设的依托,以高新技术引领产业升级、技术进步,是江苏省发展工业强省的重要环节。

江苏省政府在《关于培育创建江苏特色小镇的指导意见》中提出,特色小镇根据产业定位分为七大类型:新一代信息技术、高端制造、创意创业、健康养老、现代农业、旅游风情、历史经典。江苏特色小镇将始终贯彻"聚力创新、聚焦富民"精神,力争从发展理念、产业技术、运营机制、投融资模式四个方面不断创新和突破,使特色小镇成为一种新型"产业社区",强调产业创新性、体量适宜性、环境人本性。高端制造业小镇主导产业为智能装备、节能环保、航空航天、海洋工程、轨道交通、新能源和新材料、生命健康等具有比较优势,适合特色小镇集聚发展的高端制造业。

(二) 江苏制造业特色村镇概况

目前,江苏制造业特色村镇大致可分为以下两个层次。

第一个层次是国家级制造业特色村镇,即"中国特色小(城)镇"中的制造业特色小镇。据统计,在第一批和第二批的中国特色小镇名单中,江苏省有9个小镇以其独有的制造业大力发展小镇产业。丁蜀镇是全国乃至世界最重要的陶瓷生产基地和陶瓷产品销售集散地;震泽镇打造"丝绸小镇",突出丝绸产业;铁富镇以当地特色银杏为主体,充分挖掘银杏的相关附加值,增加其价值链,从而为铁富镇的银杏品牌建设奠定了基础;新桥镇的工业以毛纺织为主,有机械、化工、建材、服装等,被誉为江南"毛纺之乡";杭集镇又称"中国牙刷之都",以牙刷产业为主导,站在国内牙刷制造产业的前沿;戴南镇是中国著名的不锈钢强镇,不锈钢产量在江苏省名列前茅;黄桥镇被誉为"中国提琴产业之都",以提琴产业为主导,向吉他、钢琴、古筝、手风琴、管乐等多系列乐器方向发展;孟河镇是全国汽摩配件名镇,被誉为"中国汽摩配件之乡";搬经镇主攻"汽车零部件、电子新材料、长寿养生食品"三大产业。在这9个小镇中,无锡的新桥镇同时还被列为江苏省级特色小镇,属于江苏省高端制造业小镇。

第二个层次是省级高端制造业特色村镇。2017年5月初,经过申报、考察、评选,江苏省特色小镇培育创建工作联席会议研究,并报请省委省政府领导同意,江苏省发展和改革委员会公布了首批25家省级特色小镇创建名单,其中产业聚焦高端制造类小镇有7家。

(三) 江苏制造业特色村镇案例解析

1."中国陶都"宜兴市丁蜀镇。

(1)基本概况:宜兴市丁蜀镇地处江苏省最南端,东临太湖、南靠浙江,位于长三角沪宁杭区域的几何中心。镇域面积205平方千米,建成区面积25.39平方千米,下辖28个行政村、18个社区,户籍人口14.87万人、常住人口23万人。丁蜀镇以盛产陶瓷而闻名中外,陶文化源远流长,制陶历史可追溯到5000多年前,目前是我国乃至世界最重要的陶瓷生产基地和陶瓷产品销售集散地,被誉为"中国陶都"。2016年10月14日,丁蜀镇被住建部评为第一批中国特色小镇之一。

丁蜀镇是江苏省宜兴市境内山区与水乡的交界地,其西南是天目山余脉的南山山区,有丰富的竹木薪炭资源,特别是蕴藏在泥盆系石英砂岩上部的原生沉积型黏土质岩,是制造陶器最理想的原料;东北直通太湖,河汊密布,交通运输畅达。这两方面是本地陶业得以兴盛不衰的物质基础。丁蜀镇艺术陶瓷名扬天下,其中紫砂陶是最具影响力的名片。近年来,丁蜀镇依据艺术陶瓷发展特点,通过推进专业市场建设、加强陶艺会展交流、抓好陶瓷技艺传承、发挥领军人物作用、强化行业协会建设、规范陶土资源管理等举措,有效促进了艺术陶瓷发展。数据统计,目前丁蜀镇共有紫砂制作者4万多人、产业配套人员6万多人,从业人数占常住人口的43.5%。当地拥有紫砂专业合作社67个、紫砂企业400多家、紫砂家庭作坊12000多家。2015年,丁蜀镇紫砂产业实现产值78亿元,带动实现文化产业增加值14.5亿元,实现旅游总收入7亿多元,是名副其实的富民产业。

(2)产业建设。

1)强化载体建设:利用丁蜀镇作为国家知名陶瓷产区的优势,抓好"江苏宜兴陶瓷产业园区"这一省级园区的规划建设工作,改进和创新对入园企业的扶持服务。

2)加强"政产学研"工作,提升了丁蜀镇陶瓷产业核心竞争力:建成省级高新技术企业、省级工程中心、省级研究生工作站、千人专家工作站。

3)抓好孵化器建设,可持续发展陶瓷产业:丁蜀镇与省级专业研究机构——江苏省陶瓷研究所合作,共同出资成立宜兴陶瓷新材料孵化器,成为全国重要的工业陶瓷生产基地。

4)推进专业市场建设:建成紫砂一厂、宜兴陶瓷产业园区、中国陶都陶瓷城等一批专业市场,建成恒隆紫砂电商园等一批电子商务平台。

江苏宜兴陶瓷产业园区于2006年7月通过国家发改委审核批准为省级经济技术开发区,园区规划面积12平方千米,涵盖高档陶瓷区、韩资集聚区、高新产业区三个部分,是特色鲜明的陶瓷主题园区、新兴产业汇集地、创新发展的重要载体。园区将在大力发展高端陶瓷产业、形成完整陶瓷产业体系的同时,着力发展机械、电子、环保、生物、新型材料等支柱产业、高科技产业,并大力发展研发中心、物流中心等现代服务业,使园区成为一流的省级经济技术开发区。

中国陶都陶瓷城紧靠城区西侧,北近西山,南至民主路,西至新104国道,东临城区,是无锡市重点项目之一,是宜兴市的重点市场。它将丁蜀的陶瓷优势与现代服务发展以及城市规划建设有机结合起来,打造紫砂陶、日用陶、工艺陶、化工陶为核心的中国最大综合性陶瓷商贸城;彰显购物、营销、会展、旅游、餐饮、休闲、电子商务、仓储七大功能,形成以陶瓷商品展示交易为主,以文化旅游、休闲消费为辅的集约化、多功能的大型现代特色旅游商贸城。

(3)未来发展

1)寻求"经典产业"的突破与创新:"紫砂特色小镇"以紫砂这一历史经典产业为主导,无疑拥有良好的发展基础。然而,特色小镇建设不仅仅是简单集聚既有的特色优势产业并提供配套服务,更需要以此为契机寻求突破和创新。一方面,受成型和烧制环节的材料特性所限,紫砂陶器制作相比于瓷器,更多的是承袭了经典的传统工艺样式,产品自身层面的创新相对缺乏,因此,"紫砂特色小镇"需要引导传统的工艺美术进一步与真正意义上的创新设计、创意产业和其他消费品类的设计、制造、销售进行"跨界"融合,并有意识地提供加强创意版权、知识产权保护方面的针对性服务平台,以充分保障创新价值的体现和创新成果的转化;另一方面,紫砂产业虽然总体规模可观,但产业布局和组织较为分散,所谓"龙头"并不突出,如何在有限的小镇空间范围内,利用目前已初步形成品牌特色的各个"大师工作室"进一步吸引投资,实现紫砂产业"小而精""特而强"的提升发展,造就领军企业(家),则需要"紫砂特色小镇"结合紫砂产业自身特点加强体制机制的开拓和创新探索。

2)依托紫砂产业文化空间的保护、利用和展示,开展文化旅游:地域特色文化及其相关的承载历史记忆的空间载体,是开展文化旅游必须依托的核心资源。紫砂文化的最大特色在于其"产业文化遗产"的属性,体现于由"原料开采——生产——运输——销售——工艺培训"构成的完整"流程链"中,且在不同历史时期表现为差异化的生产工艺特征和空间分布,并通过一系列的"历史空间遗存链"加以展示。

因此,"紫砂特色小镇"的文化旅游应充分挖掘紫砂的产业文化遗产特色:景区、景点的选择和一些体验类项目、服务空间的设置,应围绕"原料开采——生产——运输——销售——工艺培训"各环节的历史空间遗存和当代特色空间载体,精心组织,有序开展;旅游线路的策划也应尽量利用与紫砂文化相关的"遗产廊道",结合慢行绿道、水上旅游设置,提供多元化的特色体验;以此为框架,加强小镇整体的景观环境建设,突出文化内涵,使小镇整体成为宜业宜游宜居的特色景区。

2."中国蚕丝之乡"苏州市震泽镇。

(1)基本概况:震泽,太湖古称,地处"吴头越尾"。作为苏州市吴江区的西大门,距上海90千米、苏州54千米、杭州75千米,处沪苏浙经济圈中心地带。2013年,震泽镇行政区总面积95.6平方千米,其中市镇面积5.3平方千米,辖23个行政村、5个社区。震泽镇先后被评为"中国亚麻蚕丝被家纺名镇""中国蚕丝被之乡""国家卫生镇""全国环境优美镇""江苏省历史文化名镇"等。

(2)产业发展:震泽的历史是一部蚕丝的历史。唐朝时已是蚕丝之乡,育蚕缫丝十分普遍,成为当地农家重要的副业和主要的经济来源。清朝中期后,震泽蚕丝业进入鼎盛时期,"辑里湖丝"远销海外。改革开放后,该镇蚕丝产业形成了较为完整的产业链,企业数不断扩充,虹丰、新民、晋昌三家缫丝厂,60多家绢纺厂、100多家蚕丝被厂和真丝服装加工厂齐聚震泽。据了解,截至2015年,全镇丝绸企业拥有品牌300多个,其中4个省著名商标、4个省名牌,20个苏州名牌企业。

"天下丝绸品,震泽占三成"。经过多年发展,震泽已聚集太湖雪、慈云、山水、丝立方、辑里"五朵金花"为代表的上百家丝绸企业,形成"金花领衔、小花紧跟、百花齐放"的良好发展格局,拥有从种桑养蚕、煮茧缫丝到织服成被的完整产业链,全行业年销售突破10亿元,自2011年起连续5年保持20%以上增长,创造近万个就业岗位。太湖雪不仅在全国大中城市设有300多家直营、加盟店,还远销美国、俄罗斯、芬兰、港澳台等30多个国家和地区,2014年实现销售额过亿元。丝立方纺织科技有限公司也是创新不断。尤其是丝绸画制作技术逐步成熟,悄然走红市场,产品逐步从丝绸画拓展到各种可定制的丝绸文化产品,相继推出了真丝挂历、真丝抱枕等高端定制丝绸文化创新产品。根植于震泽雄厚丝绸产业基础的吴江丝绸文化创意产业园,每个楼面都得到妥帖而精细的规划利用,除了展区,还有文化创客空间、培训大厅、展示秀场和氛围古雅的咖啡厅等等,震泽丝绸业的"五朵金花"各展所能。

3. 邳州市铁富镇。

(1)基本概况:铁富镇为邳州市辖镇,位于市境北部,距市区20千米,310国道和250省道邳苍公路、南京路北延在境内交会通过。镇内建有国家银杏生产基地、农业部高效农业示范基地、江苏省粮食丰产示范基地,还有国内最大的年产银杏黄酮25吨生产线和银杏综合博物馆。铁富镇银杏栽培可上溯至汉代,是著名的银杏之乡,现有百年以上的古银杏树1000余株。20世纪90年代初,当地村民广植银杏,形成了总面积8万多亩的"银杏林海",于1999年建成国家级银杏展览馆,至今已成为全国著名的银杏旅游景点。

(2)产业发展:铁富镇以发展银杏资源产业为龙头,推动银杏一、二、三产贯通发展,成功将"一棵树"打造成"一棵树的风景"。拥有银杏成片园8万亩,引进和发展银杏酮酯、银杏胶囊、银杏叶颗粒等制药项目,开发银杏终端产品,提高银杏果、叶深度开发水平。以"银杏"为链,引导产业朝保健食品、生物医药、化妆护肤等延伸,拉长了银杏产业的链条,吸引了一批创新能力强、成长性高的银杏关联产业落户,银杏产业集群效应明显增强。2015年,邳州市拥有银杏食品、保健品类银杏加工企业70多家,吸引投资近1.3亿元,开发了"银杏神"系列酒、银杏茶、银杏冲剂等30多个产品,涌现了"绿港"牌、"姊妹树"牌银杏茶和"雪脉通"银杏胶囊等著名商标。[1]依托银杏,相应地发展水上公园、银杏盆景园、艾山九龙沟自然风景区等具有地方特色和现代时尚的新型观光旅游产业带。铁富镇还加大银杏相关产品开发力度,利用中外融资、外商投资等手段,逐步实现由农业强镇向工业重镇发展的战略转移。

4."中国牙刷之都"扬州市杭集镇。

(1)基本概况:杭集镇是江苏省扬州市生态科技新城(扬州市东郊)的一个镇,宁通高速公路从镇内横贯东西,在建中的泰李高公路、沪陕高速也在境内设有道口,交通十分便捷。该镇传统手工业历史悠久,其中牙刷最为出名。2003年,杭集镇被中国轻工业联合会授予"中国牙刷之都"称号,2005年、2006年入选"中国千强镇",2008年中国日用杂品工业协会、中国塑料加工工业协会又授予杭集镇"中国酒店日用品之都"称号。扬州杭集高新技术产业开发区现有工业企业500余家,从事酒店日用品生产的个体工商户近5000户。

(2)产业建设:杭集工业园立足于高起点规划、高标准建设、适度超前完善基础设施。

1)集中产业,建成生产基地:杭集镇在"中国牙刷之都"的名牌效应下,根据"以牙刷产业为主导,以日化产业为延伸,以新型包装材料产业为支持"的产业发展思路,培育壮大了中国民企500强江苏三笑集团、江苏琼花集团以及五爱刷业、明星牙刷等一批骨干企业;同时还依托独特的产业优势,引进内外资项目,集聚了以世界500强美国高露洁公司和琼花高科、两面针股份、山鹰纸业等三家上市公司为代表的一批优势项目。欧盟最大的妇女卫生用品企业比利时安泰士公司又落户园区,一期投入600万欧元,可新增产值3亿元;美国高露洁公司又

---

① 董莉. 江苏邳州建造银信"绿色银行"[J]. 中国县域经济报,2015(12).

新增资金1500万美元,扩大牙刷生产规模,建成全球最大的牙刷生产基地,项目总投资已超过1亿美元。牙刷生产形成了设计、生产、销售等分工协作的产业链,构成了完整的地方生产系统。持续创新推进了企业的深度发展,重视研发和新技术推广使杭集牙刷的内在质量和外观设计已能与国外大企业相媲美,"杭集牙刷"当之无愧地站在了国内牙刷产业的最前沿。

2)成立中国牙刷博物馆:牙刷产业是杭集镇的传统产业,迄今已有300多年的历史。2011年,杭集成立"中国牙刷博物馆",陈展面积达800余平方米,总投资近1000万元,是全国乃至世界唯一的以牙刷命名的特色产业文化博物馆。馆藏历史文物40余件,拥有唐代、辽代等各个历史时期的牙刷文物,馆内还陈展了数百个杭集牙刷知名品牌及代表当今最高水平的牙刷产品。

3)建设创业载体:杭集工业园产业特色非常鲜明,其牙刷产品的国内市场占有率达80%,国际市场占有率达30%,牙刷产业集群中有相关企业80余家,从业人员2万多人,在牙刷产业高度集聚优势下,衍生出了日化产业、酒店旅游用品和新型包装材料产业,并均已在国内市场占有很大的份额。当地政府先后建成科技孵化中心、创业园等一批创业载体,帮助企业引进新技术,同时成立国家洗漱用品检测中心、口腔护理研究院、电商服务中心等平台,助力全民创业。主要是得益于产业的高度集聚和市场的高度占有率,形成了这种区域品牌的效应,带给杭集很多的商业机会,促进了杭集产业迅速地发展壮大。

(3)未来发展:杭集镇的酒店日化用品产业在全区发展中占据地位,下一步杭集镇要全力发展都市经济,打造世界酒店用品之都,并逐步由乡镇向都市转型,由中国酒店用品之都向世界酒店用品之都转型,以行业协会等为抓手,做好系统安排;打造设计集聚区,做好设计产业;精心组织交易会、论坛、新产品展示等多种形式的品牌活动;打造市场专业综合体,吸引运营商落户。一把小小的牙刷凝聚了杭集人的智慧,杭集人依靠牙刷这样一个小小的日用品,做成了具有世界影响的大产业,走上了富裕之路。小区域加小产品构成大产业被称为"杭集现象",产业集群发展和创新引领,生产、销售、研发三位一体是杭集人的制胜之道。

5. 兴化市戴南镇。

（1）基本概况：戴南镇位于兴化市东南部里下河平原腹地，境内湖荡密布，河网纵横，地貌独特、风景优美，是一座具有千余年历史的水乡古镇，有着深厚的人文底蕴和丰富的历史遗存，曾留下唐太宗李世民驰骋的足迹。全镇下辖15个行政村、2个居委会，总人口9.26万人，另有外来人口5万多人，镇域面积107.8平方千米，其中镇区面积4平方千米，江苏戴南科技园区8平方千米。

戴南全镇共有不锈钢制品企业近千家，实现从不锈钢原料生产到产品精深加工、高端制造的转型升级，形成了科、工、贸一体化的完整产业链，产品门类众多，广泛应用于机电、航天、航空、军工、海洋、石油、化工、核电、汽车、新能源等领域。江苏兴达钢帘线股份有限公司2006年在香港联交所成功上市，公司还建有博士后科研工作站。镇内建有国家级不锈钢制品质量检测中心，产品质量和科技含量不断提高，市场竞争力不断增强。

（2）产业建设：戴南镇不锈钢制品和钢帘线产业在全国占有重要地位，现有各类不锈钢生产加工企业1000多家，并拥有亚洲第一、全球第三的钢帘线生产基地。戴南不锈钢产业集群入选全国百佳产业集群和江苏省重点培育产业集群，以戴南为中心地跨"三市七镇"的千亿级不锈钢产业集群正在形成。依托不锈钢产业的发展，戴南现代服务业也快速提升，目前戴南不锈钢原材料市场已成为全国最大的不锈钢原料基地。

1）围绕建设国家"城市矿产"示范基地，打造"循环经济小镇"：总投资4.9亿元的新源不锈钢表面处理中心投产运行后，将按协议关停现有的79家小型酸洗企业，实现全镇"酸洗集中"的目标。投资5亿元的废旧不锈钢回收交易市场，主要建设防辐射检测区、无害化加工处理区、信息化仓储区及电子化交易大厅，采用现代化、环保化的手段对废旧不锈钢进行检测、拆解、处理、打包以及交易等，打造具有全国影响力的现代化再生资源交易市场。与此同步做强戴南科技园区，形成千亿级规模，跻身省级开发区行列。

2)围绕不锈钢现代物流园区,打造"钢流小镇":戴南镇规划建设的不锈钢现代物流园区总投资40亿元,为省重点工程,园区集物流、会展、交易、加工配送、电子商务、生活服务于一体,将成为全国最大的不锈钢产品会展中心、交易中心、质检中心、物流中心,为全国客商提供上乘的物流基础平台、物流延伸服务平台和全专业配套服务平台。目前,园区基础设施工程基本完成,下一步将完善各项附属配套工程。

(3)未来发展。

1)产业培育:实施产业转型三年行动计划,以国家"城市矿产"示范基地建设为载体,实行不锈钢制品的市场、熔炼、酸洗、物流、质检"五集中";实施"小进规"培育工程,确保三年新增规上企业100家以上;加大招商引资力度,培育不锈钢特色小镇,引进一批德国"4.0"企业,三年招商引资100亿元;加快发展现代服务业,培育"互联网+不锈钢"产业,打造线上线下、内贸外贸、流通生产"三个一体化"大流通平台。

2)基础设施建设:实施城建提升三年行动计划,实施道路改造、绿化美化亮化、河道整治、房屋征收"四大工程"。着力打造"三个核心区":以万源商贸城为核心区,打造高品质居住;以新车站为核心区,打造城市对外新"名片";以现代物流园区为核心区,依托S352干线道路,规划实施集不锈钢仓储、展示、信息、金融、电商为一体的现代物流区,打造具有区域特色的现代物流中心。

3)环境整治:实施生态治理三年行动计划,对以煤炭为主要燃料的企业实行能源替代改造,巩固燃煤锅炉和烘房整治成果。开展大气污染防治工程建设,实施大气污染防治措施,2017年年底在镇区范围内建成一座大气自动监测站监控系统,2018年年底完成全镇范围内标准件生产企业的废气排放源整治。加大工业企业污水整治力度,提高生活污水收集处理率。

6."中国提琴之都"泰兴市黄桥镇。

(1)基本概况:黄桥是一个历史悠久的古镇,风韵独特,黄桥战役使得黄桥多了一分红色文化基因。黄桥地理位置优越,距周边县城靖江、姜堰、海安、如皋、泰兴均在30千米左右。黄桥镇的提琴产业起源于20世纪60年代末期,已经历50多年的历史,全镇现有提琴生产企业、配套企业数百余家,主要生产各类高、中、低档小提琴、大提琴、吉他、电吉他产品,远销欧美90多个国家和地区,生产总量占全国市场的70%以上,占世界市场份额的60%,是全世界最大的提琴生产基地。提琴产业的发展直接拉动了劳动用工的需求,提琴产业链已形成。

(2)产业建设。

1)打造"乐器小镇":"乐器小镇"规划总面积3.8平方千米,核心区面积1.2平方千米,规划打造"一湖一厅六区",即音乐生态湖、小镇城市客厅、乐器生产集聚区、展示展销区、教育培训区、乐器博览区、创新创业区、生活体验区。总投资约50亿元,建设周期5年,将按照聚焦、精致、集约要求,坚持产业、文化、旅游"三位一体",生产、生活、生态"三生融合",工业化、信息化、城镇化"三化驱动",项目、资金、人才"三方落实",积极推进"乐器小镇"快速发展。

2)重点打造"一镇一湖六中心":"一镇"即东方克雷蒙娜音乐小镇,依托溪桥集镇社区,把城黄路一条街和凤灵路一条街规划改造为乐器文化主题街,建成别具特色的音乐小镇;"一湖"即黄桥新城人工湖,融入音乐元素,与黄桥新城的现代气息相融合,打造一个以音乐为主题的独一无二的"湖",通过音乐让全世界聆听黄桥;"六中心"即管理服务中心、乐器生产中心、仓储物流中心、乐器博览中心、贸易展销中心和教育培训中心。

(3)未来发展。

1)汇聚产业集群:以培育"黄桥乐器"区域公共品牌为核心,本土龙头企业凤灵、斯坦特、琴艺等牵头,实施产业扩张和转型升级战略,从产品标准、工艺水平、人员素质、厂房设施等方面全面提档升级,促进提琴制造向乐器产业、乐器产业向琴韵文化的拓展。大力实施"名人"、"名企"、"名牌"为核心的"三名"工程,集中力量招商选商,促进行业龙头企业向小镇集聚。

2)聚焦营销推广:做好"集散中心",加强产业与市场的联结,吸引各类品牌、各类乐器入驻主题街区,打造乐器界的"奥特莱斯"。做大"线上交易",发挥省级农村电子商务平台建设优势,构建庞大的电子商务团队,通过网络在线展示和产品信息发布,提高乐器贸易的信息化水平。做强"会展经济",继续组织企业参展上海乐器博览会和广州、北京乐器博览会。

3)聚力产业服务:建设全国性乐器工匠培训总部、研发检测中心、仓储物流中心、电商平台,精心打造乐器产业设计、研发、交流、质检、评级等一体的全链条服务,形成"服务资源全品化、合作资源全球化、产业服务互联化"的行业服务体系。建立行业协会管理服务中心,强化行业协会对乐器产业发展的管理与服务,引导乐器企业抱团发展"组团作战"。

7."中国汽摩配件之乡"常州市孟河镇。

(1)基本概况:

孟河镇北枕长江和小黄山的万亩森林公园,东靠春江镇,东北临镇江市扬中的西来桥镇,南连西夏墅镇,西接镇江丹阳市的高桥和小黄山山脉的栖凤山。孟河镇是全国汽摩配名镇,集聚了上千家汽摩配企业,先后获得"全国重点镇""中国历史文化名镇"等6张国字号"名片",曾被誉为"中国汽摩配件之乡"。20世纪60年代起,从最初的人工制作玻璃制品,到机器生产各种车辆五金、玻璃零件,该镇逐步发展为汽摩配件的生产加工基地。如今,孟河镇已成为中国汽摩配件重点生产基地,孟河汽摩配产业集群先后入选省100家重点产业集群、省30家重点培育创业示范基地、省首批19家产业集聚示范区。

(2)产业发展:"工业兴则经济兴,工业强则实力强"。孟河汽摩配件产业已具备相当大的规模,基本形成1个产业基地、2个工业集聚区和7个公共服务平台,即中国汽车零部件(常州)产业基地,富民工业集聚区和通江工业集聚区,以及常州市汽车摩托车配件行业协会、江苏大学车辆产品实验室灯光检验室、湖南大学孟河产品设计中心、电子商务(慧聪汽配网)、孟河质监分局、孟河镇金融业商会、孟河汽摩配生产力促进中心。

孟河镇从事汽摩配件产业法人企业有1000余家、个体工商户2000余家,规模企业中汽摩配企业有90余家,其中常州瑞悦车业有限公司、常州明宇交通器材有限公司2016年销售收入均超5亿元。不仅如此,该镇生产销售企业在广东、北京、天津等100多个大中城市,设有销售网点1000多个,从业人员5000余人。产品覆盖了轿车、重型车、轻型车、客车、卡车和微型车系列等汽车配件,包括汽车灯具、后视镜、内外装饰件、机动车回复反射器、燃油箱等,与东风、比亚迪、济南重工等汽车主机厂配套,并与通用、丰田、路虎等国际企业合作。其中,SUV系列产品市场占有率80%以上。

随着规模不断扩大,该镇"走出去"的企业越来越多,产品主要销往中东、非洲、南美、东南亚、俄罗斯等地,中外合资企业、外商独资企业在数量上和质量上也有新的提升。

(3)未来发展。

1)抓好新兴产业的培育:积极融入高新区发展,主动参与新兴产业对接,加快整合现有资源,形成承载新兴产业项目的地块,促使项目及早落地,发挥好土地最大的产出率,另一方面积极引进科技含量高、资源消耗少、带动能力强的龙头型、基地型的大项目。

2)加快本地企业的发展:对年销售收入超3000万元的企业,加大服务力度,激发创业激情,在政策上给予扶持激励,促使这些企业尽快跨入亿元企业的行列,打造一个集生产与贸易于一体的区域性汽摩配集散地,形成真正的特色产业集群。

3)加快汽摩配发展,促进产业升级:以转型升级为目标,坚定不移地发展工业经济,做强做大汽摩配和新材料、新能源等新兴产业。

4)加快完善工业集中区基础设施建设:创新工业园区管理体制,努力破解用地、资金、能源等长期性要素制约,提高项目用地准入门槛,以提升土地产出率为核心,引进一批符合孟河未来发展方向的大项目、好项目。

5)推进产城融合:采取"市场+基地+物流"的产业发展模式,结合常泰高速孟河道口契机,利用汽摩配件生产基地优势,规划集现代汽车服务、汽车经贸、汽车商业、汽车文化、汽车生活等于一体的超级国际汽车城,全面打造地标性"孟河东大门"。

8.如皋市搬经镇。

（1）基本概况：

搬经镇位于如皋市西部，由原加力乡、夏堡镇和搬经镇合并而成，有"如皋西大门"之称，北接海安，西临泰兴，地处三县交汇处，总面积110平方千米，人口9.2万，辖21个行政村和1个居委会，新、老334国道横穿东西，王石线纵贯南北，三级航道连申线穿境而过，水陆交通十分便利。新区划调整后，"人多、地大、前景广"已成为现今搬经镇的真实写照。

（2）产业建设：搬经镇依托原有的机械铸造、中高端汽车零配件、高科技新材料、电子电气、纺织服装五大产业基础，正在积极整合打造以程恒汽配、海泰科特为主导的汽车零部件，以华冠电器、曼淇威电气为主导的电子新材料，以天一高德、双龙门食品为主导的长寿养生食品三大产业板块。华冠电器堪称搬经特色工业经济发展的一个缩影。在对全镇企业布局和发展现状深入调研的基础上，镇党委和镇政府规划了以海泰科特精密铸件、程恒汽车配件、永吉汽贸为龙头的汽车零部件产业区，以江苏中硅、凯业装饰为龙头的新材料产业区，以恒泰医疗器械、旭兰包装材料为龙头的医疗器械产业区，以易达电子、曼淇威电气、华冠电器为龙头的电子电器产业区。如今，四区各项目收获喜人。

（3）未来发展：搬经镇将紧紧抓住"对接服务上海"的新要求，抓紧承接一批优质产业项目，为经济发展提供坚固支撑。紧扣"三大产业"，开展产业招商。重点围绕"汽车零部件、电子新材料、长寿养生食品"三大产业板块开展招商，优先对接科技型、成长型企业，促进产业结构调整。突出"选的思维"，实现精准招商。紧扣电子电器、装备制造等产业链的关键环节，瞄准苏南地区的企业孵化器、加速器，集中优势兵力招引一批补链、育链、强链的产业链项目，打造经济增效新引擎。

（四）江苏高端制造业特色村镇案例解析

大力支持高端制造业特色村镇建设，是推进江苏省制造业转型的重要抓手。当前，我国提出"中国制造2025"，推进"大众创业、万众创业"和"互联网+"行动,高端制造业村镇不能走传统工业园区、开发区的发展之路,不能走简单产能扩张的发展之路,而要在业态转型、模式创新、环境营造上形成新的竞争优势,带动全省制造业转型升级。

1.常州市智能传感小镇。

(1)基本概况:常州智能传感小镇,坐落于龙虎塘街道内,该街道拥有全球行业第一的光伏产业,街道所在辖区——常州市新北区的传感器产业规模约占全省市场份额的30%,产业规模在省内处于领先地位,是工信部认可的全国传感器产业基地;此外龙虎塘街道还拥有省内唯一一家"中国传感谷"产业技术研究院,平台优势突出。街道产业基础强,集聚了一批传感器龙头企业,占地面积约3.28平方千米。小镇交通区位便捷优越,距离常州市中心约20分钟车程。目前已集聚了十多家传感器企业,形成了一座智能传感小镇。2017年5月17日,"常州智能传感小镇"高层论坛在常州国家高新区龙虎塘街道成功举办。中国经济体制改革研究会产业改革与企业发展委员会专家、高校院所专家、传感器企业负责人等200多人参与会议,为常州智能传感小镇共议良策。

(2)小镇建设。

1)建设"小镇客厅":2017年5月"小镇客厅"正式亮相。在这个"客厅"里,不仅有小镇规划沙盘,而且还打造了小镇历史廊道,介绍小镇的前世今生;此外还有传感小镇智慧体验项目以及传感产品的展示等。小镇客厅的建成开放,标志着智能传感小镇建设的正式启动。入驻小镇的众创企业还将自主研发的产品捐赠给社会,如:裕泉智能向盘龙苑社区赠送可燃气体报警装置50套;横图教育向外国语学校、龙虎塘中学、龙虎塘小学赠送3D打印教材各5套;忆恒智能向龙虎塘街道办事处赠送微风盒子2套。

2)形成"一核三轴五板块"的空间结构:"一核"即产业服务核,以小镇客厅、传感器企业总部、智慧社区平台搭建、高端商贸、会展等功能植入为主;"三轴"是指沿通江中路的三生联动发展轴、沿创新一路的跨境商贸轴和沿新苑三路的生态绿轴;"五板块",分别为众创智创板块、产学研孵化板块、产业智造板块、传感主题公园板块和智慧生活板块。小镇规划打造产业核心服务区、产学研孵化区、众创智创区、智慧生活区、产业智造区和传感主题公园区六大功能片区,将借助三大央企的资源,把现有的产业项目与在全球寻找适合小镇的优质产业项目相结合,将龙虎塘建设成国际一流的传感器高新产业生产研发以及销售的集聚地。

3)小镇将以传感器产业为核心,打造企业总部、智能传感小镇客厅和传感产学研平台;与常州综保区联动,设立保税服务区,打造跨境商品街区;构建大数据平台,打造智慧传感社区;以生态化改造为本底,打造高品质发展环境;以创建4A级旅游工厂为亮点,塑造传感小镇科教游览主题。

(3)未来规划:传感小镇分三年建成,2017—2019年的这三年里共投资50.8亿元,其中2017年投资12.4亿元,2018年投资19.96亿元,2019年投资18.44亿元。以35大主体项目和工程建设带动传感小镇全面发展,其中产业项目23个、产业配套项目12个。至2020年,初步形成以传感小镇为核心平台的产业空间布局,形成一批销售额超10亿元的传感龙头企业,孵化一批传感技术创新型中小企业,传感小镇产业规模达到200亿元。至2025年,建成国家传感示范基地,培育具有国际竞争力的传感器骨干企业和具有持续创新能力的传感科技型中小企业,培育传感上市企业,传感小镇产业规模达到500亿元。

2. 常州市石墨烯小镇。

(1)基本概况:石墨烯小镇面积不大,但聚而合、精而美。它位于常州市西太湖科技产业园,西起扁担河,东至凤苑南路,南沿兰香河,北靠长虹路,规划面积3.3平方千米。2011年,常州市、武进区两级政府以成立全国首家石墨烯研究院——江南石墨烯研究院为契机,以常州西太湖科技产业园为主阵地,率先开启了石墨烯产业化之路。2014年,西太湖科技产业园获批成为全国唯一的国家石墨烯新材料高新技术产业化基地。2016年,常州西太湖科技产业园石墨烯相关产业总规模超过20亿元,同比增长70%。2017世界石墨烯创新大会在常州落幕,常州石墨烯小镇成为石墨烯产业领域冉冉升起的一颗新星。

"全球起步最早,产业链布局最全,最受资本青睐,影响最大"。依托良好的石墨烯产业基础和优越的创新创业环境,小镇已建成了研究院、众创空间、孵化器、加速器、科技园集于一体的完善的创新创业生态体系,是全国唯一的国家石墨烯新材料高新技术产业化基地。截至目前,通过"龙城英才计划",小镇已累计招引石墨烯领域领军型创新创业团队30多个,特别是从欧美引进了彭鹏、瞿研、暴宁钟、董国材等多名具有国际一流水平的石墨烯领军人才;已聚集超过100家石墨烯相关企业,其中包括6家上市企业,初步形成了涵盖设备制造、原材料生产、下游应用、科技服务的完整产业链,创造了石墨烯领域10项"全球第一",业内称"全国石墨烯看江苏,江苏石墨烯看常州"。

(2)小镇建设:石墨烯小镇将以"生产、生活、生态"融合发展理念为引领,通过整合石墨烯相关领域的高端要素,突出发展以石墨烯为代表的先进碳材料产业,致力于打造五大区域,形成产业特色鲜明、创新活力强劲、文化魅力彰显的科技新城。

1)创新创业孵化区:重点建设江南石墨烯研究院、江苏省石墨烯创新中心、常州石墨烯高端制造装备协同创新中心等核心平台,不断增强技术原创和创新服务能力。重点提升常州石墨烯科技产业园等孵化载体,增强创业展示、创业服务、创业投资、创业培训、创业导师等功能,构筑完善的产业孵化加速生态体系。

2)龙头企业集聚区:重点为石墨烯应用加速产业化提供空间载体,努力集聚一批科技含量高、投资体量大、带动效应强的龙头企业落户,全面提升产业能级。未来5年,小镇计划引进石墨烯相关人才团队100个以上,集聚石墨烯相关优质企业300家以上,培育石墨烯相关上市企业10家以上,实现石墨烯相关产业产值300亿元以上。

3)跨界应用示范区:结合石墨烯材料的优异性能,以西太湖医疗健康产业与石墨烯产业融合发展为切入,紧密联系本地优势产业,形成一批"石墨烯+"应用示范成果,推动石墨烯新材料在各领域开花结果。

4)绿色生态宜居区:计划通过完善各类配套,吸纳小镇新居民1万人以上,形成一个活力新城区。重点利用小镇内天然水系、河道,建设绿色生态廊道、生态休闲绿道、生态休闲广场,打造组团式生态休闲空间。配套建设小镇特色商业综合体、商务办公组团、生态居住组团等区域，引入小尺度街区，打造15分钟便捷化生活圈。

5) 综合配套服务区：大力引入生产性和生活性服务业，支持金融机构、知识产权机构、专业中介机构等单位落户小镇，为小镇企业和居民提供专业化服务。积极布局云端智能管理系统，用信息化手段全面管理小镇。

(3) 未来发展：通过规划引领，小镇主要呈现出三条发展脉络：一是产业脉络，涵盖科技研发——实验孵化——中试加速——规模化生产等主线；二是服务脉络，串联展示博览、商务办公、会议交流、双创平台、教育培训等功能；三是生活脉络，强调生态居住、社区服务、配套功能、体育文化的有机融合。

石墨烯小镇计划通过不断努力，最终实现"六个一"的发展目标，即打造一个具有全球竞争力的石墨烯产业集群、一个具有全球影响力的石墨烯创新中心、一个具有全球知名度的石墨烯大会、一个具有全球号召力的石墨烯创业大赛、一个具有全球一流水平的石墨烯生态体系、一个具有独特魅力的石墨烯国际化社区，建设成为具有世界影响力的集石墨烯研发、孵化、产业化、应用、展示、休闲旅游于一体的特色小镇。

3. 扬州市头桥医械小镇。

(1) 基本概况：头桥镇位于扬州市广陵区东南部，广陵作为历史文化名城扬州的核心区，拥有丰富的文化和生态资源、良好的平台和产业资源、优越的城市和创新资源，是对接上海的重要窗口。经过60多年的发展，目前，头桥镇拥有医疗器械企业220多家，其中国家高新技术企业13家，取得各类医械产品证照共2411件，先后创成"中国医疗器械耗材之乡"、"江苏省创新型试点乡镇"、"江苏省小企业创业示范基地"、"扬州市重点工业集中区"、"扬州市特色产业园区"。头桥镇集聚了全市医疗器械产业70%的规模，年销售额达到50亿元左右，是全国业界四大集散地之一。近年来，头桥镇更加强组织企业跨出国门，参加国际医疗器械展会，拓展国际市场，其营销网络已延伸至印度、巴西、非洲、欧洲等30多个国家和地区。

（2）小镇建设：小镇规划总面积约3平方千米，其中核心区1平方千米，拟建设"一心三区"（"一心"是会展中心和小镇客厅，"三区"即北部医疗产业区、西部会展交易区、东部康养适验区，突出"生产、生活、生态"三生一体，把低碳、智慧等理念贯穿特色小镇整个建设过程，实现小镇精致、共享、便捷、活力互促共融发展）。与此同时，围绕生产生活配套项目建设有：小夹江体育健身公园、三江营生态湿地公园和建设规模约为7500平方米的新卫生服务中心项目。

（3）未来发展：头桥医械小镇属于高端制造业特色小镇，高端医材及高端医械智能制造为头桥镇的核心产业和富民产业。小镇的特色内涵是拟以现有的扬州健康医疗产业园为基础，以医用材料生产制造、交易流通、研发创新等领域为重点，逐步向高科技、高附加值医疗器械产业升级，并不断延伸医疗产业链，努力形成"生产、交易、流通"一体化的医疗科技产业集群，着力打造江苏医用材料生产制造示范基地、全国知名医疗用品博览交易流通中心、扬州市医疗科普和康养体验目的地。未来三年，小镇计划投资40亿元以上（产业投资占80%以上），采取"政府引导，市场运作"的模式，努力建设成为"产、城、人、文"融合发展的特色小镇，依托园区和小镇平台，全力打造以高端医材和高端医械智能制造为核心的产业新镇。

4.江阴市新桥时裳小镇。

（1）基本概况：新桥镇隶属于江苏省江阴市，位于市境东南部，距江阴市城区25千米，距无锡市城区40千米。小镇总面积19.3平方千米，总人口约6万，其中户籍人口2.4万。2012年，全镇完成地区生产总值111.5亿元人民币。新桥镇的工业以毛纺织为主，被誉为江南"毛纺之乡"，另有机械、化工、建材、服装等产业。新桥时裳小镇的特色内涵可概括为三点：时尚服饰之都、艺术文化新城、花园城市典范。

（2）小镇建设：新桥镇充分发挥毛纺服装品牌优势、国际花园城市生态环境优势，在"一体两翼两园"规划基础上，瞄准高端制造产业发展定位，打造以毛纺服装为特色的产业集聚区（时裳小镇）。以宜业、宜居、宜游为引领，重点发展三大功能区：北端以阳光、海澜、精亚三大集团总部为核心，致力打造国内领先、国际一流的毛纺服装设计、营销、物流、研发和生产中心;新郁中路以南,重点打造以飞马水城为核心的国家5A级生态景区、马文化展示中心、毛纺服装文化展示中心和以西交利物浦大学为载体的产学研一体化众创中心,形成集马术运动、商务洽谈、旅游度假、文化展示、欧式风情体验、水上娱乐等为一体的高端教育文化度假区和毛纺服装高端品牌产品展示区;以北端东侧春辉生态高科技农业为基地,将阳光生态园建成集苗木栽培、生态旅游、体育健身、田园养生为一体的旅游度假区,再现江南水乡诗意栖居的原生态风貌。

(3)未来发展:新桥时裳小镇则计划在未来3年内投入超80亿元,全面完成海澜飞马水城、阳光生态休闲旅游度假区、西交利物浦大学新桥校区等重点项目,全力建成世界一流的以马文化为特色的文化展示中心、以阳光集团为代表的毛纺研发产业基地、以海澜之家为代表的中国男装第一品牌,涵盖男女休闲装、职业装、商务装、精品装及运动装、童装的服装总部之城,打造千亿级世界毛纺服装产业新高地。值得一提的是,建设时裳小镇是江阴新桥镇贯彻产业强市战略的力举,该镇还专门出台了"产业强镇计划"。

5.句容市绿色新能源小镇。

(1)基本概况:句容绿色新能源小镇位于句容郭庄镇,小镇的选址与句容的自然环境完美契合,郭庄片区拥有5A标准的世界级旅游度假区、国家湿地公园、省级地质公园、国家4A级景区赤山湖,根脉深厚、人杰地灵,独具生态优势。句容还地处镇马发展轴与淮宁杭发展轴的交点,更在南京、镇江的一小时交通圈内。小镇以"把绿色能源带进生活"为目标,以新能源研发、制造、应用为主导,打造集科研创新、高端智造、商务办公、会议会展、旅游休闲及居住康体等功能为一体的国际领先、国内一流的新能源智慧小镇。

(2)小镇建设。

1)新能源体系开启小镇新生活:小镇的环境建设站在绿色环保的起点上,坚守生态良好底线,并保留原汁原味的自然风貌,使绿色、舒适、惬意成为小镇常态。全天候的绿色能源服务于雨水公园、艺术广场、亲子乐园等户外公共活动设施,使小镇环境真正做到宜人宜居;沿小镇水系空间设计的生态廊道,可以控制暴雨径流,收集雨水,净化水质,为各种动植物提供栖息地,在营造小镇滨水风景的同时也起到了生态修复的作用;特色小镇还将严格施行垃圾分类储存、分类投放和分类搬运,利用现有生产制造能力,回收利用回收品,提高垃圾的资源价值和经济价值,实现资源的再生循环;结合郭庄-赤山湖片区水系丰富的特点,还将利用高科技手段,实现农业生产联网、全产业链运营,通过高效的农光典型设计方案,实现光伏电站与现代农业相结合,同时占据产业链上游,迅速建立起现代化、产业化优势,满足句容未来农业科技创新需要,促进农业产业转型升级。

2)健康有序的生活是小镇人民的基础保障:建造小镇会客厅,完善医疗、教育和休闲设施,推进数字化管理全覆盖,通过对这些功能的深挖、延伸,真正产生叠加效应、推进融合发展,成为整个特色小镇的展示区、样板区;建筑以节能减排为基本理念,从各方面降低建筑消耗、减轻污染程度,为人们提供环保健康的居住空间,并使用高新节能材料以及匹配新能源技术;交通以绿色低碳为标杆,高效便捷为导向,让小镇人使用电动汽车等绿色方式出行;家庭内以智能家居及智能社区两方面为主,实现房间与房间、家庭与家庭之间的高效管理、安全监控、交流互通,让邻居不再是陌生人,让陌生人不再假装熟人。

3)科学智造的生产方式是小镇发展的原动力:智慧绿色云仓管理运营中心、集中式能源数据控制系统、光伏智能制造逆变器等协鑫集团优势产业链上的项目,将是小镇的产业支柱;通过创新能源供应机制,把句容绿色新能源小镇打造成区域能源中心;设立低碳城市创新创业基金,为能源科技型中小企业提供基础设施和服务支持,成为技术服务平台;依托协鑫集团在国际上新能源领域的影响力,组织开展国际级等不同级别规格的新能源高峰论坛,作为定期爆点,并成为交流和联谊的平台。

(3)未来发展:小镇发展概括为"产业、文化、旅游和社区"四大功能的聚集。

1)建设云仓、微仓、冷库、电商孵化中心、电商体验中心、分布式能源中心等设施,形成电商、物流、金融、能源产业协同发展新局面。

智慧云仓科研部分：协鑫句容智慧绿色云仓管理运营中心包括电商孵化器、电商体验中心、生活配套设施。

光伏智能制造逆变器：围绕节能降耗、防治污染、提高工艺水平和劳动生产率这一中心，采用先进适用的制造技术、工艺手段、高效可靠的装备和现代化的设计方法建设新厂区，重点提高逆变器的产品研制能力。

集中式能源控制系统：集中式能源数据控制系统主要用于光伏发电，整个系统是包括光伏组件、储能逆变器、储能电池组、电池管理系统（BMS）以及相应的联合控制调度系统等在内的发电系统。

双创园：以新能源产业为核心，建设协鑫新能源研究院及相关产业的研发转化为一体的双创产业园。

2）将文化因素渗透到产业和社区发展中，赋予产品文化基因，提升产品附加值；以文化为纽带，增强人口与小镇社区之间的文化黏性，增强小镇的社会文化吸引力，提升小镇整体发展活力。

3）新能源会展中心：协鑫新能源科技交流展示场所，结合滨水景观绿地，将生态、绿色、文化融入科技，展示协鑫能源科技新形象；滨水商业中心：为新能源生产区、云仓、科研培训中心提供配套综合服务，包括零售餐饮、休闲娱乐等项目，结合水系源，打造亲水生态的滨水服务区；小镇会客厅及小镇中心：展示世界能源格局及中国的能源战略，促进能源行业专业交流，体现各种新能源生产及存储技术以及推动信息、材料技术的创新，未来能源对生产生活方式演进发展的推进作用等。

4）生态颐养中心：借助基地自身的气候环境和生态优势，打造健康管理产业，提供养生、养心、养老等慢病专业化护理和医疗服务；教育培训中心：依托基地优越的生态滨水资源，打造集教育培训、产品推广、会员俱乐部、表演赛事为一体的教育培训中心，例如产业培训基地、体育训练基地、航模模拟培训中心等；绿色低碳酒店：打造具有主题性的旅游度假酒店，建筑与景观融合，并创造丰富的体验性活动；小镇艺术馆：依托赤山和赤山湖风景区，打造小镇艺术馆，承接小镇文化展示以及相关产品展示交流活动；小镇艺术馆、商务办公、特色商业、创客部落、幼儿园、小学;工业研发、智慧田园、生态片区的配套服务。

6.镇江市大路通航小镇。

(1)基本概况:大路通航小镇位于镇江新区航空航天产业园,规划面积3.5平方千里,南依圌山度假旅游集聚区,北靠长江,由西北向东南延展。小镇分航空主业、小镇客厅和文化小镇三块功能区。主要建设主体包括江苏大路航空产业发展有限公司、江苏瀚瑞投资控股有限公司等,以航空主业为核心引领,依托现有的产业、机场、空域、旅游资源,在建设"航空制造""通航运营"两个基地中融合"东乡人文""航空运动"两个产业,打造航空产业示范小镇、航空创意体验小镇、山水文脉休闲小镇。

(2)小镇建设。

1)精准招商,带动产业链式发展:2009年镇江新区规划航空航天产业以来,产业发展实现了从无到有的突破;2013年,航空航天产业园管委会正式成立;2015年,江苏大路航空产业发展有限公司成功组建。近年来,新区陆续引进生产C919后机身后段的航天海鹰等近30个涉航项目,总投资超100亿元,成为国家级航空产业新型工业化示范基地。2017年以来,新区在航空航天产业主打精准招商,签约了一系列关键的涉航项目,向航空航天全产业链的补链、延链工程迈近了一步。2017年5月,总投资10亿元的北京航材院粉末盘工程中心项目奠基开工;同年6月28日,由北京航材院投资的10亿元中介机匣和6亿元增材制造项目落户新区。

2)提升载体服务,促进产业提档升级:2013年5月21日成立镇江新区航空航天产业园管理委员会及党组,着力发展园区的"一机两翼","两翼"即机场和学院。

园区建成华东地区近12年来第一个获批的通用机场——镇江大路通用机场,拥有30×800米跑道、30000万平方米停机坪、3000平方米停机库。

坐落在产业园内的江苏航空职业技术学院是江苏省首家高职类航空院校,与园区各涉航企业形成产业链,实现"订单培养",学校开设了多个涉航专业,未来规模将达万人。

3）产学研联合创新：目前，镇江航空航天产业园培育引进了江苏航院，创建了江苏航空产业产学研联合创新平台、航空新材料和零部件产业技术创新战略联盟，聘请来自航天科技、航天科工、商飞、北京航空航天大学等央企和大院大所的14名顶尖的专家学者组成院士专家顾问组。

（3）未来发展：大路通航小镇以通航产业为核心，人本、旅游、生态、创意融合发展，将摒弃"造产业"或"造城"的思维，强调生产、生态和生活融合。小镇确立的三大产业体系主题分别是：通航制造与运营、创意体验与微游、文脉传承与活化。通航制造与运营涉及通用航空制造产业的通用航空整机研发与制造、无人机研发与制造、航空运动装备制造、通航产业综合配套服务、通用航空运营产业的通航维修改装、航空器展销租赁、通航运营服务、低空旅游、航空作业、水上飞机运营服务等；创意体验与微游包括文化创意产业和运动休闲服务产业；文脉传承与活化包括现代服务业和综合配套产业。

小镇未来将以"通航+旅游+X"为发展主线：通航产业以通航制造和通航运营为双轮驱动；旅游产业以圌山、滨水、人文为抓手，带动全域旅游统筹发展；"X"以"航空十旅游"带动延伸产业的集聚发展。

7. 盐城市汽车小镇。

（1）基本建设：汽车小镇位于盐城市开发区松江路以南、长江路以北、嵩山北路以东、峨眉山路以西，总占地面积近3平方千米，其中建设用地为0.97平方千米。盐城经济技术开发区已经成为汽车产业发展的主要载体，拥有东风悦达起亚汽车、奥新新能源汽车、悦达专用车3家整车工厂，集聚汽车零部件企业300多家，是全省唯一同时拥有新能源乘用车、客车和专用车全系列生产企业的地区，也是全省最大的乘用车制造基地。

（2）小镇建设：2017年是智尚汽车小镇建设第一年，市开发区拟开工建成项目分别是：汽车博物馆、汽车科创研发中心、国际汽配MALL等汽车产业类项目5个，总投资11.47亿元；建设凤依湖公园、F&F休闲水街、公共配套基础设施等项目5个，总投资4.38亿元。计划用3年时间，实施汽车产业及配套设施2大类项目，总投资52亿元。汽车小镇将以汽车智慧产业为核心,与汽车制造业统筹协调发展,以"汽车智慧产业、汽车后服务业、汽车文化产业、汽车旅游产业"为重点,将汽车产业发展与城市消费服务、商务服务、生活居住服务相结合,集成汽车博览、二手车交易、零部件集散、平行车展示交易、汽车赛事、房车营地、汽车智慧企业培育、汽车达人创新创业、汽车文化展示、汽车互动体验等多种业态,重点打造汽车产业发展、汽车文化旅游、时尚商业消费、体育文化娱乐等4大功能组团。

(3)未来发展:

通过汽车小镇的创建,补齐盐城汽车服务业"短板",促进盐城汽车产业转型升级,创造生产、生活、生态有机结合的优良环境。以汽车产业为发展核心,以汽车文化为精神内核,以生态化、国际化、现代化为发展方向,推进盐城经济技术开发区科学规划、有序建设、集约开发、高效运行、精细管理,打造国家产城融合发展示范区,建设江苏特色小镇新典范。

(五)江苏制造业特色村镇的问题与思考

1.聚集区域产业协同创新,将制造业向高端精密升级。单个的企业资源有限,要依托村镇制造业项目建设,集聚周边区域"高、精、尖"等大中小型企业,鼓励企业购置智能化的先进设备,引进专业人才,聚力发展高端制造领域。一是突破传统的制造工艺技术,创新开发新型高端的产品;二是延伸与村镇制造业相关联的新领域,充分利用先进、智能的加工装备,加大产业链延伸力度,拓展关联产业的新领域。

2.明确村镇定位,走"小而优、小而强、小而美"。江苏高端制造业村镇建设以"小"为特色,面积小、产业精,相对于追求经济总量,更需要把人力、物力、财力,包括科技、信息和人才等生产要素重新组合起来,要做观念的创新、思想的创新、制度的创新、科技的创新等。创新不是一个方面,而是需要全方位地进行创新,走一条别人没走过的、适合制造业村镇发展的道路。

3.江苏省各具特色的制造业村镇不是一朝一夕建立起来的,而是通过长期的发展,通常拥有悠久的历史、统一的生产模式、固定的产业链。传统制造业村镇应聚焦生产模式、商业模式和服务模式等的创新,同时更加关注新材料、工业设计、个性化定制以及制造业与文化的融合,实现传统制造业的智能化、网络化和信息化。

4.建设健全的文化旅游设施。强化制造业村镇在文化、商贸、旅游等方面环境功能的营造,可重点发展制造业文化博览,推广制造业特色。合理设计游览路线,推进文化场所建设,加强旅游基础设施建设。例如,"中国陶都"丁蜀镇以紫砂为特色产业开发了一些景区、旅游线路、体验项目;邳州铁富镇以银杏为依托开发了水上公园、盆景园等一系列景区;"中国牙刷之都"杭集镇建立了"牙刷博物馆"。

5.精心打造新型社区。加强居住社区建设,采用专业的物业管理团队,提供高智能化信息安保、精细化环境管理,符合创业、设计人员的生活习惯,满足长期居住环境,吸引人才,留住人才;建设邻里中心,打造便民中心,设银行、小型便利店、邮政、药店、餐饮店等便民设施;建设教育设施,解决村镇子女就学需求。

6.加大相关政策扶持力度。一是强化落实现有的村镇制造业转型升级的相关优惠政策和奖励,对相关产业的设计检测、"互联网+"、科技研发、创意文化等行业给予人员培训、房租优惠、补贴奖励等优惠政策;二是积极争取和落实国家、省、市鼓励村镇发展的相关政策,加大对产业的扶持力度;三是按照江苏省特色村镇建设的统一部署,积极与省市相关部门对接,争取资金、土地、人才等方面的政策支持,并围绕村镇创建,落实相关财政分成、税收返还等方面的配套政策。

四、江苏信息产业特色村镇

信息产业特色村镇是指依托信息技术及设备、软件及信息内容、信息服务等电子信息技术,具有明确的信息产业定位的村镇类型。

当前,以信息技术为核心的高新技术已经渗透至各个领域,信息化不仅改变了人们的生产生活方式,甚至改变了人们的思维方式。在政策驱动、产业变革、融合发展、智能转型的新形势下,电子信息技术已经成为引领新一轮变革的主导力量。在省发改委印发的《关于培育创建江苏特色小镇的实施方案》中,明确将"新一代信息技术"作为产业定位之一,将智能终端和云服务、下一代通信网络、先进传感和物联网技术、机器人和无人系统、高级人工智能、3D打印技术、信息安全与防护、数字内容等领域作为主导产业。如南京未来网络小镇、无锡鸿山物联网小镇、盐城数梦小镇、宿迁电商筑梦小镇等江苏省级特色小镇，均以未来网络和智能制造为主导产业，具有广阔的发展前景。

（一）江苏信息产业特色村镇概述

1.信息产业特色村镇的界定。我国现阶段的"特色小镇"发源于浙江省的实践，是浙江省在经济新常态下发展模式的有益探索。2016年起，特色小镇上升为国家层面的发展战略。2017年3月30日，江苏省发改委在官网发布了《关于培育创建江苏特色小镇的实施方案》，根据该实施方案，特色小镇原则上布局在有较好特色产业基础，相对独立于市区的产业集聚区、具备一定条件的开发园区或中心城市周边的小城镇，并在产业定位、文化传承、资源要素、基础设施、生态环境等方面进行科学规划和统筹策划。规划面积原则上控制在3平方千米左右，其中建设面积原则上控制在1平方千米左右。由于特色小镇建设在我国正处于新兴发展阶段，而我国地域辽阔，各地经济背景、自然资源迥异，因此特色小镇在不同地区的界定方式和发展模式也有所不同。

江苏特色小镇从发展理念、产业技术、运营机制、投融资模式四个方面不断创新和突破，使特色小镇成为一种新型"产业社区"，强调产业创新性、体量适宜性、环境人本性。同时特色小镇的规划建设将注重功能叠加，着力于打造产业特色、文化特色、生态特色和交往空间。江苏省提出的特色小镇的特色产业定位主要聚焦高端制造、新一代信息技术、创意创业、健康养老、现代农业、历史经典等特色优势产业和旅游风情小镇。与浙江相比，江苏特色小镇属于典型的"6+1"形态，产业定位范畴基本符合现代社会产业转型需求，并把历史经典产业作为核心门类，同时将旅游风情小镇作为特定类型进行补充。根据《关于培育创建江苏特色小镇的实施方案》中的界定，新一代信息产业特色小镇的主导产业为智能终端和云服务、下一代通信网络、先进传感和物联网技术、机器人和无人系统、高级人工智能、3D打印技术、信息安全与防护、数字内容等新一代信息技术产业内的重点领域。综上所述，信息产业特色村镇是指依托信息技术及设备、软件及信息内容、信息服务等电子信息技术，具有明确的信息产业定位的村镇类型。

2.江苏信息产业特色村镇概况。由于信息产业特色村镇的技术、资金门槛较高，因此江苏信息产业特色村镇基本上都是特色小镇，没有特色村落。目前，江苏省的信息产业特色村镇大致分为以下几个层次。

第一层次是国家级信息产业特色村镇，即"中国特色小（城）镇"中的信息产业特色小镇。2016年10月13日，中国特色小（城）镇建设经验交流会在杭州召开，住建部公布了第一批中国特色小（城）镇名单，共计127个国家级特色小（城）镇，江苏有7个镇入选，其中的盐城市东台市安丰镇就属于国家级信息产业特色村镇。2017年8月22日，住建部公布第二批中国特色小（城）镇名单，共计276个中国特色小（城）镇，江苏省有15个镇入选，其中没有信息产业特色村镇。总体来看，国家级信息产业特色村镇在江苏省"中国特色小（城）镇"中所占比重很小，仅为4.5%。

第二层次是省级信息产业特色村镇。2017年5月，江苏省发改委官网公布了第一批江苏省省级特色小镇创建名单，全省13个地级市的25个产业特色小镇列入首批创建名单。其中的南京未来网络小镇、无锡鸿山物联网小镇、盐城数梦小镇、宿迁电商筑梦小镇属于省级信息产业特色村镇，在第一批江苏省省级特色小镇中所占比重为16%。

第三层次是市级信息产业特色村镇。2016年年底，南京市公布首批22家市级特色小镇创建名单，其中的秦淮区紫云云创小镇、江宁区石塘互联网小镇属于市级信息产业特色村镇。2016年12月，淮安市发布《关于优化全市空间功能定位和产业布局的意见》，规划建设32个特色小镇，其中的开发区互联网小镇属于市级信息产业特色村镇。2017年4月，徐州市选择21个试点开展特色小镇示范点建设，其中的铜山高新区智慧小镇属于市级信息产业特色村镇。2017年5月，扬州市确定了第一批20个市级特色小镇培育建设名单，其中的邗江区互联网小镇（蒋王）属于市级信息产业特色村镇。2017年12月，苏州市政府公布了第一批7家市级特色小镇创建名单，其中的常熟云裳小镇也属于市级信息产业特色村镇。

总体来看,全省共有 10 个地级市公布了市级特色小镇,仅有 5 个地级市 6 个市级信息产业特色小镇创建计划,与其他类型特色小镇相比,信息产业特色小镇数量很少,大部分地级市没有市级信息产业特色小镇创建计划。总体来看,市级特色小镇中的信息产业特色村镇比重小,其中南京市信息产业特色村镇所占比重为 9.1%,淮安市所占比重为 3.1%,徐州市所占比重为 4.8%,扬州市所占比重为 5%,苏州市所占比重为 14.3%。

(二) 江苏信息产业特色村镇的问题与思考

总体来看,江苏信息产业特色村镇特别是国家级、省级信息产业特色村镇定位准确,差异化明显,主导产业基础雄厚,往往在全国范围都有竞争力和知名度,在核心产业支撑、发展层级等方面表现良好。但是,仍然存在产业协调机制有待优化、国家级信息产业特色村镇比重低、对历史文化资源挖掘利用不足等问题。

1.江苏信息产业特色村镇发展中的问题。

(1)信息产业特色村镇的产业协调机制有待优化:信息产业特色村镇的主导产业——信息技术相关产业所锁定的空间范围往往是在市级或省级尺度上,但竞争范围和知名度可能达到全国甚至全球,因此信息产业特色村镇需要很强的地区技术、劳动力、资金等资源以及配套产业和设施甚至文化凝聚力的支撑。从个体来看,江苏信息产业特色村镇定位准确,差异化明显,主导产业基础雄厚,有较强的竞争力。但从整体来看,江苏信息产业特色村镇建设尚缺乏有效的整体协调机制,在顶层设计、整体规划和协调方面尚存在不足。

(2)国家级信息产业特色村镇比重:由于信息产业特色村镇的技术、资金等门槛较高,因此江苏信息产业特色村镇基本上都是特色小镇,没有信息产业特色村落。江苏的国家级信息产业特色村镇仅 1 家,在国家级特色小镇中所占比重很低,仅为 4.5%,省级信息产业特色村镇有 4 家,在省级特色小镇中所占比重较高,为 16%。市级信息产业特色村镇比重明显偏低,全省共有 10 个地级市公布了市级特色小镇,仅有 5 个地级市 6 个市级信息产业特色小镇创建计划,数量很少,大部分地级市没有市级信息产业特色小镇创建计划。其中南京市信息产业特色村镇在市级特色小镇中所占比重为9.1%,淮安市所占比重为3.1%,徐州市所占比重为4.8%,扬州市所占比重为5%,苏州市所占比重为14.3%。

（3）大部分信息产业特色村镇对历史文化资源的挖掘利用不足：江苏信息产业特色村镇一般创建时间短,缺少历史文化积淀,加上大部分信息产业特色小镇的产业经营者和管理者一般为理工科出身,缺少文化建设的意识,不注重传统文化资源的挖掘和利用。此外,很多特色村镇的基层文化单位没有参与建设,或者参与力度不够,导致大部分信息产业特色村镇对历史文化资源的挖掘利用不足,严重影响了特色村镇建设的文化品质。

2.关于江苏信息产业特色村镇发展的思考。

（1）优化信息产业特色村镇的产业协调机制：可以借鉴浙江等省的建设经验,通过构建特色村镇信息技术产业联盟等方式,突破信息产业特色村镇发展过程中面临的瓶颈约束,优化信息技术产业协调机制,提高相关资源配置效率,推动江苏信息产业特色村镇的协调发展,提升整体竞争力。

（2）积极培育国家级信息产业特色村镇：我国于2016年7月提出国家信息化发展战略和网络强国的构想,促进以信息化驱动现代化。以云计算、大数据、物联网、移动互联网、人工智能等为代表的新一代信息技术将成为推动产业升级、民生改善、优化社会治理和生态环境的主导生产力,因此信息产业特色村镇之间的竞争将日趋激烈。江苏地方政府可以通过政策引导,尤其在人才、资金、技术平台等方面加大扶持力度,进一步加强规划,明确功能布局,引导产业集聚发展和配套设施布局,加强关联产业的培育和引进,提升信息产业特色村镇的竞争力和知名度,积极培育国家级信息产业特色村镇。

（3）将特色村镇产业发展与当地传统文化挖掘利用有机结合：文化底蕴是特色村镇的灵魂和内涵,特色村镇的文化是贯穿产业空间生产和生活的黏合剂,信息产业特色村镇能够产生全国甚至全球知名度需要文化产生的影响力。因此,信息产业特色村镇建设应发动基层文化单位积极参与,加强对当地传统文化资源的挖掘和利用,将文化元素植入信息产业特色村镇的风貌建设,为特色村镇注入优秀传统文化内涵,提升凝聚力和吸引力,并进一步利用其文化独特性提升知名度和竞争力。

五、江苏休闲旅游特色村镇

休闲旅游特色村镇是指依托独特旅游资源、浓郁风情韵味、秀丽自然风光,有一定知名度和影响力,能够突显浓郁苏派风情和人文魅力的村镇类型。例如,始建于宋代的杨桥村、同里镇等,古宅临水而建,村民傍水而居,建筑粉墙黛瓦,街巷婉转幽深,保存了较好的历史风貌,极具江南水乡韵味。宿迁卢集镇、淮安和平镇、淮安丁集镇等均是主打生态休闲、生态文旅、深氧休闲的特色小镇。南京桠溪镇则凭借特色生态休闲旅游、文化创意、健康养生为一体的"慢"理念,获得中国首个"国际慢城"称号,也成功列入第一批中国特色小镇名单。兴化垛田镇则以垛田景观促进当地一、二、三产融合发展,凭借独特的土地利用方式、农业景观以及突出的生产与生态功能,每年吸引游客近百万人。

随着国民旅游观念的转变和国内旅游产业的发展,人民群众对旅游休闲的需求日益增长,在旅游休闲方面的投入也不断增多,不断促进国民旅游休闲的规模扩大和品质提升已然成为促进社会和谐、提高国民生活质量的重要途径。《国民旅游休闲纲要》将"建成与小康社会相适应的现代国民旅游休闲体系"作为发展目标。2017年中央1号文件也明确提出聚焦乡村旅游,发挥村镇各类物质与非物质资源优势,利用"旅游+""生态+"等模式,打造乡村旅游业态和产品,培育休闲旅游特色村镇。旅游业已经成为衡量新型城镇化质量水平的重要标志。

优美的生态环境、独特的自然景观、历史和文化遗产以及康娱游憩项目等是发展休闲旅游的重要资源。以此为依托的特色村镇不仅可以满足城乡居民不断提高和增长的新需求,同时还能优化村镇居民收入来源构成,为村镇居民增收增加新渠道。江苏是中华文明的起源地之一,拥有优越的自然环境、丰富的生态资源和秀美的自然风光,同时江苏又是中国的政治、经济和文化中心之一,人文精神和地域文化底蕴深厚,为发展休闲旅游产业提供了优势条件。

六、江苏文化创意特色村镇

文化创意特色村镇是指以文化再造和创新为主导产业的村镇类型。此类村镇要形成独特的文化标识,将文化基因融合产业发展,即运用"文化+"的动力和路径,挖掘村镇文化资源,提炼文化创意产品,培育创新文化,搭建创意创业产业聚集平台,将产业转型升级与传承传统文化紧密结合,推进特色村镇的规划与建设。

江苏文化资源丰富,文化遗产灿烂,文化建设发展势头较好,文化传承创新能力较强。近年来,为深入贯彻落实中央关于文化强国建设的重要部署,全面贯彻习近平总书记重要讲话精神特别是视察江苏重要讲话精神,江苏将推动文化建设迈上新台阶列为"十三五"规划五项重点工程之一,提出通过做大做强文化产业发展主体、推进文化与相关领域融合发展、强化文化创意的银联功能、大力培育和促进文化消费等途径促进文化产业提质增效升级,并取得显著成效。2015年,江苏文化产业增加值为3481.94亿元,占GDP比重4.97%,其中文化创意和设计服务产业增加值达到772亿元,占全省文化及相关产业增加值的24.1%,占全国文化创意和设计服务产业增加值的15.6%;全省文化创意设计法人单位3.6万余家、从业人员40余万人,实现营业收入1985亿元。文化创意产业既是江苏文化产业的支柱力量,同时也是文化创意特色村镇的建设基础。

除上述六种类型外,江苏特色村镇培育和建设工作也在向更多领域探索。例如,2016年9月江苏省体育局在全国体育系统中率先提出了"体育健康特色小镇"概念,是以体育健康为主题和特色,体育、健康、旅游、休闲、养老、文化、宜居等多种功能叠加的空间区域和发展平台。这是江苏创新体育发展理念和发展方式,提升公共体育服务水平的重大举措,对于加快建设体育强省和健康江苏建设具有重要意义。2017年5月,国家体育总局发布《关于推动休闲特色小镇建设工作的通知》(体群字[2017]73号),为满足群众日益高涨的运动休闲需要,推进体育供给侧结构性改革、加快贫困落后地区经济社会发展、落实新型城镇化战略,促进基层全民建设事业发展、推动全面小康和健康中国建设,计划至2020年建设一批具有独特体育文化内涵、良好体育产业基础,融合运动休闲、文化、健康、旅游、养老、教育培训等多种功能于一体的运动休闲特色小镇。目前,以运动休闲、体育健康为主题的特色小镇建设工作已在全国范围内稳步推进。再如,苏州东沙湖基金小镇是江苏唯一涉及金融创新的特色小镇。基金小镇是以金融产业为主导,通过聚集多种类型基金、金融机构,快速形成金融产业聚集效应,从而有效提升当地金融竞争力。这一运作模式能够有效支撑地方实体经济发展,是新常态下推动经济转型升级的重要举措,具有较大的发展潜力。又如,盐城市以教育特色为主导,率先建设具有国际和高端教育元素汇聚高地、教育交流和服务中心、教育特色产业集聚区等功能的"教育特色小镇"。各类新兴产业的引入将为江苏特色村镇建设提供新的契机。

第五章 江苏历史经典特色村镇

　　江苏历史经典特色村镇是传承江苏历史文化,提炼和表现以传统建筑、民俗、节庆等为代表的乡土文化,是以融入传统历史文化为基调,建设具有强调历史文化特色的发展空间平台,并与现代产业经济发展和谐统一又兼具本身独特性发展的综合性模式,是对转型升级形成的产业生活文化、创业创新文化以及其他类型特色村镇给予支持和借鉴,是"产、镇、人、文"四位一体的新型发展模式。其目的是深化文化体制改革,提高文化事业、文化产业发展质量,不断促进社会主义文化发展与繁荣,进一步推动文化成为民族凝聚力和创造力的重要源泉,是提升综合国力竞争的重要因素,是经济社会发展的重要支撑。本章先行介绍江苏历史经典特色村镇的内涵、收录标准、类型与价值意义,并以案例解析的形式来进行阐释。因历史经典特色村镇数量较多,仅能选取相对具有代表性的村镇来进行简要梳理,并发现存在的问题,由此提出保护与开发的建议。

第一节 江苏历史经典特色村镇概述

　　如何对江苏历史经典特色村镇进行概述和研究,首先就会涉及历史经典特色村镇的定义。然而,历史经典特色村镇的具体定义尚存争议,这是由于各省、各地区之间的村镇具有不同发展模式,故而学界未达成共识。所以,本节通过对与历史经典特色村镇相关的概念进行梳理,从而阐述江苏历史经典特色村镇的内涵,并对其进行分类,从而说明其具有的现实价值意义。

一、历史经典特色村镇的内涵

历史经典特色村镇的核心内涵之一就是历史文化。历史文化是历史发展过程中人们创造的各种文化形态的总和,是文化资源的主体,具有十分丰富的内容。英国学者马林诺夫斯基(Bronislan Kaspar Malinowski,1884—1942)在《文化论》中提到,根据文化的功能,将文化分为物质设备、精神文化、语言、社会组织。[①]美国学者威廉·费尔丁·奥格本(William Fielding Ogburn,1886—1959)从文化起源和功能相结合的角度,把文化分为物质文化和非物质文化[②]。联合国教科文组织通过的《保护世界文化和自然遗产公约》中提及文化遗产包括三个方面的内容:文物。从历史、艺术或科学角度来看,具有突出的普遍价值的建筑物、碑雕和碑画,具有考古性质成分或结构的铭文、窟洞以及联合体;建筑群。从历史、艺术或科学角度看在建筑式样、分布均匀或与环境景色结合方面具有突出的普遍价值的单立或连接的建筑群;遗址。从历史、审美、人种学或人类学角度来看,具有突出的普遍价值的人类工程或自然与人联合工程以及考古地址等地方。显然,研究江苏历史经典特色村镇的历史文化特色主要集中于村镇历史遗迹、传统生活与生产器具、传统村镇民俗艺术、传统村镇加工或制作工艺以及传统节日(包涵全国性节日与村镇区域性节日)五个方面。

历史经典特色村镇是近期提出来的,其根源于历史村镇,而历史村镇的概念最早开始于1976年联合国教科文组织的《关于历史地区的保护及其当代作用的建议》,其目的是维持历史或传统地区及环境,并使它们重新获得活力。这是由于村镇相对于城市来说,拥有着更多的诗情画意,它承载着更多的乡土、乡音、乡情的情怀以及古朴的生活和历史传统价值的延续。另外,1986年国务院在界定历史村镇保护范围时指出"文物古迹比较集中,或能较完整地体现出某一历史时期传统风貌和民族地方特色的街区、建筑群、小镇、村落等也予以保护,可根据它们的历史、科学、艺术价值,核定公布为地方各级'历史文化保护

---

①[英]马林诺夫斯基著,费孝通译.文化论[M].北京:中国民间文艺出版社,1987.
②[美]奥格本著,王晓毅译.社会变迁——关于文化和先天的本质[M].杭州:浙江人民出版社,1989.

区'"，这一通知是将小镇、村落根据其历史价值予以保护，是一个比较宽泛的指导性建议。

2002年，《中华人民共和国文物保护法》中明确了"历史文化村镇"的概念，法条中指出"保存文物特别丰富并且具有重大历史价值或者革命纪念意义的城镇、街道、村庄，由省、自治区、直辖市人民政府核定公布为历史文化街区、村镇，并报国务院备案"。

2003年，建设部和国家文物局在公布第一批中国历史文化名镇名村的通知中对"历史文化村镇"的概念进行了更为明确的阐述，指出其为"保存文物特别丰富并且具有重大历史价值或者革命纪念意义，能较完整地反映一定历史时期的传统风貌和地方民族特色的城镇、村庄"，显然赋予了历史文化村镇更为广泛的文化性特征。

另外，浙江省在2015年初的政府工作报告中提出了"历史经典产业"的概念，指的是浙江省有千年以上历史传承、蕴含深厚文化底蕴的产业，主要包括茶叶、丝绸、黄酒、中药、木雕、根雕、石刻、文房、青瓷、宝剑。这些产业既是浙江的传统特产，蕴含浓厚的历史和文化传统，也是传承历史文化的重要载体。历史经典产业型特色小镇是指以历史经典产业为核心，叠加灵活体制机制、浓厚人文气息、优美生态环境等多种功能的特色小镇。[1]

由此可见，浙江省对于根植于历史文化的村镇是以产业化为导向的。然而，结合江苏省村镇特点来看，显然无法完全照搬浙江模式，而是要走具有江苏特色的历史经典特色村镇之路。所以，江苏历史经典特色村镇的内涵应当是指江苏省内具有完整历史风貌、深厚文化底蕴和重要历史事件等，具有明确的历史经典和文化特色的村镇类型，其保护与管理的范围是江苏省内具有文物古迹、历史街区、历史建筑等物质文化遗产以及地方传统民间民俗文化等非物质文化遗产的村镇，同时还包括村镇历史格局风貌的遗存、自然生态景观等自然遗产，并且以历史经典产业为支点，通过产业联动，带动相关第二、第三产业发展，并反向促进历史经典产业发展，从而推动整个村镇的经济发展。

---

[1]姜琴君，李跃军. 历史经典产业型特色小镇旅游产品创新研究——以浙江丽水龙泉青瓷小镇为例[J]. 中国名城，2017(9):25.

二、历史经典特色村镇收录标准与类型

2008年，国务院颁布了《历史文化名城名镇名村保护条例》，并且对历史文化名镇名村的申报和批准做出了非常明确的具体规定。

(一) 申报条件

特别丰富的文物保存；集中成片的历史建筑；保留较为完整的传统格局和历史风貌；历史上曾经作为政治、经济、文化、交通中心或者军事要地，或者发生过重要历史事件，或者其传统产业、历史上建设的重大工程对本地区的发展产生过重要影响，或者能够集中反映本地区建筑的文化特色、民族特色。

(二) 申报材料

历史沿革、地方特色和历史文化价值的说明；传统格局和历史风貌的现状情况说明；保护范围；不可移动文物、历史建筑、历史文化街区的具体清单；保护工作情况以及保护目标和要求。

(三) 申报其他规定

申报历史文化名镇名村，由所在地县级人民政府提出申请，经省、自治区、直辖市人民政府确定的保护主管部门会同同级文物主管部门组织有关部门、专家进行论证，提出审查意见，报省、自治区、直辖市人民政府批准公布。

对符合历史文化名镇名村的申报条件，而地方政府没有主动申报历史文化名镇名村的镇、村庄，省、自治区、直辖市人民政府确定的保护主管部门会同同级文物主管部门可以向该镇村庄所在地的县级人民政府提出申报建议；仍不申报的，可以直接向省、自治区、直辖市人民政府提出确定该镇、村庄为历史文化名镇名村的建议。

国务院建设主管部门会同国务院文物主管部门可以在已批准公布的历史文化名镇名村中，严格按照国家有关评价标准，选择具有重大历史、艺术、科学价值的历史文化名镇名村，经专家论证，确定为中国历史文化名镇名村。

已批准公布的历史文化名城名镇名村，因保护不力使其历史文化价值受到严重影响，批准机关应将其列入濒危名单，予以公布，并责成

所在城市、县人民政府限期采取补救措施,防止情况继续恶化,并完善保护制度,加强保护工作。

根据以上收录标准,江苏省历史经典特色村镇应当是国家级历史文化名镇名村名录中的村镇,数量总共有37个。这些村镇大都具有江南水乡风格,同时又具有自身独有的特色,兹分组如下。

以村镇历史遗迹为主:昆山市周庄镇、苏州市吴江区同里镇、苏州市吴中区甪直镇、苏州市吴中区木渎镇、太仓市沙溪镇、泰兴市黄桥镇、高淳区淳溪镇、昆山市千灯镇、东台市安丰镇、昆山市锦溪镇、江都区邵伯镇、海门市余东镇、镇江常熟市沙家浜镇、苏州市吴中区东山镇、无锡市锡山区荡口镇、兴化市沙沟镇、苏州市吴江区黎里镇、苏州市吴江区震泽镇、东台市富安镇、常州市新北区孟河镇、宜兴市周铁镇、如东县拼茶镇、常熟市古里镇、苏州市吴中区东山镇陆巷村、苏州市吴中区西山镇明月湾村、无锡市惠山区玉祁镇礼社村、苏州市吴中区东山镇杨湾村、苏州市吴中区金庭镇东村、常州市武进区郑陆镇焦溪村、苏州市吴中区东山镇三山村、南通市通州区二甲镇余西村、南京市江宁区湖熟街道杨柳村。

以传统生活与生产器具为主:苏州市吴中区甪直镇、镇江常熟市沙家浜镇、无锡市锡山区荡口镇、兴化市沙沟镇、苏州市吴江区震泽镇、东台市富安镇、宜兴市周铁镇、苏州市吴中区东山镇陆巷村、苏州市吴中区西山镇明月湾村、苏州市吴中区东山镇杨湾村、苏州市吴中区金庭镇东村、常州市武进区郑陆镇焦溪村、苏州市吴中区东山镇三山村、南京市高淳区漆桥镇漆桥村。

以传统村镇民俗艺术为主:昆山市周庄镇、苏州市吴江区同里镇、苏州市吴中区甪直镇、苏州市吴中区木渎镇、姜堰区溱潼镇、高淳区淳溪镇、昆山市千灯镇、昆山市锦溪镇、镇江常熟市沙家浜镇、苏州市吴中区东山镇、无锡市锡山区荡口镇、兴化市沙沟镇、常熟市古里镇。

以传统村镇加工或制作工艺为主:泰兴市黄桥镇、昆山市锦溪镇、镇江常熟市沙家浜镇、无锡市锡山区荡口镇、苏州市吴江区黎里镇、东台市富安镇、扬州市江都区大桥镇。

以传统节日为主:姜堰区溱潼镇、镇江常熟市沙家浜镇、苏州市吴中区东山镇、苏州市吴江区震泽镇。

综上所述,发现村一级基本都是以历史遗迹和传统生活为主,镇一级则相对多元化,兼具几项特点。所以,江苏历史经典特色村镇的保护和开发应当以历史文化为核心来开展。

三、历史经典特色村镇的价值意义

江苏历史经典特色村镇具有不可复制的地域性,比如说每个村镇都具有其独有文化,有些以建筑闻名,有些以戏曲出名、有些以传统工艺出名,百花齐放,各有属于自己的特点。与此同时,这些村镇因其悠久历史文化都具有十分厚重的历史感,具有史料论证的见证研究价值,展示中华民族独有的乡村文化和乡村精神。所以,保护和利用江苏历史经典特色村镇既能保护物质文化遗产和非物质文化遗产,又能改善村镇的基础设施和公共环境,能更为合理有效地利用村镇的文化和自然遗产,同时为进一步加强和规范传统文化村镇保护管理机制起到示范性作用。

江苏历史经典特色村镇展现了江苏历史文化的记忆,反映着江苏这块土地历史文明的进步,承载着具有江苏特色的中华传统文化精髓,是江苏人留给中国乃至全人类的宝贵遗产,具有十分重大的价值意义。首先,江苏历史经典特色村镇是江苏文化的发源始点和历史见证,古村落的遗址遗物,比如千灯镇的良渚文化遗址、陆巷村的水乡建筑,无不展现着其独有的风貌;其次,江苏历史经典特色村镇是江苏文化遗产丰富的地方和江苏文明的基础缩影,比如甪直镇、周庄镇这些具有千年历史的村镇,是展现江苏几千年农耕文明发展的基础和缩影,体现江苏传统文化的丰富内涵;再次,江苏历史经典特色村镇是江苏优秀传统文化的根基文脉和文化遗产,每个村镇都体现着当地的传统文化、建筑艺术和空间布局,真实反映着江苏村镇与周边自然环境和谐共处的态势,保护了江苏地域文化的多样性;第四,江苏历史经典特色村镇具有历史文化、科研教育、建筑艺术、精神传承的多元价值。每个村镇的优秀传统风俗、宗教信仰都兼具活化石博物馆的作用,具有延续江苏特色文明历史的作用,实现经济社会和谐、可持续发展的战略功能。

综上所述,江苏历史经典特色村镇的保护和利用能进一步提高江苏人民的思想道德素质和科学文化素质,增强江苏文化软实力和民族凝聚力,促进社会主义文化的发展和繁荣,推动社会主义文化强国建设和全面建成小康社会。

第二节 江苏历史经典特色村镇案例分析

以昆山市千灯镇、常熟市沙家浜镇、苏州市吴中区东山镇陆巷村、苏州市吴中区西山镇明月湾村为例,概述其历史经典特色资源,挖掘历史经典特色文化价值,分析其保护和开发的成功模式,从中获悉江苏历史经典特色村镇发展过程中的重要成果和经验。

一、昆山市千灯镇

(一)千灯镇历史经典特色资源概述

千灯古镇,坐落在江苏省昆山市南15千米,该镇东接上海青浦区,西邻苏州市区35千米,面积84平方千米,迄今已有2500多年历史。千灯旧称“千墩”。根据清代陈元模的《淞南志》记载,“昆山县东南三十六里,川乡有水曰千墩浦,盖淞江自吴门东下至此,江之南北凡有墩及千,故名千墩”。春秋战国时期,该地属娄邑,秦始皇二十六年(公元前221)属娄县,直到南朝梁大同二年(536),信义县分置昆山县,而属昆山。南宋嘉定十年(1217)前,地属昆山县川乡、全吴乡,沿至清末。清宣统二年(1910),建茜墩乡,直属昆山县。1966年4月,经江苏省人民委员会批准,茜墩更名为“千灯”,属于昆山县。2003年12月,撤千灯镇、石浦镇建制,合并成立千灯镇,镇政府设在千灯集镇。2007年,被评为国家级历史文化特色村镇;2008年,千灯古镇被评为国家4A级旅游景区,并获江苏省人居环境范例奖。

千灯镇具有十分丰富的历史文化资源，包括有"中国土建筑金字塔"之称的少卿苑新石器时代良渚文化遗址，秦代建有烽火楼的秦望山，具有宋、明、清三代特色的三桥（方泾浜桥、恒升桥、電渡泾桥），始建于南朝梁天监二年（503）的秦峰塔（释迦佛塔）和延福禅寺，元末明初戏曲家、昆曲创始人顾坚纪念馆，明末清初著名爱国主义思想家顾炎武故居，始建于明末清初的徽商余氏老宅，花岗岩铺设而成贯穿古镇的石板街等，这些历史遗迹、古寺宝塔、名人故居、石板街、小桥流水等构建起了千灯文化根脉千年而薪火相传的物质和精神生活。走进千灯，众多民居建筑呈现出古朴的水乡风貌，居民住宅缘河而筑、临水而居，驳岸列排、河埠成市，至今仍保留着"水陆并行""河街相邻"的棋盘式格局，水乡文化绵延更续。

(二) 千灯镇历史经典特色文化的价值研究

昆曲，又称昆剧、昆腔、昆山腔，是中国最古老的剧种之一，也是中国传统文化艺术中的瑰宝。昆曲为元末明初昆山千灯人顾坚始创，顾坚把当时流传于昆山的江南词曲调加工整理成一种不用乐器伴奏、只有清唱与和唱的唱腔，俗称"昆山腔"，距今已经有600多年的历史。昆山腔开始只是民间的清曲、小唱。其流布区域，开始只限于苏州一带，到了万历年间，便以苏州为中心扩展到长江以南和钱塘江以北各地，万历末年还流入北京，这样昆山腔便成为明代中叶至清代中叶影响最大的声腔剧种。昆曲唱腔华丽婉转、念白儒雅、表演细腻、舞蹈飘逸，加上完美舞台置景，可以说在戏曲表演的各个方面都达到了最高境界。明朝万历至清朝嘉庆年间是昆曲声名最辉煌成就最显著的阶段。汤显祖的《临川四梦》《牡丹亭》《紫钗记》、洪昇的《长生殿》、孔尚任的《桃花扇》风靡全国，使得昆曲成为当时的主要剧种，其流传之广、历时之久，其他戏种难望其项背，并且深刻影响着京剧、越剧、川剧、湘剧等的形成与发展，被称为"百戏之祖"。昆曲的特点是抒情性强、动作细腻，歌舞身段巧妙结合，是一种歌、舞、介、白各种表演手段相互配合的综合艺术，在长期发展过程中形成载歌载舞的表演特色，是戏曲艺术的集大成者，在文学、艺术、历史文化等方面都具有极高的价值。2001年5月18日，昆曲艺术被联合国教科文组织评选为第一批"人类口述和非物质遗产代表作"。昆曲作为非物质文化遗产,必须进行活态保护。因其是一门综合与集体艺术,必须进行组织传承。昆曲分为五大行当、二十家门,表演还需要多种乐器的配合,任何人都无法独立完成整部昆曲折子戏。所以,昆曲组织成为保护昆曲的重要载体,中国昆剧古琴研究会就是在这样的背景下成立的。该研究会成立于1986年,是中国昆曲古琴界唯一由文化部主管、民政部注册的全国性一级民间社团,并于2006年正式更名为中国昆剧古琴研究会。可见,昆曲是千灯镇最具代表性的历史文化资源,具有很高的历史价值。

另外,千灯"跳板茶"亦是千灯镇先人留给今人的优秀历史文化资源。千灯跳板茶,又叫"茶盘舞",是千灯镇水乡婚俗中精美绝伦的经典,已有近百年的历史。"跳板茶",顾名思义,就是在跳板上献茶,好像在平衡木上翩翩起舞。陈文华先生的研究指出:"旧时苏州在婚事中最热闹的场面就是跳板茶。新女婿或舅爷进女方家门后稍坐片刻,立即拆掉正间屋里的台凳,在左右两边靠墙的地方各摆两把太师椅,头位与二位由女婿和舅爷坐,三位四位由同辈的至亲坐。落座以后,就由当地的'茶担'(专门受雇为人家烧水泡茶招待客人的专职人员)右手托着放有四只盖碗茶杯的茶盘,扭着舞蹈的步伐一走一跳地走着如意步,边把茶碗送给客人,说声'请用茶!'四个客人才开始双手捧着茶碗喝茶。当客人将茶喝完时,'茶担'又一走一跳地扭着如意步来到客人面前,分别将茶碗收走。如意步有正反两种,合称'四合如意',讨个吉利的口彩。'茶担'表演结束,会获得周围观众的齐声喝彩,增添欢乐气氛,将婚事礼仪推向高潮。"[①]

由此可见,跳板茶的表演者大多是男性,需要男性具有刚柔并济的腰功以及轻巧的手功,体现人体的协调性与亲和力,并且通过表演调动现场的气氛,体现亲家的敬意。一杯茶、一支舞蹈,寄托了千灯人美好祝愿,以及对未来生活的向往,展现了悠悠的传统历史文化。

千灯古镇区历史悠久,春秋战国时期已逐步呈现现有的村镇面貌。到了明代时期,由于其优越的自然环境和良好的水网陆路交通,社会经济得以迅速发展,各地富商巨贾汇聚于此,尤其是以徽商为主

---

①陈文华. 异彩纷呈的长江流域茶俗[J]. 农业考古,2003(4):129.

的商人纷纷在此定居,带来了具有徽派建筑风格的民居,其特点就是临水建镇,并以水为市,逐渐形成了现今的民居分布状态。千灯镇现存有约8公顷的传统民居,主要建成于明、清、民国时期,以砖木结构为主,大部分是前店后宅的布局。古镇区整体特点是分布在镇上明代石板街两侧,临河而建,每户人家下水道与河相通,并且沿河有具有码头性质的古河埠,数量在200个左右。整个镇巧妙地将水、路、桥、房结合在一起,形成其独有的"水陆并行"的民居体系,显示着古镇的昔日繁华,亦是研究江南水乡民居特点的天然博物馆。

(三) 千灯镇的保护与开发

千灯镇的保护和开发与苏南城镇整体发展的特点大致相同,皆走过了布局混乱,建设混乱(1978—1990年)——配套设施落后,环境污染严重(1991—2000年)——城镇化进程加快,空间布局改善,配套设施逐步完善(2001—2007年)——城镇布局合理,设施完善,环境宜居(2008年至今)四个阶段①。早期千灯镇的错误发展模式因盲目追求GDP的发展,导致古镇环境污染严重,使得传统历史特色逐渐丧失。

进入21世纪之后,政府与当地居民认识到这样"涸泽而渔"的发展模式不适宜当地发展,于是开始立足于弘扬传统文化的优势和特色,明确了以体现深厚历史文化为主导的文化旅游发展定位。千灯镇的优势是深厚历史文化底蕴,并且具有其他同等级古镇所没有的独有历史元素,第一就是顾炎武,第二就是昆曲。前者是优秀儒家文化品牌,后者是深厚戏曲文化品牌。所以,千灯古镇的保护和开发的第一步就是发展旅游业,促进旅游产业化发展,有效整合古镇文化和古镇生态资源,加强古镇休闲旅游元素的加入,并且加快景区整体的建设步伐,提升旅游软环境的建设,提高服务质量,打造主题鲜明的昆曲旅游和儒家文化旅游线路,从而促进千灯旅游产业和谐发展;其次,为了提升千灯镇整体古镇保护,镇政府通过发展社会经济、加强民主法治与教育文化宣传,提升古镇居民的整体素质,深入开展社会主义核心价值体系教育和昆山特色的价值观教育,强调和谐环境与古镇发展的切实

---

① 王海滔,陈雪,雷诚. 苏南城镇产镇融合发展模式及策略研究——以昆山市千灯镇为例[J]. 现代城市研究,2017(5):82-89.

关系,将古镇保护放在与外向型经济和民营经济发展同等重要的位置。另外,镇政府于2002年邀请东南大学编制了《昆山市千灯古镇保护整治规划》,确立了"保护历史文化遗产、保护水乡风貌景观、充分挖掘文化内涵,大力发展文化旅游,构建江南特色古镇"的发展目标。之后,相继聘请东南大学、苏州市规划研究院、浙江省旅游科学研究所分别编制了《顾炎武墓保护规划》、《千灯古镇石板街修复详规》、《千灯镇旅游发展规划》和《千灯古镇旅游策划》,进一步确立了千灯古镇以文化旅游发展古镇的格局,对保护千灯镇历史文化遗产起到了重要保障作用;第三,政府加大资金投入,对明清传统建筑进行抢救性修缮,重新修整顾炎武故居、顾坚纪念馆、余氏典当等一批重要的传统建筑,并且提出了"以古、以文见长"的古镇修缮基调,通过收购、置换、搬迁等方式,先后拆除古镇内建于20世纪七八十年代的建筑,从而使得古镇区内建筑风格趋于统一和协调,并对河道进行清淤,修补和加固沿河码头,接驳损坏的旧有石材,较为完整地展现古镇风貌。

与此同时,在发展千灯镇旅游产业的过程中,在古镇外围建设生态农业,于1999年成立了千灯国家农业综合开发现代化示范区。这是一个集现代农业科技研发、农业新品种引进、示范和观光休闲于一体的综合性生态农业园区,并着力打造大唐生态园、千亩优质粮油基地、千亩花卉种植交易基地,逐步形成历史文化名镇和生态农业品牌为主的旅游产业体系,加强旅游产业与相关服务业、农业及制造业的联动作用,打造文化、休闲、农业生产三位一体的发展模式,突出文化体验、休闲度假、观光娱乐的功能,逐步建成集古镇观光、文化休闲、旅游接待服务于一体的综合型旅游区,从而形成环境与发展和谐统一的古镇发展模式。

二、常熟市沙家浜镇

(一)沙家浜镇历史经典特色资源概述

沙家浜古镇,古名"尤泾",又名"语溪",位于江苏省东南部,常熟市南部、阳澄湖畔,行政区域面积80.4平方千米。沙家浜是具有500多年历史的江南古镇,但实际建镇时间可以追溯到隋大业十一年(615),当时沙家浜镇现有区域中的法华庵筑朗城,成为最早乡民聚居地。之后，乡民东移到尤泾河及语溪的狭窄处，搭桥建屋，渐成集市，故而尤泾与语溪的名称油然而生。南宋宝祐二年（1254），属常熟县双凤乡第四十三都。明正统年间（1436-1449），属双凤乡四十三都进贤里、朗城里、莫邪里等。清雍正四年（1726）常熟、昭文两县分置后，境域仍属常熟县双凤乡。清宣统二年（1910），常熟、昭文两县共划为4市31乡，现沙家浜镇区域内的东部设东唐市，西部设横泾乡。辛亥革命后，常、昭两县合并为常熟县，仍为市、乡建置。民国十八年（1929）8月，县以下实行区乡制，以区辖乡，东唐市、横泾乡合并为第三区（横塘区），区公所设在唐市镇河西街从善堂内。民国三十八年（1949）2月，常熟县调整为6个区，沙家浜镇属唐市区。之后，1950年3月，常熟县调整为14个区，今沙家浜镇大部属唐市区，昆南乡属昆承区；1956年3月，唐市区与古苏区合并为古里区，区政府驻古里镇，辖古里、森泉、新苏、藕渠、王泽、坞丘、九里、横泾、唐市9乡镇，唐市镇为区直属镇，今沙家浜镇大部属古里区，一小部分属练塘区。1958年9月，原唐市乡成立唐市人民公社，原横泾乡成立横泾人民公社。1968年10月1日，唐市、横泾成立人民公社革命委员会。1981年，横泾人民公社更名为芦荡人民公社。1983年7月，政社分设，撤销唐市人民公社，设立唐市乡；撤销芦荡人民公社，设立芦荡乡。1986年4月，撤销唐市乡，设立唐市镇。1992年3月，撤销芦荡乡，设立沙家浜镇。2003年6月，沙家浜镇和唐市镇合并为新沙家浜镇，镇政府驻唐市镇。（如图5-1所示）

图5-1　晚霞中的沙家浜镇

古镇自明代建集市以来,商业鼎盛,历来为常熟四大镇之一,镇上四条老街行业齐全。河东街为商业中心,拥有400多米长的明代石板街,两边商铺林立。河西街为住宅区,环境清幽。米行、竹行等则分布在市河南北两侧。唐市十景之"万安晓市"就是三街两河交汇之处,形成万安桥繁荣桥双桥格局,是古镇最热闹的地方,有大型公共码头、茶楼等商业建筑汇集。古镇拥有朗城遗址、毛晋旧居遗址、文昌阁遗址、钓鲜闸遗址、市泽潭遗址、分水墩遗址等古遗址;有崇福寺、福民禅寺、东岳庙、关帝庙、灵惠庙、福民庵、三元道院、土地祠、观音庵、财帛司祠、法华庵、广福禅院、圆通庵、增福禅院.夏泽庵、闻香庵、积善庵、太尉庙等寺院古庙;还有凤基园、水东丘园、柏园、北宅园、东庄、飘香园、晚香小筑、翳特轩、松梅老圃、亦园、语溪小园、旷亭、西坡园、语溪草堂等古园林;有唐将军墓、杨子常墓、广州府通判李勋墓、余干县知县李赋墓、上蔡县令许河墓、平陆府同知陆枝墓、工部主事许汾墓、余干县令许时省墓、柏小坡墓、文苑许重熙墓、孝子方志贞墓、庶常许觳墓、检选知县赵同钧墓、刑部湖广司主事张璐墓、检选知县程国玲墓、昌华知县陶元淳墓等古墓葬群;古碑刻有增福禅院古碑、周孝子庙牒碑、唐市周孝子庙碑、公田记碑、重修藏真殿记碑、《重建崇福庵殿记》石刻、坞丘山重建大殿并完殿缘起小记碑、独建通济桥引碑、积善庵初建原流碑、改建万安桥铭碑、《石祠记略》石刻、重修广福禅院记碑、重筑分水墩记、重修东岳行宫记等;还有许多宗族旧宗祠,比如,严文靖公祠、李勋祠、谭氏世祠、杨氏世祠、苏氏世祠、殷氏双孝祠、许氏宗祠、殷氏家祠、张氏支祠、陈氏享堂、邵氏享堂、石氏宗祠、王家祠堂、何家祠堂等;另外,还有许多红色革命遗址,比如"江抗"东路司令部旧址、"江抗"后方留守处旧址、苏常反"清乡"斗争大会会址、八字桥歼敌处、湖浜村歼敌弄旧址、湖浜村擒敌处旧址、湖浜村庆功场旧址、"江抗"东唐市办事处旧址、徐青萍烈士墓、四县自卫队大会操旧址、"江抗"与新"江抗"活动旧址、新四军后方医院旧址、"江抗"修枪所旧址、新四军印报所旧址等。

由此可见,沙家浜镇人杰地灵、文化名人辈出,并且拥有着光荣的革命历史,沪剧《芦荡火种》和京剧《沙家浜》更是成为戏剧文化的精品。与此同时，古镇现存历史格局和风貌基本保持完整，空间格局独特，因水成镇，河街并行，彰显了江南水乡特色。另外，村内还设有中国版刻书籍展览馆、偶像馆、节俗馆、衣俗馆、喜俗馆、鱼米馆和娱俗馆，再现了沙家浜的历史民俗风情。

(二)沙家浜镇历史经典特色文化的价值研究

沙家浜镇历史文化价值十分厚重。相传明代正统年间，有唐将军率领族人聚居成市，遂成唐市。后来因地理位置优越，集市逐渐扩大，商贾云集，有"市之富室在前明拥资廿余万者数十家，故有金唐市之称"，遗留下了诸多具有价值的历史文化遗迹。2009年第三次全国文物普查中，沙家浜镇有古建筑23处，其中17处为清代、民国时代的民居，并有北新桥、华阳桥、钓渚渡桥3座桥梁，6处为近代革命旧址。境内有省级文物保护单体3个(北新桥、华阳桥、石板街)，市级保护单体4个(福民禅寺、殷氏故居、李雷故居、望贤楼)，市级控制建筑2座(繁荣街51号、飘香园中厅)。普查结果显示，唐市集镇的繁荣街、中心街、北新街、倪家弄4处历史街区街巷完整，古建筑集中。2008年，沙家浜镇被评为第四批中国历史文化名镇。

毛晋汲古阁刻板印刷手艺是沙家浜镇具有典型的历史文化价值的文化遗产，对研究和保护古籍，辨析古籍真伪具有重要的参考价值。明末清初刻书业兴盛，横泾毛氏出身的毛晋终身从事藏书、刻书，其汲古阁毛氏刻本数量多、影响大、流传广，在中国私家刻书史上被推为第一。毛晋(1599—1659)，身经明万历、天启、崇祯和清顺治四朝，初名凤苞，字子九，未冠时字东美，后改名为晋，字子晋，号潜在，晚号隐湖，又号汲古阁主人、阅世道人，室名绿君亭、汲古阁、目耕楼等，是中国古代最杰出的出版家和职业编辑之一。他从明代天启初年起便从事出版工作，直到清朝顺治十一年(1654)去世，经营出版事业长达30余年之久，经手编校出版的书籍数量之多，超过我国历史上任何一个独立经营的出版商，而质量之佳又足以与宋刻版媲美。时人钱谦益说："经史全书，勘雠流布，毛氏之书走天下"；夏树芳则称赞"海内悉知有毛氏书"；清代学者叶德辉说："毛氏刻书至今尚遍天下，亦可见当时刊布之多，印行之广矣……一时载籍之盛，近古未有也。"目录学家顾廷龙先生也盛赞汲古阁,认为其具有"藏书震海内,雕椠布环宇,经史百家,秘籍琳琅,有功艺林,诚非浅鲜"的特点。毛晋的汲古阁规模很大,拥有刻书板片达十万余块,其雇用工人估计应在100名以上,仅印刷工人就达20人之多。毛晋雇用工人不但给予合理的工资,同时为他们提供食宿,从而让工人更好地投入工作。汲古阁拥有完整的刻书流程,包括校、写、刻、印、装订等几个环节,刻书人员也相应地由这几个环节的人员组成。他们分工明确,各负其责,各尽其职,有利于保证刻书的质量,缩短刻书周期,降低成本,从而增强市场竞争力。另外,汲古阁刻书注重版本,精心校勘,低价出售,所刻书在当时远销各地,故而有"至滇南官长万里遣币以购毛氏书"的说法。与此同时,毛晋又把汲古阁的盈利收入,又用于买书刻书,扩大经营规模,使得汲古阁长盛不衰。这种企业家精神,使得毛晋成为明代书坊主的典型代表。①毛晋的事业始于万历四十一年(1613),至其幼子毛扆康熙末年结束,长达90多年。毛晋共刻书602种、110879页(不包括不详页数者49种、数十种佛经和部分代刻之书),总字数超过8000万字,为我国的文化事业做出重要贡献。毛晋之子毛扆克承父志,从事藏书、校书、刻书活动50多年,著有《汲古阁珍藏秘本书目》。汲古阁刻本后流落四方,有"海内争传汲古书"之说。显然,这样具有独特历史文化价值的文化遗产是沙家浜镇着重进行宣传和打造的品牌。

水乡婚俗是沙家浜镇具有江南水乡独有特色的婚俗礼节,其特点就是接新娘用迎亲船,接嫁妆用嫁妆船。与此同时,新娘上轿时新娘本人与新娘的亲娘要哭哭啼啼,寓意吉利,并代表婆家富裕。在行驶过程中,水手和摇船人以相反方向站立摇晃而掉落水中,俗称"外出跳",从而显示其高超技巧;迎亲船到新郎家河道必须来回行驶三次,俗称"摇出水";当迎亲船到达男方家门前,男方父亲必须抢在新娘上岸前到迎亲船前用两只提桶提两桶水,用于厨房中落团圆,俗称"公爹抢水落团圆",寓意全家团圆。这样的苏南水乡婚俗被列入江苏省第三批非物质文化遗产名录。

沙家浜有"山歌之乡"之称,尤以石湾村的石湾山歌为最。石湾

---

① 李伯重. 挑战与应对:明代出版业的发展[J]. 中国出版史研究,2017(3):20-21.

山歌题材十分广泛,包含社会生活的方方面面,歌词非常讲究比兴的运用,句式以四句七字韵文为基础,但又不限于七字,长短句参差又不失音乐节奏。石湾山歌曲调柔美,特别是女性所唱的情歌,轻柔婉约,分外缠绵。具有代表性的有《长工苦》、《长工歌》、《姐勒园里摘杨梅》、《亮月亮》、《十二月花名山歌》、《为啥勿替我做媒人》等。石湾山歌2016年被列入江苏省第四批省级非物质文化遗产代表性项目名录。

江南船拳是在船上打的拳术或器械。主要表演项目有对打、飞鱼叉、铁石锁等。为适应船身的晃动,习武人需桩牢身稳;船头狭窄,武者以身为轴,一般在原地转动;船拳手法似出非出,似打非打,出招敏捷,收招迅速;防御动作以手为主,双手不离上下,如门窗一样,似开非开,似闭未闭。明清时期江南船拳开始在立夏、端午、中秋等节日里亮相,有掷石锁、叠罗汉等表演内容。民国后期至中华人民共和国成立初,船拳成为重大节庆庙会活动的必备节目,中华人民共和国成立后活动逐渐减少。江南船拳2016年被列入江苏省第四批省级非物质文化遗产代表性项目名录。

(三) 沙家浜镇的保护与开发

常熟市沙家浜镇的保护和开发同样也走过曲折的道路,尤其是改革开放初期,以制作业为主的发展模式,使得沙家浜镇的产业结构失衡,同时也带来了环境污染、文化价值丧失等诸多问题。进入21世纪以后,沙家浜镇政府和百姓看到问题症结所在,于是开始转变思维,调整发展战略,立足自身文化优势,确立了以发展文化旅游特色为核心理念,提出了"游沙家浜,逛常熟城"的口号,建设具有江南水乡特色的旅游名镇,从而带动第三产业的发展,全面提升沙家浜镇的竞争力,将沙家浜与中心城区联结成更加紧密的整体。

首先,沙家浜镇坚持统筹发展理念,制定规划总体指导思想,积极处理保护和发展的统筹关系。于是,镇政府委托同济大学相关专家编制《沙家浜镇总体规划》、《沙家浜旅游度假区总体规划》、《沙家浜古镇保护与整治规划》,从旅游发展需求出发,对用地结构进行协调规划,向发展休闲农业、生态农业转变,延伸发展旅游经济产业链条。加强旅游区的整体生态景观建设,恢复芦苇荡自然生态区域,维护生态平衡,走可持续发展之路。对镇区建设用地规划的布局安排进行协调合理调整,促进集镇区域旅游、服务、休闲、文化、娱乐功能的全面提升。

其次,坚持历史人文为核心的发展理念。镇政府提出建设具有江南水性特色的文化名镇,但是在规划和开发上结合沙家浜镇的自身实际,大力发展"红色游"、"绿色游"、"特色游",积极挖掘古镇历史文化遗存,对亭林书院、华阳桥、望贤楼、李雷故居、汲古阁遗址进行保护性修缮,对飘香园、唐市石板街、横泾老街、钓渚渡桥等文保单位进行整体性修复,深入挖掘非物质文化遗产的保护,开展对传统民俗和民间技艺的调查和登记,诸如毛晋汲古阁刻板印刷手艺、石湾山歌、水乡婚俗等一大批非物质文化遗产得到保护传承。与此同时,大力发展"红色旅游"产业,深入挖掘沙家浜镇的红色资源,并对沙家浜老街、刁宅大院、春来茶馆、江南小渔村等一批红色遗迹进行修复保护。

第三,积极创新。镇政府在挖掘已有历史文化的基础上,还积极创新,斥资1500万元兴建了沙家浜江南水乡影视基地,并携手上海"一大"会址、嘉兴南湖等红色旅游景点,推出"共走红色路,同游苏浙沪"的三地联动活动,联手打造红色之旅,深入进行传统革命教育和宣传,使之成为苏州唯一的全国爱国主义教育示范基地,并被评为全国红色旅游经典景区、国家AAAA级旅游风景区。另外,镇政府提出"京剧进课堂,唱响沙家浜"特色教育,并拍摄完成《沙家浜》、《金色年华》、《三言两拍》、《茉莉花》等近百部影视剧,并在央视等全国主流媒体播映,产生了十分良好的社会效应。

第四,建立良好的服务意识和优化管理措施。沙家浜镇政府为了旅游产业能和谐、快速地发展,建立了一套运作规范、务实高效的经营管理体系,成立苏州沙家浜旅游发展有限公司,采用ISO9001和ISO14001管理标准,规范对内管理和对外服务。形成讲解员、电瓶车、船娘三支星级导游队伍;加强社会治安、医疗卫生、食品安全的管理模式,完善服务设施和安全设施,建立健全安全规章制度、医疗急救制度、突发事件应急预案。

由此可见,沙家浜镇结合实际情况,深入挖掘当地历史人文地理资源,坚持以人为本的发展思路,加强环境保护,因地制宜地发展地方特色,从而使得当地人居环境得以改善,同时又带动当地经济社会的发展,提高了综合竞争力,适应了社会主义和谐社会发展的要求。

三、苏州市吴中区东山镇陆巷村

(一)陆巷村历史经典特色资源概述

陆巷古村位于苏州太湖东山后山嵩峰山麓,距离东山镇中心12千米,面积0.74平方千米,是一座保存较为完整的明清古村落。古村得名,一说是因为村中有六条古巷;二说是由于王鏊母亲姓陆,其村因此得名。陆巷古村在南宋时期逐渐形成村落,背山面湖,依山傍水,背靠莫厘峰,面向太湖,东有寒谷山、西有箭壶,同太湖西山遥遥相望、风景秀丽。1986年被列为吴县文物保护单位。

陆巷古村拥有十分深厚的历史文化底蕴。首先,自明清以来名人辈出,首推明代太子太傅、文渊阁大学士,被唐寅称赞为"海内文章第一,山中宰相无双"的王鏊(1450—1524)。自他之后,该村学风日盛,相继走出了1位状元、11位进士、46位举人。到了现代,也走出了王大珩、王守武、王守觉等5位中国科学院院士、160多位教授,被海内外誉为"院士之村";其次,陆巷古村村落保护较为完整。其主街以花岗条石铺面,下为下水道,道路刻有上下轿马的标记,条石上雕凿着"平升三级"的传统民俗图案。古村现还保存着解元、会元、探花三作明代牌坊,并尚存20余处明代建筑,比如,惠和堂、粹和堂、怀德堂、怀古堂、宝剑堂,晚三堂、会老堂、熙春堂、世和堂、乐志堂、仁寿堂、仁远堂、顺德堂、双桂堂、景和堂、金元堂、仁和堂、维新堂等,是香山帮建筑的经典之作,也是环太湖古建筑文化的代表,被誉为"太湖第一古村落",堪称江南少有的明清天然建筑博物馆,被评为中国历史文化名村。另外,陆巷古村还遗留16口古井,3处古河浜(寒山浜、陆巷浜、蒋湾浜)、3处古渡口(寒谷渡、陆巷渡、蒋湾渡)。(如图5-2所示)

图5-2　陆巷村

(二) 陆巷村历史经典特色文化的价值研究

首先,陆巷古村的历史文化价值在于其以古建筑为主体形成的古村落风水格局,这种格局体现了中国传统文化中"天人合一"的理念,是人与自然和谐共处的典范。陆巷古村依山傍水,地势东高西低,街巷顺河道而建,村落随河道而蜿蜒,形成山、村、湖和谐统一的聚落风格,创造出十分生动的江南水乡村落景象①。

其次,陆巷古村建筑都是顺应地形而建的,具有外观简洁、厅堂素雅、雕刻精美等特点。在平面设计中,以房屋中轴线纵向为准绳,自外而内有照墙、门厅、轿厅、大厅、楼厅、界墙。大厅为主要建筑,楼厅为最高建筑,形成了内宅的核心,是典型的苏派建筑风格,具有很高的建筑美学与民俗历史价值。比如王鏊故居惠和堂就是其中代表之一。这座建筑是明代官宦宅第的典型代表,亦是群体厅堂建筑的典型,房屋的梁大多以楠木为原料,制作精湛,屋顶采用硬山重檐。西侧书楼前是细砖贴面的大型照墙,高与楼檐相齐,其上端瓦滴下抛镌刻有"九狮图",墙正中嵌有"丹凤朝阳"砖景,雕工精细,可谓明代砖雕中的佳品。整屋进深共五进,纵向轴线分三路,中轴线的屋脊尾对准大门为

①汤蕾,刘宇红,姜劲松. 新农村建设中村落空间格局传承的思考与实践——以苏州东山镇陆巷村为例[J]. 小城镇建设,2007(11):15.

"冲",如果无法回避,便以石敢当、照妖镜、八卦等物解冲。如今,陆巷古村的人们依然会在民宅门楣上挂诸如八卦、镜子、钱币等物,其目的就是用来辟邪,这些辟邪物显示了陆巷古村深厚的民俗习惯和文化,传承着独有的乡村文化。

第三,陆巷古村有六条古巷,分别是文宁巷、康庄巷、韩家巷、姜家巷、旗杆巷和固西巷,与一街(紫石街)、三港(寒山港、陆巷港和蒋湾港)形成独特的村落格局。六巷自寒谷山顺山而下,分别与一街顺序相接,与街巷中的古井形成井台空间,这些井台是人们平日汲水、淘米、洗菜的地方,也是人们平时家长里短交流的场所。古巷宽窄不一,巷道互相交错,在古代这样有利于安全防御。

第四,陆巷古村的风俗习惯虽然受到现代文化的冲击,但是村民们依然保持着耕种和渔猎的传统,并保有旧有的民俗。比如一身红衣迎新年,指的是过年时候,男女老少都要穿上红衣服,并且进行"祭猛将"活动,以求驱赶蝗虫,来年农业丰收。这样的祭祀从农历正月初一开始到元宵节结束,由族人抬出猛老爷,背着他或跑、或跳、或语之开玩笑,仪仗以杏黄大旗为引导,敲锣打鼓,绕村场游行一周,并放鞭炮。村与村之间猛将还要互访,予以互相吉祥。另外,过年期间每户人家门前都要挂上红灯笼,寓意"挂灯笼吓年兽",并且在门前倒立一个"年",正对着巷弄,寓意压邪物、吃小鬼。

第五,陆巷古村拥有着具有丰富的饮食文化历史资源,其菜肴以太湖的新鲜鱼虾为主,山上的四季花果也应时入席,再加上地方风味的家常菜,为其饮食文化增色不少。在每年的腊月十六,陆巷古村人就会赶大集办年货,并且清扫屋子以去晦气。接着,蒸馒头以祭祀天地祖先,保佑阖家平安。然后,磨米粉做年糕,寓意孩子长高并苗壮成长。以米粉为原料的年糕,放在蒸屉上,用纱布垫着,略微夯实后,夹一层豆沙,再铺米粉,最后撒上核桃仁、葡萄干、松子肉、瓜子仁、小块猪油、红枣肉、红绿丝,甚是好看。到了大年初一,每家每户都要用鱼肉来祭祀祖先,自家则要吃些甘蔗、年糕,讨个好彩头。另外,由于陆巷古村优越的地理环境和湿润的小气候,是适应种植碧螺春茶的好地方,逐渐形成了具有陆巷古村特色的茶文化。

(三) 陆巷村的保护与开发

陆巷村的保护和开发主要采取政府主导,企业和村民参与为辅的方式。陆巷古村的保护主要由苏州市政府全面统筹规划,通过苏州古村落保护和利用领导小组来对陆巷村的整体发展进行全面规划、保护、监督和管理,建立起严格有效的古村落保护体系。另外,作为陆巷古村的上一级的东山镇在2005年成立陆巷古村落保护领导小组,并且在村里设立古村落保护和利用办公室,主要负责对陆巷古村落进行日常管理。这样就逐渐形成市、镇、村三级管理机构,在保护和开发过程中起到了积极作用。尤其是政府对于道路的建设投入,有效解决了陆巷古村的可进入性问题,尤其是以陆巷村为中心,开通东山环山全线公交,并于2010年建成新环山公路,使得陆巷古村成为交通旅游的枢纽中心。

其次,通过企业形式来对陆巷古村进行开发。时间点起始于2000年,当时由东山镇与陆巷古村共同出资50万元,成立了苏州东山陆巷古村旅游发展有限公司,主要负责陆巷古村的旅游线路设计、旅游产品开发以及策划和营销,这样就能更加规范地进行经营和管理。2005年,苏州市颁布了《苏州市古村落保护办法》,鼓励社会资金参与古村落保护。2013年,由民间资本注资的苏州守溪文化旅游产品开发有限公司成立,主要负责陆巷村酒店、餐饮经营,开发农副产品,销售旅游纪念品等,使得陆巷古村的旅游模式日趋完善。

第三,村民的参与。陆巷村的主体是当地村民,只有将村民纳入管理体系中,使得当地村民形成主人翁意识,这样才能更好地保护和开发。于是,政府和企业采取入股的形式,将每年的收入分红根据村民入股股权的配比进行年终分配,并积极帮助村民通过农家乐的形式增加收入。另外,村集体还自发成立由村民组成的陆巷古村保护管理小组,保护村民的切身利益,从而从基层做到对古村落的保护。

第四,社会资金和人士的参与。陆巷古村允许具有一定资金实力的社会人士通过捐资或购买的形式,并且以政府建立的古村落保护专家咨询委员会的指导意见来参与古村建筑的修缮和保护,从而使得古村落的保护和开发趋于多元化。

显然,以上四点措施是具有积极意义的。在这样的保护和开发模式下,使得原有古村落的空间、形态、建筑、院落得以保存原貌,并且保持原有村落的巷道和水源系统以及丰富村落的公共空间,凸显江南水乡古镇特色。

四、苏州市吴中区西山镇明月湾村

(一) 明月湾村历史经典特色资源概述

明月湾古村落位于太湖金庭镇西山岛南端,该村的发展历史可追溯到唐代以前,至今有1240多年的历史[①]。该村位于吴中区西山镇石公行政村,以环境优美、历史文化遗存丰富多彩而著称。据《苏州府志》记载:相传,明月湾村在距今2500多年前的春秋时期就已形成。据说,其名是因吴王夫差和西施在此共赏明月而来,村里的村民大多为越国俘虏,并且除了种植粮食以外,还要为吴王和西施来此游憩准备好所需的食物和用品。唐代时期,明月湾村就因以白居易为代表的诗人来此游玩,并留下诗句而闻名遐迩。现文献记载中最早来到明月湾村的诗人是刘长卿,时间为唐至德二年(757)。南宋时期,因靖康之变,大量北方移民南下移民到此,成为士大夫避乱隐逸之处,并在此繁衍生息,现有的常住居民以邓、秦、黄、吴姓为多,多为当时南宋隐退贵族繁衍的后裔[②]。到了明清时期,明月湾村的村民或耕读、或商贾,一时之间成为江南富庶之地。乾隆年间,村民们修建了大批宅第、祠堂、石板街、河埠、码头等,尤其是诸多清代建筑依然保存至今。明月湾村现存古村面积约9公顷,拥有近百幢清代建筑,建筑中不乏精致典雅的砖雕和木雕,甚至还有华丽秀美的苏式彩绘。2000年金庭镇被公布为江苏省历史文化名镇,开始对明月湾古村进行有计划的保护。2005年6月,明月湾村被苏州市人民政府公布为苏州市首批控制保护古村落之一。2006年12月,明月湾村被江苏省政府公布为江苏省历史文化名

---

①孙铭璐,李明.历史文化名村的保护与开发——以苏州市明月湾古村为例[J].安徽农业科学,2016(15):179-183.
②注:吴氏为明月湾首族,人口最多。明月湾邓氏是金莲(西山)绮里邓氏的分支,是南宋北方南渡望族,源自河南南阳。南渡始祖邓肃(1091—1132),字志宏,号栟榈,因奏《论留李纲疏》而触怒高宗,被免职,渡太湖到金庭(西山)定居。

村。2007年6月,明月湾村被建设部、国家文物局公布为中国历史文化名村。(如图5-3所示)

图5-3　明月湾村

(二) 明月湾村历史经典特色文化的价值研究

明月湾村现具有历史文化价值的遗存主要是分布在村内南北两条东西走向的主要街道两旁,皆是石板街,街道呈现纵横交叉、井然有序的棋盘特点,有"明湾石板街,雨后穿绣鞋"的民谣。街道两旁多为现存的古建筑,高低错落,斑驳仓古,尤为难能可贵的就是村落遗址和村落格局并未出现很大变动,是村落建筑史上的一个奇迹。迄今保留下来的古建筑有黄家祠堂、秦家祠堂、礼和堂(原为吴家老宅)、礼耕堂(原为吴家老宅)、瞻禄堂(原吴家老宅)、瞻瑞堂(原为吴家老宅,是明月湾保存最完好的古民居之一)、五姓堂(原吴家老宅,后因产权变化,经属五姓氏,遂名五姓堂)、裕耕堂(明月湾保存最完好的古民居之一)、凝德堂(原秦家老宅)、汉三房(原秦家老宅,为秦家"汉"字辈兄弟中的老三所建,故得名"汉三房",是明月湾现存最精致、档次最高的古建筑)、敦伦堂(原姚家老宅,始建于明代,为普通农户住宅)、薛家厅(薛仁贵之后在明代所建)。除此之外,明月湾村还遗留明代古码头、古河道、民国古桥、宋代古井、千年古樟树和古银杏、明月寺,以及立于清乾隆六年(1741)的"明月湾永禁采石"碑、"明月湾修治街埠碑记"碑和立于清嘉庆元年(1796)的"明月湾湖滨众家地树木归公公议"碑。这些遗址的留存见证了明月湾村的悠悠岁月,是古村历史脉络发展的标志,是乡土信仰的实物见证,是传统和睦相处的家族血缘文化载体的传承,是村民居住和生活的真实记录,是江南水乡文明的生动再现。(如图5-4所示)

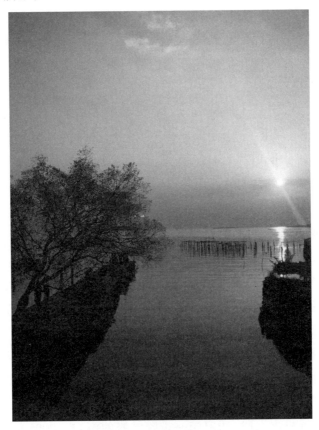

图5-4　明月湾村古码头

　　除此之外,明月湾还流传着一些美丽动人的传说,这些传说为古村落增添了一抹浪漫主义的色彩。相传,公元1769年,明月湾村爆发了特大山洪,冲毁了山脚下的民房。于是,村里几位族长召开紧急会议,动员村民开沟引水。第一天,就开沟一米深,到第二天发现沟里全是水。村民于是齐心舀干,然而到了第三天依然如此。村民们就十分困惑,不知何故。这时候,其中一位族长说金家坞上面有条潜龙岭,岭下有一水龙在作怪,必须除掉水龙才能解决当下的困境。于是,第四天,村民按这位族长的指点,舀干了水后将所有的铁铲、锄头全扎进了沟里。到了第五天清早,村民们发现沟里全是血水,似乎寓意着除掉了为害的水龙。至此,一条长1000多米、宽2~3米、深2~3米的由金家坞嘴至河滨的街下水道也就开成了,这就是明湾街形成的传说。这则传说反映了明月湾村屡遭水患,村民们用聪明才智保护了赖以生存的村落,体现了古代劳动人民的智慧。

另外,明月湾村亦是碧螺春茶的传统产地。当地还保有传统手工采制艺,该工艺手法精细,以采摘叶的初展芽叶为原料,经拣剔去杂、杀青、揉捻、搓团、炒干而制成,炒制要点"手不离茶,茶不离锅,炒中带揉,连续操作,茸毛不落,卷曲成螺"。另外,明月湾村留有传统农家菜肴烹制工艺,犹以白鱼、白虾、银鱼、螺丝、野菜、竹笋为原料制作的菜肴最佳,典型菜肴包括清蒸白鱼、酱爆螺丝、酒炝白虾、银鱼跑蛋、腌笃鲜、炒野菜等。

(三) 明月湾村的保护与开发

明月湾村在保护和开发初期并未盲目地进行建设,而是在慎重规划和听取各方意见的基础上开展的,其核心是保护和延续村落原始的布局结构和历史脉络。基于以上原则,明月湾村政府于2001年开始对村落进行整体规划,按照"修旧如旧"的原则,综合整治公共基础设施,整体修缮明清古建筑,并要求做到与古村落统一、协调,并且拆除与古村落不相协调的现代建筑,并对村口环境、路面、停车场环境进行改造。2003年底,西山镇政府成立了明月湾古村落保护和利用股份有限公司,并实行户主人股、政府统一投资维修的模式。2005年,苏州市出台《苏州市古村落保护办法》,明确了古村落的地位、保护内容和保护措施,明确了村民委员会和村民在古村落保护中的权利和义务,并对古村落的保护开发给予政策上的积极支持。2007年,西山镇政府以每月2.5元/平方米的标准向村民支付租金,让村民担任景点管理员,使得村民与古村落的利益结合在一起,最大限度地保护古村落的原有面貌,这样使得明月湾村得以可持续发展。

其次,明月湾村提高旅游服务意识,增加旅游配套设施,提升旅游服务水平。按照规划要求,配套公交和旅游专线到达景点,并投入绿色环保车辆来进行周边交通运输,从而减少私家车辆的进入,改善周边交通环境,减少尾气排放对古建筑的破坏。另外,加强对农家乐的卫生和服务的监督,对食品卫生安全采取零容忍的态度,从而保障了游客的利益。与此同时,明月湾村恢复上山古道,增设游线,增添游客的体验感,并且利用多种绿化手段,加强沿河、沿路的绿化建设,重点保护和开发特、稀、珍的植物,如千年古樟、银杏等树种,并在村落中开辟公共绿地,使之成为游客和居民的休憩场所。

第三,加强环境卫生意识。明月湾村不断加强村落的管理和清洁工作,并且对游客进行积极的宣传,从而使得居民和游客共同保护这一历史文化遗产。与此同时,明月湾加强各类卫生设施的配置,合理分布卫生间,提升生活垃圾和生活污水的处理能力,从而减少对水体和土壤的污染,保护环境,使得人与自然和谐共存。

第三节 历史经典特色村镇建设的问题与建议

虽然江苏历史经典特色村镇建设过程中取得了一些成果与经验,但是依然存在着一些未能有效解决的问题。为了使江苏历史经典特色村镇建设走上可持续发展之路,必须对其保护和开发机制进行有益的探索和创新,提出可行性建议。

一、历史经典特色村镇建设中存在的问题

(一) 历史建筑的老化与衰退

江苏历史经典特色村镇主要以历史建筑遗迹为主,是其主要支撑,然而,许多村镇的历史建筑保护速度跟不上老化和衰退的速度。因为许多明清古建筑历史久远,建筑内部老化严重,加之部分民众专业知识缺乏而导致损毁、破坏,使得保护任务十分艰巨。另外,部分民众向往明亮宽敞的居住环境与阴暗潮湿的旧有居住环境产生了深刻矛盾,这是当前政府在保护和开发中必须直面的问题,既做好古村落的保护,同时又能满足村民的居住需求。

(二) 利益矛盾的冲突

部分村落在保护和开发的过程中存在着村民与村委会、村民与旅游公司、村委会与旅游公司三方的利益矛盾。有调查显示,有部分村落的村民认为部分村委会干部为自身谋福利,并且对改变古建筑的行为置之不理;有的村民对旅游公司随意翻建古村部分旧宅,不顾与周围环境的协调统一,严重干扰了村民生活的行为产生强烈不满,认为其只顾经济利益,枉顾村落整体发展。与此同时,村委会希望保护村落遗存与旅游公司注重经济利益之间也出现重大分歧。比如,村里部分古建筑无人居住,年久失修,墙体坍塌,村委会希望旅游公司一起出资进行修缮,但旅游公司考虑到综合成本高、开发价值不高而消极应对,这对于村镇的保护与开发是具有消极作用。

(三) 历史文化资源挖掘程度不够

江苏历史经典特色村镇皆拥有深厚的历史文化资源,但是其挖掘程度不够。整体的发展模式依然停留在浅层次的旅游活动,多以观光为主,对于自身村落文化内涵的讲解较少,游客对于文化的求知和参与度较低。另外,旅游产品出现严重雷同现象,比如"大米刻字"、"扇面书法"等大行其道,让旅游者觉得了无新意。另外,还存在着对本区域特色文化素材挖掘不够、文化载体定位不清晰、特色历史文化宣传力度不够、传统文化流失等问题。

(四) 旅游服务水平有待提高

虽然许多村镇都着重提高旅游服务水平,但是在诸如休息区设定、无障碍通道建设、洗手间分布等方面依然存在一些问题。景区内的农家乐多由村民分散自主经营,厨师和服务人员皆是本村村民,服务意识和食品卫生有待提高。另外,景区内指示牌应当与时俱进,可以通过现代化网络手段让游客通过无线网络了解景点特色,并且给予线路的指引。与此同时,旅游目的地需要方便的交通网络,这种交通网络不但体现在对于自驾车游客的照顾,同时亦要加大公共交通的投入,从而使得人们能以多元化的交通形式进入景区。

二、历史经典特色村镇保护与开发的建议

(一) 整旧如故、以存其真的真实性原则

历史经典特色村镇必须强调"人是目的"的常识。传统历史文化保护的终极目标是以人为本,强调继承、保护、教育的功能,全面体现村镇建设中涵养人文精神的共同价值取向,是保护中华优秀传统文化的系统工程。这样的村镇必在建设过程中必须尊重历史、尊重传统建筑文化、尊重传统农村风俗,注重村镇特色。尤其是外形建筑,是村镇形象的重要载体,而村镇形象魅力则源于其文化生命力。江苏历史经典村镇大都集中在长江南岸,具有传统水乡风格,青砖黑瓦、坡面屋顶,充分利用水文地形,无论是临河建筑,还是地势布局,大多采用合院、敞厅、天井、通廊等形式,开敞通透,朴素自然,变化多样。所以要强调村镇建筑的文化主体意识,弘扬区域优秀传统文化特色,倡导一村镇一特色。

村镇的总体格局是指其整体形态与其所处外部环境之间的依存关系,主要包括村镇的环境特色和总体布局特征,二者关系相辅相成,如苏州市陆巷村表现出的是背山面湖,路网贯穿,依山就势,民居松散,总体形态旱弧形向心结构特征,属于典型的村镇与环境和谐依存的典范。此前,对不同类型村镇的总体格局进行分析和总结,使各地村庄规划的环境特色和布局特征得以传承,尤其是对村镇空间布局的细化,这是由于村镇空间布局是在长期社会生产、生活方式的影响下产生的,是物质化的地域文化形态要素,这种细化主要通过巷道、院落与建筑屋面之间的组合关系来进行表现,体现出一种不对称的粗糙美感,营造富有人情味的村镇格局。

(二) 城镇化与村镇现代化发展的整体性原则

江苏历史经典特色村镇的保护和开发过程中,现代化城镇发展虽然带来诸多积极性因素,但是不得不面对的是现代化对于传统的冲击,二者之间并非是和谐共处的,在某些结点上依然存着对立冲突,毕竟江苏历史经典特色村镇具有乡土性、大众性的特点。过去,有关村镇的保护更多是以精英研究视角作为出发点的,但现在更多应该从民

众的角度来观察现代化和村镇变革,用以考察历史经典特色村镇的公共空间、大众文化、下层民众与地方发展的关系。江苏村镇整治对地域文化的保护,还体现在物质环境的整治紧密结合当地居民的生产、生活方式,为其提供生产发展、生活宽裕的空间载体。在村镇空间整治过程中,充分尊重当地居民的生产、生活方式,特别是在公共设施建设、公共空间营造、院落组织和建筑设计方面充分尊重地方生产生活习惯。

历史文化是江苏历史经典特色村镇的文化载体,顽强地幸存下来并有较大发展。然而在现代化过程中,出现大同小异的村镇建设,而忽略了村镇原本的地理、历史和文化中形成的村镇外观和特点。尤其是发展旅游功能过程中,过于注重商业化开发,从而形成千篇一律的披着历史文化外观的现代景观。所以,在对江苏历史经典特色村镇的发展过程中,要明白再破旧的真古董也比崭新的假古董来得更为具有历史价值,因为这是先人留下的属于该村镇的独有乡村文化和乡村风俗。总而言之,江苏历史经典特色村镇的未来发展需要深含传统历史文化韵味的超俗不凡的历史文化遗产。

(三) 民风、民俗保留的延续性原则

江苏历史经典特色村镇要创造属于自身的文化产业品牌。根据江苏省有关指导意见的总体要求来对应历史经典特色村镇的建设来说,就是以村镇历史文化为中心,展示村镇公共空间出现的各种文化现象——传统民俗、村镇外观、大众表演、民众谋生等等,尤其作为村镇主体的下层民众的日常生活和工作是创造与传承村镇传统历史文化的基石,同时也是维护传统生活方式的表现形式之一。

江苏历来具有多样性的民风和民俗,是无形文化资源,是文化产业发展的重要支柱。所以,单纯依靠村镇本身对民风、民俗的延续性保护,显然是不够的。这就需要由政府牵头,进行文化建设专题研究,并联合省内高校,进行具有针对性的文化专题研究,并成立相关的研究机构,充分利用社会各类文化资源一起保护和延续传统村镇的民风和民俗,打造优质的江苏历史经典特色村镇的文化品牌。

(四) 文物古迹、古建筑文化信息展示的可读性原则

在保护和汲取传统历史文化精华的同时,也要运用现代先进科技面向未来创新发展新业态,诸如建设数字化博物馆、无线村镇介绍、建立微信公众号平台或互动网络平台、建立村镇博物馆,建构有形与无形的历史文化特色"智慧"村镇,从而建设既符合传统历史文化底蕴又具有时代精神、个性鲜明、功能完善的历史经典特色村镇。

尤其是数字化博物馆的建设对于江苏历史经典特色村镇来说具有十分重要的宣传价值。数字化博物馆是指传统博物馆将其长期积累的藏品及其在陈列、研究、宣传教育等领域的成果,系统地进行数字化并建立多媒体信息资料数据库,利用国际互联网将信息传播出去,使世界各地的互联网用户不受时间、空间限制,自由地使用数据库中的各种资料信息,具有成本小、宣传力度大的特点。大部分的江苏历史经典特色村镇都具有深厚的文化底蕴,可以将村镇中具有历史感的文物古迹、古建筑进行展示,并将其民俗、民风制作成短片进行循环播放,从而给观看的人们带来精神享受,吸引更多的人来参与体验,带动当地经济和文化产业的发展。此外,江苏可以建立全省联动的江苏历史经典特色村镇数字化博物馆,每个村镇是分博物馆,从而将散落在各个区域的村镇文化遗产资源整合起来,系统地进行数字化改造并建立多媒体信息资料数据库,实现省内文化信息资源的共享,向人们提供展示、学习、研究等各种服务,扩大江苏历史经典特色村镇在社会中的影响,从而取得更广泛的社会宣传效益。

(五) 村镇自身发展的区域性原则

江苏历史经典特色村镇在发展过程亦要因地制宜,凸显本村镇的地域文化,因为这是村镇发展的灵魂,是促进可持续发展的根本动力,对传承多元化的江苏乡村文化具有十分重要的意义。

首先,村镇的区域性文化是自身特色塑造的基础,只有对自身区域村镇文化有着深层次的解读,才能更为有效地进行保护、整饬和传承,才能更好地向外界展示自身村镇的文化资源、生活方式、历史遗址和精神特点,并且能凝聚本村镇的自我认同感。

其次,村镇的区域性文化是促进村镇经济发展的核心力量。当下,古村镇旅游方兴未艾,要想在众多发展模式中脱颖而出,可持续地发展经济,只有加强村镇地域文化的保护,才能提升文化竞争力,从而为经济发展提供有力的文化支撑。同时,富有特色文化的产业发展可以吸引更多游客来访、体验,从而带来直接经济效益,促进村镇经济社会的发展。

第三,村镇的区域性文化继承和保留了传统中国社会良好的乡风文明,这对于社会主义精神文明建设具有长期有利的影响。通过保护具有地域特色的村镇有形物质文化遗产和无形精神文化遗产,可以延续村镇的文脉,塑造人的精神品质,促进文明乡风的形成,符合习近平总书记强调的新农村建设要注意生态环境保护,注意乡土味道,体现农村特点,保留乡村风貌,坚持传承文化,发展有历史记忆、地域特色、民族特点的美丽城镇的要求。

第六章 江苏文化创意特色村镇

文化创意特色村镇是当前我国特色小镇建设和新农村建设的重要组成部分,承担着文化传承创新和融合发展的功能,对传承中华传统文化和促进产业转型升级具有十分重要的作用。文化创意产业与多种产业的融合性及我国文化资源的丰富性决定了文化创意特色村镇的产业主体多元性和发展形态多样性。如何打造江苏的文化创意特色村镇,需要我们立足江苏实际,充分借鉴各地经验,探索"互联网+"新模式,建设一批信息技术产业定位明确、社区环境优美、要素与资源聚合能力强大、生态历史文化传承有序的江苏文化创意特色村镇。

第一节 江苏文化创意特色村镇概述

一、文化创意特色村镇的界定

文化创意产业属于知识密集型产业,资源消耗少,综合效益好,具有较强的行业黏合性和渗透性,具有打造多种文化创意特色村镇的潜力。

由于特色村镇建设在我国正处于新兴发展阶段,所以每个地区对特色村镇分类的依据也各不相同,比较常见的是按照产业定位来进行分类。多个省份尤其是东部发达地区在其特色小镇建设文件中纷纷提出将聚焦文化创意特色小镇建设,而对文化创意特色小镇的具体表述有文化创意小镇、创意创业小镇、时尚小镇等,其中表述为"文化创意小镇"的最多。

江苏省依据产业定位的不同将特色小镇分为高端制造、新一代信息技术、创意创业、健康养老、现代农业、旅游风情、历史经典等若干类型,其中创意创业类特色小镇是其中的重要组成部分,对传承优秀中华文化和促进产业转型升级具有十分重要的作用。根据《关于培育创建江苏特色小镇的实施方案》中的界定,创意创业特色小镇,指小镇主导产业为文化创意、科技教育、电子商务等,或是服务实体企业,满足居民需求的新金融,如创业投资、私募股权投资或要素市场等,也可是创新创业人才集聚平台,例如,众创空间、创业孵化器等。

湖北省出台《关于加快特色小(城)镇规划建设的指导意见》,提出重点瞄准新一代信息技术、互联网经济、高端装备制造、新材料、节能环保、文化创意、体育健康、养老养生等产业。广东省政府表示将以特色主导产业和经典产业为重点,打造"9+n"特色小镇新形态,包括互联网+小镇、智能制造小镇、绿能科技小镇、海洋特色产业小镇、时尚小镇、工艺小镇、文化创意小镇、生命健康小镇、旅游休闲小镇。《云南省人民政府关于加快特色小镇发展的意见》中提出云南省特色小镇聚焦信息技术、生命健康、旅游休闲、文化创意、现代物流、高原特色现代农业、制造加工业等重点产业。

综上所述,文化创意特色村镇是指以文化再造和创新为主导产业的村镇类型,是拥有独特文化资源,能够提供鲜明区域特色文化产品和服务的特色村镇。其主要运用"文化+"的动力和路径有效传承传统文化、推进文化再造与创新、推动文化资源整合、促进文化产业融合,形成文化创意产业集聚。

二、江苏文化创意特色村镇的类型与分布

目前,江苏文化创意特色村镇大致分为以下几个层次。

第一个层次是国家级文化创意特色村镇,即"中国特色小(城)镇"中的文化创意特色村镇。2016年10月13日,中国特色小(城)镇建设经验交流会在杭州召开,住建部公布第一批中国特色小镇名单,共计127个,江苏有7个镇入选,其中的宜兴市丁蜀镇可以算作国家级文化创意特色村镇。2017年8月22日,住建部公布第二批中国特色小镇名单,共计276个,江苏省有15个特色小镇入选,其中的苏州市吴江区七都镇、泰州市泰兴市黄桥镇属于国家级文化创意特色村镇。总体来看,江苏省有 3 个国家级文化创意特色村镇,仅占国家级特色小镇的 13.6%,相对较少。

第二个层次是省级文化创意特色村镇。2017 年 5 月,江苏省发改委官网公布了第一批江苏省省级特色小镇创建名单,全省 13 个设区市的 25 个产业特色小镇列入首批创建名单。其中的常州的殷村职教小镇、南京的高淳国瓷小镇、无锡的太湖影视小镇、苏州的苏绣小镇、泰州的黄桥琴韵小镇、南通的海门足球小镇都属于省级文化创意特色村镇。总体来看,江苏省 25 个省级特色小镇中有 6 个属于文化创意特色村镇,所占比重为 24%,比例较高。

第三个层次是市级文化创意特色村镇。2016 年年底,南京公布了首批 22 家市级特色小镇创建名单,其中的栖霞区紫东创意小镇、溧水区南京石湫影视小镇、浦口区两岸设计小镇、南京空港会展小镇都属于市级文化创意特色村镇。2016 年 12 月,泰州市公布首批 10 个创建小镇,包括 7 个特色产业小镇和 3 个旅游风情小镇,其中的泰兴市黄桥乐器小镇属于市级文化创意特色村镇。2016 年底,镇江市确定了第一批 8 家市级特色小镇培育建设名单,其中的京口 e 创小镇属于文化创意特色村镇。2017 年 4 月,徐州市选择 21 个试点开展特色小镇示范点建设,其中的睢宁李集东方饰品小镇、淮海婚庆文化特色小镇属于市级文化创意特色村镇。2017 年 5 月,扬州市确定了第一批 20 个市级特色小镇培育建设名单,其中的宝应县曹甸教玩具小镇、邗江区甘泉爱情小镇、邗江区杨庙静脉教科小镇都属于市级文化创意特色村镇。2017 年 8 月,盐城公布了首批 14 家市级特色小镇创建名单,其中的东台市西溪影视文化小镇属于市级文化创意特色村镇。2017 年 12 月,苏州市公布了第一批 7 家市级特色小镇创建名单,其中的太仓天镜湖电竞小镇也属于市级文化创意特色村镇。总体来看,市级特色小镇中的文化创意特色村镇比重较小,全省共有 10 个地级市公布了市级特色小镇,其中 7 个地级市有市级文化创意特色村镇。其中,南京市市级文化创意特色村镇所占比重为 18.2%,扬州市所占比重为 15%,苏州市所占比重为 14.3%,镇江市所占比重为 12.5%,泰州市所占比重为 10%,徐州市所占比重为 9.5%,盐城市所占比重为 7.1%。

第四个层次是文化创意特色村落。目前江苏的文化创意特色村落的文化创意产业规模相对较小,并且缺少典型的成功案例,尚未引起广泛关注和研究,也缺少相关的统计数据。目前仅有一些处于起步阶段的文化创意特色村落,例如,以"青蛙村"著称的苏州市东山镇西巷村。

表6-1　江苏文化创意特色村镇分布

地区		中国特色小(城)镇	江苏省省级特色小镇	市级特色小镇
苏南	南京		高淳国瓷小镇	栖霞区紫东创意小镇、溧水区南京石湫影视小镇、浦口区两岸设计小镇、南京空港会展小镇
	无锡	宜兴市丁蜀镇（第一批）	太湖影视小镇	
	苏州	吴江区七都镇（第二批）	苏绣小镇	太仓天镜湖电竞小镇
	常州		殷村职教小镇	
	镇江			京口e创小镇
苏中	扬州			宝应曹甸教玩具小镇、邗江区甘泉爱情小镇、邗江区杨庙静脉教科小镇
	泰州	泰兴市黄桥镇（第二批）	黄桥琴韵小镇	泰兴市黄桥乐器小镇
	南通		海门足球小镇	
苏北	徐州			睢宁李集东方饰品小镇、淮海婚庆文化特色小镇
	连云港			
	盐城			东台市西溪影视文化小镇
	淮安			
	宿迁			

第二节 江苏文化创意特色村镇案例解析

　　江苏文化创意特色村镇的建设和发展特色显著,也存在各自的问题和不足。本节选取了苏州吴江区七都镇、苏州苏绣小镇、无锡太湖影视小镇、常州殷村职教小镇、南京高淳国瓷小镇5个案例,从村镇定位、产业特色、人居环境、文化底蕴、所获荣誉等方面进行了比较全面的解析。

一、苏州吴江区七都镇

　　七都镇隶属于苏州市吴江区,位于吴江区的西南端,紧贴太湖东南岸,坐拥23千米湖岸线。七都镇南临沪苏浙高速公路、318国道,西接苏震桃一级公路,中有230省道横贯全镇,已纳入临沪一小时经济圈。由于地处江、浙、沪两省一市交会地,古有"吴头越尾"之称。

　　苏州吴江区七都镇于2017年8月入选第二批中国特色小(城)镇,是国家水利风景区、国家卫生镇、全国环境优美乡镇、国家音乐产业基地和海峡两岸交流基地、第二批全国发展改革试点小城镇。

　　苏州吴江区七都镇以南怀瑾国学和迷笛音乐节为发展特色,定位为"太湖国学音乐小镇"。(如图6-1所示)。

图6-1　苏州吴江区七都镇

在产业特色方面,七都镇以音乐文化产业和国学教育产业为主导产业。其音乐文化产业集音乐教育、培训、创作、制作、表演、体验和后产品开发为一体,已逐渐形成规模。2014年,全国第一个户外音乐节——迷笛音乐节落户七都镇,目前已成为国内音乐节最响亮的品牌之一,乐迷遍布全国各地,每年音乐节都会吸引几十支国内外知名乐队和几万狂热的乐迷前来。2016年,蜗牛数字 COSPLAY 音乐节、太湖迷笛音乐节、VAG Family 春水会、首期 Monkey Jump、太湖迷笛电子音乐节、迷笛 & 诚品水岸音乐会等一大波音乐盛典在七都太湖迷笛营成功举办,吸引了来自国内外的数百家媒体的关注,接待来自全球的乐迷近10万人次。目前,七都迷笛音乐品牌已正式申报创建国家级音乐产业基地。七都镇规划以太湖迷笛营为中心,在周边打造集音乐教育、音乐培训、考级中心、音乐创作以及乐器制作、音乐表演、体验和后产品开发于一体的文化创意产业聚集园区,做强音乐产业链,迷笛音乐学校太湖分校正在筹划之中。

七都镇的国学教育产业正在逐步形成。七都充分挖掘国学文化资源,扛起国学大旗,近年来相继建设了老太庙文化广场、南公堤文化街区、江村市隐、时习堂等一批文化工程项目,主办了太湖国学讲坛、南怀瑾学术研究会、伟见国学讲习堂等文化活动,在海内外引起很大反响。2013年,首届太湖国学大讲坛举行,目前已经连续举办了五届,七都镇以此纪念和弘扬南怀瑾的学术精神和思想,打造太湖国学品牌。七都镇围绕国学教育产业推进区域阵地建设,通过在沿太湖设立多个国学组团,吸引更多人来七都镇修身养性、听国学讲座,力争将七都镇打造成传播国学的基地。

在人居环境方面,七都镇秉承了"苏式"建筑风格,"白墙黛瓦",整个小镇散发着浓浓的江南水乡味道。2012年起,七都镇大力实施农村环境整治,创建多个星级康居村和168个环境整洁村,首批建成开弦弓、隐读村、陆港村3个示范点村庄,其中隐读村还被评为省级"美丽村庄"示范点。2013年,七都镇列入苏州市首批美丽城镇建设示范点。七都抓住机遇,乘势推进"美丽乡村"建设,以总投入30亿元的10项重点工程为主线,一手抓环境综合整治,一手抓基础设施建设,10条老街实施沿街苏式建筑立面改造。在全力打造文化创意特色小镇的同时，七都镇加大硬件设施投入，将休闲旅游列入2017年重点建设工程，着力推进沿湖项目建设。七都镇将沿湖建设音乐、禅修、美食、体育、溇港等5处主题活动"太湖驿站"，丰富沿湖旅游设施项目；同步建设太湖七都游客服务中心，为游客提供方便、快捷的旅游服务；进一步完善太湖浦江源国家水利风景区建设，启动太湖湿地公园四期、七都避风港建设，开展湖塘路及沿线修复改造工程。

在文化底蕴方面，七都镇虽僻于吴江一隅，但自宋以来，人文鼎盛，是吴江境内唯一称"儒林里"的地方。七都镇文脉厚重，人文荟萃，是社会学和国学的汇聚之地。七都镇的一大特色是国学，2006年国学大师南怀瑾先生定居于太湖畔，在七都镇开办太湖大学堂，结庐讲学。南怀瑾先生晚年最后的珍贵时光留在了七都镇，更将多年读书修行、传道授业的遗志化为"国学种子"，深植在这片土地上。2016年，"南怀瑾学术研究会"在七都成立，中国国学研习与出版研究院也在七都镇落成。

在七都镇，社会学与国学交相辉映。民国知名学者孙本文先生是七都镇吴溇村人，著名社会学家费孝通先生也是七都镇人。80年前，费孝通先生以家乡七都镇开弦弓村为起点，写下了著名的《江村经济》。20世纪80年代，费孝通先生又以家乡为原型，提出小城镇发展的苏南模式。目前，七都镇开弦弓村建有费孝通江村纪念馆、江村历史文化陈列馆。近年来，七都镇依托其丰厚的文化底蕴，积极打造"太湖国学"、迷笛音乐节、中国社会学基地三大文化品牌，在国内产生了广泛的影响。

总体评价：七都镇"太湖国学音乐小镇"的定位明确，以音乐文化产业和国学教育产业为主导产业的产业特色鲜明；人居环境优越，具有典型的江南水乡特色，是苏州市首批美丽城镇建设示范点；历史文化底蕴丰厚，文脉厚重，是社会学和国学的汇聚之地，其传统文化与当地产业经济结合紧密。

二、苏州苏绣小镇

苏州苏绣小镇位于苏州市高新区镇湖街道，为苏州西部生态旅游度假区,规划范围西至东城路,南至湿地公园,北至东渚镇,东至纵一路,规划面积3平方千米,建设用地面积423亩,规划常住人口2万人。

苏绣小镇于2017年5月入选第一批江苏省"省级特色小镇"创建名单,同年7月入围2017中国文化旅游融合先导区试点。先后被评为"刺绣艺术之乡"、"中国刺绣基地镇"、"文化产业示范基地"、"国家级非物质文化遗产(苏绣项目)生产性保护示范基地"等。

苏州苏绣小镇定位于"苏绣创意小镇",致力于打造一个生产、生活、生态相融合的集苏绣设计、苏绣生产、苏绣展示、销售、文旅创作、体验互动、苏绣学习培训、精品民宿、体验旅游、非遗保护基地为一体的特色苏绣产业小镇。(如图6-2所示)。

图6-2 苏州苏绣小镇

在产业特色方面,苏绣小镇以苏绣产业为主导产业,以苏绣创意、生产、销售和人才的集聚为基础,产业集聚效应明显。苏绣产业人才规模庞大。苏绣小镇现有高级工艺美术师56名,其中研究员级高级工艺美术师23名,中初级职称绣娘245名,省工艺美术大师14名,省工艺美术名人8名。姚建萍、姚惠芬被文化部确定为国家级非遗(苏绣)传承人。小镇拥有8000名绣娘,还有4000多人从事刺绣设计、创作、生产、销售及与其配套的花线、装潢、运输等行业,围绕苏绣产业的从业人员占到总人口的67%以上。小镇居民家庭收入75%以上来自刺绣,刺绣经济发展壮大,从过去的"接包"加工刺绣产品转为"发包",带动了周围乡镇大批农民就业。

1998年以来,小镇建成了8000平方米的"中国刺绣艺术馆"、2.1万平方米的"苏绣艺术展示中心"和"绣品街"等刺绣文化载体,解决了镇湖苏绣的生产、展示、宣传、销售、配套服务等一系列问题,为镇湖苏绣产业化的迅速形成提供了强大基础。小镇创办了专门的刺绣研习班,每年组织20多期,让年轻人学习一些摄影、平面设计艺术,使其在创作中更有灵感;定时举办一些比赛,让更多年轻人的优秀作品被人们发现和肯定;还专门成立了文创产业发展资金和绣创中心,为一些有才华的年轻人提供一个更好的平台。

苏绣产业基础雄厚。小镇已开设绣庄400余家,相关配套的电脑辅助设计、丝线面料销售、装裱包装、运输物流等专业商店达40余家,形成了全国刺绣行业最为完整的产业链。绣品街经过多年发展,已成为全国规模最大的苏绣批零中心,昔日"家家架绣棚,人人习巧珍",已变为今日的"绣品长街贯南北,八千绣娘坐东西"的景象。

在人居环境方面,苏绣小镇规划设计坚持"非镇非区"的理念,追求生产、生活、生态"三生融合"。其中,北小镇承担"生产"片区功能,并设置文化会展、产业创新孵化等板块,对苏绣文化和技艺进行创新性传承,实现产业集聚,丰富小镇的"宜业"属性。对绣品街进行景观提升,建造一个"小镇客厅",承担展陈、科普、招商等功能。依托太湖湿地公园,南小镇将承担起"生态"片区功能。规划将立足湿地生态资源的保护性开发,为今后吸引、驻留外部导入人群提供商务、休闲、娱乐功能,实现生态与文旅的结合。

苏绣小镇规划综合公共服务平台或企业社区服务平台面积17万平方米,规划2019年按5A级景区服务功能标准完成景区服务功能建设。已建成镇湖中心小学、镇湖卫生院、自主创业服务中心等公共服务配套设施。规划建成绣创智慧社区,建设住宅约5.8万平方米,为绣创人才提供居住场所。

在历史文化底蕴方面,苏绣小镇是苏绣的发源地,有2200多年的历史。苏州是著名的蚕桑之乡,自古以来苏州刺绣就具备了"天、地、材、工"得天独厚的发展条件,苏绣作品多次作为国礼赠送外国元首以及入选国家重要活动。截至目前,已有80余件苏绣精品被作为"国礼"

赠送给国际友人,近90件镇湖苏绣精品被世界各地博物馆或名人收藏。2017年1月,习近平主席在瑞士进行国事访问时,代表中华人民共和国政府向国际奥委会赠送了中国苏绣艺术家姚建萍创作的《仕女蹴鞠图》,这幅作品将永久陈列在国际奥委会总部奥林匹克博物馆。

总体评价:苏绣小镇"苏绣创意小镇"的定位明确,以苏绣产业为主导产业,产业集聚效应明显,形成了完整的产业链;人居环境优越,生活设施完备,小镇片区功能划分合理,规划建成5A级景区和绣创智慧社区;历史文化底蕴丰厚,是苏绣的发源地,其传统文化与当地产业经济结合非常紧密。

三、无锡太湖影视小镇

无锡太湖影视小镇位于无锡市滨湖区山水城片区,规划面积2.8平方千米,建设用地面积2500亩,规划常住人口10万。

无锡太湖影视小镇于2017年5月入选第一批江苏省"省级特色小镇"创建名单,先后获评中国重要制片基地、国家科技与文化融合示范基地、国家4A级旅游景区。

无锡太湖影视小镇定位于"数字电影小镇",致力于创建国家知名影视制片基地、中国最美影视艺术创作带、中国影视科技体验城,打造极具特色的国际影视文化交流中心。规划通过3~5年建设发展,入驻影视及衍生产业企业1500家,集聚各类影视人才20000多人,年出品影视作品200~300部,年吸引游客200万~300万人次,实现影视及其相关产业年产值300~500亿元。(如图6-3所示)。

图6-3 无锡太湖影视小镇

在产业特色方面,无锡太湖影视小镇以数字电影产业为核心,结合山水资源、历史资源、文化资源、教育资源等,打造集电影拍摄、影视制作、申报发行、后期制作、技术研发、衍生品开发、电影交易、影视科技体验、金融服务、文化旅游等功能于一体的特色产业体系。

无锡太湖影视小镇依托"四位一体"的高起点发展机制,是"部省市区"四方共同支持创建的国家级现代数字电影产业基地,也是目前全省唯一的数字电影特色小镇,已形成产业集聚,具备一定技术实力和独特的产业发展潜力;区域内影视资源丰富,教育资源集中;无锡市政府出台影视产业扶持政策。

太湖影视小镇抓住未来影视数字技术关键,以科技拍摄和后期加工制作为产业核心,构建了"一园、一带、五区"战略空间格局。

"一园"指数字电影产业园。建设以电影科技拍摄为龙头,后期制作为支撑,同时集影视申报、拍摄、制作、发行等功能于一体的产业核心区。园区一期(影视拍摄制作核心区),突出电影科技拍摄,重点建设一批科技适用性强、国际化程度高的科技棚、特效棚;园区二期(影视后期加工制作配套区),突出数字影视后期加工和产业综合服务,形成更大规模、更高水平的影视文化综合区;园区三期(影视金融交易区),重点发展电影国际贸易和电影数字技术研发,实现影视产业金融资本的快速密集。

"一带"指长广溪影视创作带。建设影视创意办公空间,利用周边长广溪、雪浪山等优美的自然资源,打造特色名人工作室、导演工作坊、编剧工作坊等;建设影视文化交流展示区,打造别具一格的影视发布交流空间。

"五区"包括:产业核心区,围绕影视数字技术,建成国际知名、国内一流的数字电影产业核心基地;衍生产品体验区,利用影视产业资源,开拓产业周边资源;外景拍摄及生态融合区,打造独具特色的山水外景拍摄及生态融合区;影视创作区,依托知名影人和优质影视资源的集聚,创造百家争鸣的影视交流社区;影视生活配套区,建设影视公寓、商业街等配套设施,打造从业者生活社区。

太湖影视小镇已建成影视云技术平台、影视综合服务平台、数字电影技术研发平台,并建立了成熟完善的影视产业服务体系,拓展产业格局,发展成效和管理机制受到了业界高度认可。小镇还分别与德国巴德斯图堡制片厂、美国北卡州商会签订了战略合作协议。

无锡太湖影视小镇集聚了一批国内外知名的影视企业,快手、盛悦国际、金纪元、中青新影、鼎恒时代、仓圣影业、星安皓石等155家重点企业落户于此。出产了一批有影响的大制作影视作品,如《西游记之女儿国》、《捉妖记》、《那年花开月正圆》、《武媚娘传奇》、《长城》等一大批有影响力的作品在这里完成拍摄制作。张艺谋、姜文、范冰冰、刁亦男、刘奋斗、李路等一批知名导演、明星、编剧都在此拍戏。2016年小镇数字电影产业实现产值32亿元,税收3.8亿。

在人居环境方面,无锡太湖影视小镇生态环境优越,已获评国家4A级旅游景区。周边建有雪浪幼儿园、雪浪小学、雪浪中学、江南大学、北大无锡基地、雪浪医院等公共服务配套设施。规划依托小镇内国家电子商务示范基地以及软件信息企业集聚优势,策划打造占地400亩的智慧社区,建设互联网智慧公寓、商业街、综合服务区等功能建筑,完善生活配套设施,建成影视从业者智慧生活社区。

在文化底蕴方面,无锡太湖影视小镇汇聚了全球影视文化创意产业资源,北临江南大学,南靠太湖,西邻央视影视基地,坐拥长广溪湿地、雪浪山,拥有得天独厚的山水资源、历史悠久的古镇村落及资源独特的外景基地。作为中国民族工商业"发祥地",早在20世纪中国电影发轫之初,无锡就是国内最早的一批外景拍摄城市,拥有一定的产业和人才基础。

总体评价:太湖影视小镇"数字电影小镇"的定位明确,以数字电影产业为核心形成了特色产业体系;人居环境优越,配套设施完备,具有典型的江南水乡特色,获评国家4A级旅游景区;历史文化底蕴比较丰厚,其文化资源与当地产业经济结合非常紧密。

四、常州殷村职教小镇

殷村职教小镇位于常州市钟楼区邹区镇殷村,东起泰村村界,西至丹阳,南达武进区嘉泽镇,北邻江苏省现代农业产业园区,规划面积3.7平方千米,其中产业建设核心区约1.1平方千米,建设用地1650亩。

2017—2019年计划投资30亿元。

常州市殷村职教小镇于2017年5月入选第一批江苏省"省级特色小镇"创建名单。

殷村职教小镇定位于"职业教育小镇",是全国唯一的职教小镇,目标是为世界培养"工匠"人才。小镇将立足殷村职教联盟,建立国际先进技术苏南转移中心,营建"职教+"复合型产业体系。以职业教育为核心,发展教育装备、培训、营地、文创、生态、休闲等产业,深化多链条、高融合的产教一体化平台,创建国家现代职教示范区典范,打造生产、生态、生活融合,产、城、人、文协同发展的特色小镇,打造成为全国职教及世界职教文化交流、大国工匠培育、世界汉文化交流学习市场的职教产业高地。(如图6-4所示)。

图6-4 常州殷村职教小镇

在产业特色方面,殷村职教小镇的核心产业是职业教育产业,协同产业是文化旅游产业,两大产业相互支撑、相互融合,共同构成殷村职教特色小镇的"游+学"双特产业。

目前园区内集聚了江苏城乡建设职业学院、常州交通技师学院、常州艺术高等职业学校、常州市人民警察培训学校等四所院校,在校生近15000人。四所学校"做加法",通过师资、课程、空间的共享,四位一体又各具特色,整体规划又错位发展。

小镇将依托殷村国际职教小镇、殷村国际职业教育联盟,探索合作办学、合作育人、合作发展镇企一体办学新机制,促进专业与产业对接、课程内容与职业标准对接、教学过程与生产过程对接、学历证书与职业资格证书对接、职业教育与终身学习对接。探索职教小镇学校共融共通,集聚德、日等职教发达国家和国内不同行业、学制优势及特色,创建共同培养学生的一体化办学机制和体制,融入常州终身教育网络平台,为终身学习提供支撑。专业人才培养方案引入德、日等职教产业发达国家标准,教学内容紧跟先进技术前沿。职教小镇教学团队适应国际化人才培养要求,通过游学产业开展教育理念、人才、学生跨文化交流、互动、实践,不断拓展跨境、跨机构、校际合作领域。

小镇规划建成国际职教产业园、中国青少年游学营地、国际文创智谷、常州印象主题文化园、中国教育装备产业园、国际智慧生活区、小镇客厅、中小企业培训基地、中国幻谷主题公园。

国际职教产业园打造殷村国际职教小镇的培训、实践产业集群,引入国际先进艺术、文化、智能制造类顶尖培训机构和他们对应服务的企业,实现区域产、学、研一体化的发展格局,教学和科研在职教园区、就业在产业园。中国青少年游学营地依托殷村国际职教产业的快速发展和区域文旅产业的功能打造,建设殷村国际职教游学产业基地,包含职教文化交流中心、青年活动中心、体育场馆、游学公寓等产品。国际文创智谷通过建设"匠人聚落"和青年文创街区,吸引各行各业中的大师级工匠来到这里传承技艺和工匠精神,实现自身社会价值。同时为殷村职教特色小镇培育的青年人才提供创意、创业空间,实现人才、资金和产业发展的就地孵化功能,实现文创园的"千人千创"计划,配合国家供给侧改革战略,助力"中国制造"走向世界。常州印象主题文化园包含"国际职教文化广场"、"常州古民居博物馆"和新孟河文化景观长廊三个主要部分,分别对应展示常州"中国职教名城"风采和常州的历史、建筑、人文、景观风貌。中国教育装备产业园借势常州创建"国家现代职业教育示范区",通过举办具有国际高度的职业教育论坛,占领职教产业制高点,通过文化交流、发展研讨、创意创新、人才培养等不同课题的研究、实践,搭建中西方职教产业发展的桥梁。总体功能上分为会议论坛区、成果展示区和酒店休闲区。国际智慧生活区以大数据中心为依托,实现"互联网+城镇管理"、"互联网+城镇公共服务"、"互联网+城镇营销"、"互联网+城镇商务"、"互联网+城镇居住"、"互联网+社交互动",实现社区功能智慧化、平台化,为"游学"、"教育"、"置业"等客群提供优质的社区服务。

在人居环境方面,殷村职教小镇将按照国家绿色建筑星级标准,大量应用节水、节能、新材料、光电等新技术,采用中水回用系统、地源热泵系统、双热源热泵系统等,建设绿色建筑。以绿色建筑为基础,扩展到绿色社区、绿色基础设施、绿色产业,最终打造低碳式绿色小镇。

殷村职教小镇规划新建或复建常州民居博物馆、职教文化广场、新孟河景观廊道、职业教育发展博览馆,打造"常州印象"文化品牌,以5A级旅游景区标准打造"水墨江南、汉风吴韵"和"传统与现代交融"的文化园区。

在历史文化资源方面,殷村职教小镇有着丰富的职业教育资源,位于长江与运河交汇处的"文化中枢",是地处全国经济发展极的"职教名城"。常州作为国家"地方政府促进高等职业教育发展综合改革试点"和"江苏省职业教育创新发展实验区",从20世纪80年代末在全国首创"职教中心",到21世纪初首创高职发展的"常州模式",再到当前围绕建设"国家现代职业教育示范区"目标,已完成职教布局,在城南、城北、城东、城西建立了各具特色的职业教育园区。

总体评价:殷村职教小镇"职业教育小镇"的定位非常鲜明,是全国唯一的职教特色小镇;以职业教育产业为核心产业,文化旅游产业为协同产业;人居环境比较优越,突出低碳绿色环保特色;历史文化资源比较丰富,其传统职业教育资源与当地产业经济结合紧密。

五、南京高淳国瓷小镇

南京高淳国瓷小镇位于固城湖—游子山—桠溪慢城—花山风景区区域旅游的交界中心,规划区域面积3.3平方千米,核心区域面积1.1平方千米,规划常住人口1万人。南京高淳国瓷小镇2017年5月入选第一批江苏省"省级特色小镇"创建名单。

南京高淳国瓷小镇定位于"陶瓷创意小镇",是集陶瓷创意设计、文化艺术交流、休闲体验和旅游度假于一体的特色小镇。(如图6-5所示)。

图6-5　南京高淳国瓷小镇

在产业特色方面,南京高淳国瓷小镇以陶瓷文化创意产业为主导产业。小镇是由我国当代国宴用瓷缔造者——江苏高淳陶瓷股份有限公司为弘扬我国悠久陶瓷文化,提升产业国际竞争力,打造民族陶瓷品牌,依托当代国瓷的国际影响力,发挥园区传统文化和山水生态地域优势,通过创意、创新、创造联动发展,融合文化、科技、商贸、旅游产业联动发展,将国瓷小镇打造成为世界级的陶瓷文化创意产业基地、陶瓷文化旅游目的地和我国重要的高技术陶瓷产业基地。南京高淳国瓷小镇近年来成为国宴餐瓷的"专业户",承制了2014北京APEC国宴餐瓷、北京钓鱼台国宾馆国宴餐瓷、2015乌镇互联网峰会国宴餐瓷、2017年"一带一路"峰会领导人午宴餐瓷。

在人居环境方面,南京高淳国瓷小镇规划建成提供创业服务、商务贸易、文化展示、交往空间等综合功能的公共平台10000平方米,2019年按3A级景区服务功能标准完成景区服务功能建设。小镇规划将1个精品社区和2个美丽乡村建成智慧社区,积极应用现代信息技术、网络技术和信息集成技术,实现公共Wi-Fi和数字化管理全覆盖。

在历史文化底蕴方面,高淳国瓷小镇的历史文化资源缺少深入挖掘,存在比较明显的不足,但其国瓷品牌价值较高,需要结合传统文化充分利用。

总体评价:高淳国瓷小镇"陶瓷创意小镇"的定位明确,以陶瓷文化创意产业为主导产业;人居环境建设一般;历史文化底蕴不足,国瓷品牌影响力较大。

表6-2　江苏省典型文化创意特色村镇

村镇名称	特色定位	产业特色	人居环境	文化底蕴	荣誉
苏州吴江区七都镇	"太湖国学音乐小镇"	以音乐文化产业和国学教育产业为主导产业	秉承了"苏式"建筑风格，整个小镇散发着浓浓的江南水乡味道。	自宋以来，人文鼎盛，是吴江境内唯一称"儒林里"的地方，是社会学和国学的汇聚之地。	第二批中国特色小镇、国家水利风景区、国家卫生镇、全国环境优美乡镇、国家音乐产业基地和海峡两岸交流基地、第二批全国发展改革试点小城镇
苏州苏绣小镇	"苏绣创意小镇"	以苏绣产业为主导产业	生活设施完备，规划建成5A级景区和规划建成绣创智慧社区。	苏绣的发源地，有2200多年的历史。	第一批江苏省省级特色小镇、刺绣艺术之乡、中国刺绣基地镇、文化产业示范基地、国家级非物质文化遗产生产性保护示范基地
无锡太湖影视小镇	"数字电影小镇"	以数字电影产业为核心，打造集多功能于一体的特色产业体系	获评国家4A级旅游景区，生活设施完备，规划建成智慧生活社区。	中国民族工商业"发祥地"，国内最早的一批外景拍摄城市。	第一批江苏省省级特色小镇、中国重要制片基地、国家科技与文化融合示范基地、国家4A级旅游景区
常州殷村职教小镇	"职业教育小镇"	核心产业是职业教育产业，协同产业是文化旅游产业。	打造低碳式绿色小镇，以5A级旅游景区标准打造"水墨江南、汉风吴韵"的文化园区。	有着丰富的职业教育资源，位于长江与运河交汇处的"文化中枢"，地处"职教名城"。	第一批江苏省省级特色小镇
南京高淳国瓷小镇	"陶瓷创意小镇"	以陶瓷文化创意产业为主导产业	生活设施完备，规划建成3A级景区和智慧社区。	历史文化底蕴不足，国瓷品牌影响力较大。	第一批江苏省省级特色小镇

第三节 江苏文化创意特色村镇建设的问题与建议

总体来看,江苏文化创意特色村镇的主导产业形式多样,包括苏绣产业、职业教育产业、音乐产业、数字电影产业、陶瓷文化创意产业等,差异化明显,国家级、省级文化创意特色村镇特色定位准确,有的甚至是全国唯一的产业定位,核心产业或主导产业基础雄厚,在发展路径等方面呈现出良好发展态势,但仍然存在文化创意特色村镇类型界定不明确、竞争力和知名度相差较大、国家级和市级文化创意特色村镇数量偏少等问题。

一、江苏文化创意特色村镇发展中的问题

(一)江苏文化创意特色村镇类型界定不明确,造成了定位混乱

江苏省没有以"文化创意特色小镇"为名来界定这一类特色小镇,而是将其划入"创意创业特色小镇",而创业型的特色小镇在其主导产业方面缺少同质性,实际上不适合作为一类来进行培育。在创意创业特色小镇中有相当一部分不属于文化创意特色村镇,而在历史经典特色村镇、健康养老特色村镇中都有部分特色村镇属于文化创意特色村镇,这就造成了这些特色村镇在定位上的混乱,并给政府部门发展规划和产业管理增加了难度。

(二)文化创意特色村镇竞争力和根植性相差较大

江苏文化创意特色村镇竞争力和知名度相差较大,即使同为省级特色小镇,有的在全国范围都有竞争力和知名度,有的在省内也缺乏竞争力。通常,文化创意产业在地方发展需要具有一定的根植性。约翰逊将产业集群的根植性描述为企业与本地经济和社会、文化及政治上的联系,特色产业的根植性主要在于核心产业与当地经济、居民的认知和技能之间的联系[①]。江苏文化创意特色村镇中根植性最为突出的是苏州苏绣小镇,而南京高淳国瓷小镇、海门足球小镇则根植性

---

①陈炎兵,姚永玲. 特色小镇——中国城镇化创新之路[M]. 北京:人民出版社,2017.

较弱。

(三) 国家级和市级文化创意特色村镇数量偏少,比重偏低

理论上,江苏作为文化强省,文化创意特色村镇的数量和比重应该符合这一战略定位,但是,江苏的国家级和市级文化创意特色村镇的数量偏少,比重偏低。具体来看,江苏的国家级文化创意特色村镇有3家,所占比重偏低,为13.6%。江苏的省级文化创意特色村镇有6家,所占比重较高,为24%。江苏的市级文化创意特色村镇总体所占比重也偏低,全省共有10个地级市公布了市级特色小镇,其中有7个地级市有市级文化创意特色小镇。其中,南京市文化创意特色小镇所占比重为18.2%,扬州市所占比重为15%,苏州市所占比重为14.3%,镇江市所占比重为12.5%,泰州市所占比重为10%,徐州市所占比重为9.5%,盐城市所占比重为7.1%。

二、关于江苏文化创意特色村镇的思考

(一) 将"文化创意特色村镇"单独作为一种特殊类型加以培育引导

文化创意特色村镇是当前江苏省特色村镇建设的重要组成部分,对江苏建设文化强省、传承江苏省优秀传统文化和促进产业转型升级都具有十分重要的作用。文化创意产业可以与多种产业相融合,决定了文化创意特色村镇的具有多样性的发展形态。文化创意特色村镇的培育引导应该与江苏文化创意产业的整体发展相结合,坚持以文化创意内容生产和形成文化创意产业集群潜力作为基本原则。

(二) 创建文化创意特色村镇需要合理评估资源条件

文化创意产业是文化创意特色村镇赖以发展的基础,只有当文化创意产业在地方具有一定的根植性,并且文化资源可以转换成受市场欢迎的文化产品时,才能打造出相应的文化创意产业体系,才有机会走上文化创意特色村镇的发展道路。[1]要选择产品规模化的文化资源谋划文化创意特色村镇,规划者要充分挖掘当地具有代表性的文化资

---

[1]张晓欢. 文化创意类特色小镇建设面临的问题及对策建议[J]. 调查研究报告,2017.

源,在不破坏文化遗产的前提下,适当促进多样化文化资源的区域性集聚,将传统文化资源与现代时尚元素结合起来。当然,并不是每种文化资源都可以打造出相应的文化创意特色村镇,只有那些地理位置较好、资源独特、市场前景较好的文化资源才能打造出相应的文化创意特色村镇。

(三) 鼓励培育更多的文化创意特色村镇

江苏省委书记娄勤俭在省委十三届三次全会上所做报告中明确指出,在新的时代,我们更要坚定文化自信、打造文化标识、讲好江苏故事、建好精神家园,把文化强省建设推向新的高度。文化创意特色村镇建设是江苏文化强省建设的重要组成部分,是推动文化产业融合发展、创新发展、特色发展的具体路径。整体来看,江苏的文化创意特色村镇,特别是国家级和市级文化创意特色村镇数量偏少,比重偏小,因此各级政府应因地制宜,培育更多的文化创意特色村镇。

第七章 江苏特色村镇发展存在的问题及保护对策研究

特色村镇培育工作是推动新型城镇化和新农村建设的创新形式，是推进城乡发展一体化的重要突破口，也已成为各地经济建设的一大热点。习近平总书记对此高度重视，强调抓特色小镇、小城镇建设大有可为。目前，江苏特色村镇建设工作已经启动，了解建设中面临的问题和错误倾向，找到相应的解决对策，探索因地制宜的发展模式，将会成为江苏推进新型城镇化建设、优化产业布局的重要举措。

第一节 江苏特色村镇建设面临的问题与错误倾向

一、农村空心化问题严峻

随着现代化、工业化、城镇化进程的推进，纯农户和以农业为主的兼业户在农村生活和生产较为艰难，村民无能力也无条件延续传统农业生产，越来越多的农村青壮年劳动力以不同的方式和途径涌向城市和人口相对密集、条件更好的地方生活。农村人口迁移和劳动力流动对推动城市和非农产业部门发展起到了积极作用，但广泛且持久的人口外流导致农村人口数量下降，剩余人口年龄、性别结构改变，特别是青壮年人口比重降低。这一问题在城镇化发展水平较高的省份尤为显著。统计数据显示，1949—2013年，中国乡村人口比重由89.36%下降至46.27%，而江苏则由85.17%降至35.89%。[1]抽样调查显示，在江苏农村人口中，已迁移的人口比重达47%以上，加上外出时间超过3个月的人口，基本脱离农村和农业生产的人口已超过58%，且农村常住

①刘馨秋，王思明. 中国传统村落保护的困境与出路[J]. 中国农史，2015(4).

人口明显呈现"老龄化、妇女化、儿童化"。①

农村人力资源特别是劳动力资源的缺失,不仅导致农业生产发展缓慢甚至停滞,农村正常的生产生活难以维持,而且影响农业长期可持续发展和粮食安全。此外,农村人口空心化问题的日益严峻,对农村教育、养老、治理和文化传承等方面也形成了诸多挑战,不仅阻碍了我党在"学有所教、劳有所得、病有所医、老有所养、住有所居上持续取得新进展"的民生改善目标,而且也阻碍了农业相关产业和非农产业的发展,进而影响城乡一体化的建设进程。

二、权责不清,传统民居修缮受阻

2001年,江苏省出台了《江苏省历史文化名城名镇保护条例》,后于2010年由江苏省人民代表大会常务委员会修改并施行。但由于该《条例》只关注历史文化名城、名镇和历史文化保护区,未涉及村一级的保护措施和法律责任,导致当前一些历史经典村镇保护工作推进受阻。

通过调研得知,目前江苏历史经典类特色村镇中的部分传统建筑和民居存在不同程度的损毁。例如,杨湾村有60%～70%的老房子无人居住,损毁情况较为严重,虽然村里已经启动了房屋置换工作,但具体与哪个部门进行对接、如何执行房屋置换、置换手续如何办理等均无明确规定,只能禁止居民修缮、翻建,暂时保持村落原貌。龟山村也采取同样的措施,在有法可依、有规矩可循之前,不允许大规模的乱拆乱建,先守住村落,守住传统文化。这种做法虽然能够减少对古民居和村落的建设性破坏,但却在一定程度上加速了古建筑的自然损毁。如焦溪村的古民居即因不能及时获得妥善维护而不断坍塌破损,仅2015年6～8月期间,由台风、暴雨导致屋面、墙体倒塌、倾斜的民居达23处,对居民生活、人身安全以及村容村貌造成严重危害和影响。余西村也存在类似问题,受自然条件影响,房屋倒塌情况频发,居民迫切希望知道如何修缮老房子,但因没有明确的法律条文和具体措施可以遵循,无法确定由谁来修、如何修、资金从何而来、修完之后如何处置

①钟甫宁,向晶. 我国农村人口年龄结构的地区比较及政策涵义——基于江苏、安徽、河南、湖南和四川的调查[J]. 现代经济探讨,2013(3).

等问题,导致保护工作实施起来困难重重。

三、盲目跟风,只求数量

单就特色小镇的培育情况来看,2016年7月三部委联合发文,计划到2020年培育1000个左右特色小镇,然而据不完全统计,截至2017年3月初,各省区公布或规划的特色小镇已超过3000个。而且,各地各类特色小镇名单仍在不断增加,有些部门提出要建200个特色小镇,2000个少数民族特色村寨;有些机构提出要建1000个旅游小镇,500~600个文化小镇;有的设计机构甚至提出有设计5000个特色小镇的能力。

江苏在启动建设20个体育健康特色小镇之后,又公布了105个农业特色小镇培育名单。与此同时,市一级的特色小镇建设工作也在如火如荼地进行。2016年12月,镇江启动首批8个特色小镇建设工作;2017年2月,南京推进首批22个市级特色小镇建设工作,并力争在2020年在全市建成30个左右市级特色小镇;2017年5月,常州市计划通过3~5年,创建30个左右市级以上特色小镇;同年8月,无锡市公布第一批5个市级特色小镇名单,盐城市公布首批14家特色小镇创建名单。

特色村镇建设是我国城乡一体化的新方向,是新农村建设的新举措,其培育需要根据各地发展的实际情况和产业特色,进行精准定位和科学决策部署,而不是连规划设计都不清晰就仓促上马,只求数量却脱离实际的盲目跟风。

四、急于求成,急功近利

特色的形成需要一个长期的过程,不少历史文化名镇都有着上千年的积淀。如"四大绸都"之一的江苏吴江盛泽镇,所产"吴绫"早在唐代即成贡品,明清发展成著名"绸市","凡邑中所产,皆聚于盛泽镇","富商大贾数千里辇万金来买者,摩肩联袂如一都会焉",绫罗纱绸运销各地,以"衣被遍天下"而闻名于世[1]。又如苏州东山镇、金庭镇,早在唐代即为名茶、贡茶产区,也是中国名茶碧螺春的发祥地。据《苏州

---

① 樊树志. 清明江南丝绸业市镇的微观分析[J]. 史林,1986(3).

府志》记载："茶出吴县西山,以谷雨前为贵。唐皮(日休)、陆(龟蒙)各有茶坞诗。宋时洞庭茶尝入贡,水月院僧所制尤美,号水月茶,载《续图经记》。近时东山有一种名碧螺春最佳,俗呼吓杀人。"明清时期出产的碧螺春茶以"形美、色艳、香浓、味醇"四绝闻名海内外,位列中国十大名茶。如今,碧螺春茶产业已成为当地重要产业之一。再如无锡严家桥村,距今已有近800年的历史,是近代重要集市贸易场,也是重要蚕桑养殖地和丝市,保留着丰富的商贸遗存和浓厚的知识文化氛围,被誉为无锡民族工商业的发祥地。

特色村镇建设是一个长期培育、持续发展的过程,非短期可以打造成功。拟培育的村镇必须在历史经典、农业、工业、旅游、金融、信息或新型业态等方面具备一定的产业基础和明显的特色形态,要防止急于求成、急功近利的倾向,避免特色村镇陷入"假特色""无特色"的建设误区。

五、大包大揽,任务工程

特色村镇建设是新型城镇化发展的有益探索,本质上是依托资源禀赋和历史传统,发展地方经济。特色村镇建设的关键在于充分发挥地方居民的积极性,坚持发挥企业的主体作用,坚持市场在资源配置中的决定作用,而不仅仅是依靠政府给予的各项支持。在特色小镇的培育过程中,政府需要厘清与市场的边界,做好政务生态系统、创业创新生态系统、自然生态系统和社会生态系统的打造,同时避免为了争取政策和政绩,单方面热情高涨,将特色村镇建设变成大包大揽的任务工程。

六、模式趋同,千村一面、千镇一面

住建部明确要求,村落建设规划的一项核心内容就是控制过度开发,控制商业开发的面积和规模,不允许把一条原来有老百姓生活的街区改造成商业街,更不允许把居民全都搬出来,成为博物馆式的开发行为。但当前村镇商业开发过度,以建设或保护为由搬迁居民的现象仍然普遍存在,而且在刚刚开展的特色小镇培育工作中,已经出现了房产企业趁机进入,特色产业化变成了"地产化"的错误倾向。针对

这一问题,住建部在《关于做好第二批全国特色小镇推荐工作的通知》中明确要求,以房地产为单一产业的小镇不得推荐。

特色村镇应注重差异化发展,注重内涵和产业培育,而非借助"特色村镇"概念,利用政府在土地、投资、补贴等方面的支持,以房地产思维规划和建设大规模商业和住宅项目。发达地区城市周边区域尤其要避免借建设特色村镇之名,造房地产开发盛宴。

第二节 保护对策与建设思路

特色是区别于其他事物的品质、风格和形式,其形成需要依托村镇自身的资源禀赋状况、经济社会的物质基础以及历史文化的长期积累等条件。因此,特色村镇不能凭空打造,其培育要结合自身的生态环境、文化资源和历史传统,因地制宜、稳步推进、健康发展。

一、政府引导,政策支持

特色村镇培育工作开展以来,中央和多地政府已经出台相关支持政策。如三部委支持符合条件的特色小镇建设项目申请专项建设基金,中央财政对工作开展较好的特色小镇给予适当奖励。浙江在特色小镇新增建设用地方面,对如期完成年度规划目标任务的,按实际使用指标的50%给予配套奖励,其中信息经济、环保、高端装备制造等产业类特色小镇按60%给予配套奖励。河北省级财政用以扶持产业发展、科技创新、生态环保、公共服务平台等的专项资金,优先对接支持特色小镇建设;鼓励和引导政府投融资平台和财政出资的投资基金,加大对特色小镇基础设施和产业示范项目支持力度。陕西给予重点示范镇每年省财政支持1000万元,文化旅游名镇每年支持500万元。辽宁省研究制定配套优惠政策,整合各类涉农资金,优化财政支出结构,支持各地推进特色乡镇建设。江苏将第一批105个农业特色小镇纳入农业结构调整重点支持领域,在省级现代农业发展资金安排上予以倾斜扶持,并积极争取农业特色小镇申报农村一、二、三产业融合发展试点、现代农业产业园区等中央财政项目。

从以上政策支持来看,政府针对特色村镇建设的支持主要集中在土地要素保障和财政两个方面。除此之外,特色村镇的健康发展还需要精准的产业定位和完善的规划计划,因此政府还应在编制规划、产业培育、配套基础设施、保障资源要素、提供公共服务等方面加强引导和支持,营造良好的政策环境。

政府在履行职能方面,还应遵照《法治政府建设实施纲要(2015—2020年)》要求,牢固树立创新、协调、绿色、开放、共享的发展理念,坚持政企分开、政资分开、政事分开、政社分开,简政减权、放管结合、优化服务,政府与市场、政府与社会的关系基本理顺,政府职能切实转变,宏观调控、市场监督、社会管理、公共服务、环境保护等职责依法全面履行。

二、充分发挥市场主导作用

市场是经济发展的动力来源,在资源要素流动和集聚中起到决定性作用。特色村镇既不是行政区划单元,也不是产业园区,更不是政府包揽一切的平台,而是产业发展载体,是产业协同创新、合作共赢社区。产业的培育和创新既要符合村镇自身的发展条件,又要顺应外部经济和市场需求,仅靠政府输血是难以长久的,而市场机制和市场规律则能够激发特色村镇发展的内生动力。因此,特色村镇的培育和建设应充分发挥市场的主体作用,而政府在其中只需履行引导、管理、监督、公共服务等职能。行政推动与市场化运作相结合,激发市场活跃度,通过市场引导资源要素的流动和配置,形成村镇自身的造血功能,同时避免过度重复建设和无序竞争,从而保证产业发展和特色村镇经济发展的可持续性,也能减轻政府的财政压力。

三、因地制宜,差异化培育

特色村镇建设应坚持因地制宜,宜农则农、宜工则工、宜商则商的原则,可以尝试发挥村镇的自身优势,探索切入点,差异化培育是防止"千村一面"、"千镇一面"的有效手段。

以农业特色村镇为例。国务院办公厅印发的《关于进一步促进农产品加工业发展的意见》中提出推进农产品加工业向优势产区集中布局,明确大宗农产品主产区、特色农产品优势区的发展重点,推进建设农产品加工特色小镇。目前仅经农业部和国家质检总局全面公布的国家地理标志产品就有3000多种,这些都是发展农业产业和建设农业特色村镇的重要资源。如牡丹江渤海镇拥有世界唯一生长在火山熔岩台地上的稻米,"响水大米"自唐代以来一直是历朝贡米,中华人民共和国成立后更被指定为人民大会堂国宴用米,多次荣获"中国农业博览会金奖",被誉为"中华第一米",渤海镇也因此成为"中华第一米城"。六安独山镇盛产名茶"六安瓜片",全镇茶叶面积7万亩,瓜片年产值超过3亿元,各类专业合作组织47家,农民年人均纯收入位于全区前列。邵阳廉桥镇中药材历史悠久,自古即有"医不到廉桥不灵,药不过廉桥不香"的盛名,华佗、孙思邈、李时珍都曾到廉桥采药配方。廉桥镇利用传统产业,依托新技术,推动传统产业改造升级,发展成为重要的中药材生产基地。

江苏的特色村镇大多拥有独具特色的农产品,已公布的农业特色小镇就有105个。如东山镇、金庭镇的杨梅、枇杷等瓜果以及碧螺春茶,阳山镇的水蜜桃,盱眙的龙虾,李市村的螃蟹、河虾等水产品,广济桥社区的石港腐乳、石港硬糕、石港烤虾,余西村的葡萄、蔬菜等。通过大力打造、宣传特色农产品,不仅可以为当地居民创造直接的经济收益,而且可以提升村镇的知名度,将传统特色农产品与特色村镇建设有效结合。

再以工业特色村镇为例。江苏是我国民族工业发祥地、乡镇企业发源地,工业基础深厚,资源优势明显,已入选的国家级特色小镇大多是工业强镇。如新桥镇是全球最大的毛纺产业基地,海澜集团和江苏阳光集团位列世界毛纺十强,拥有1个世界名牌、3家境内上市公司和4个中国名牌。杭集镇以牙刷产业为主导,有"中国牙刷之都"和"中国酒店日用品之都"之称,拥有工业企业500余家,从事酒店日用品生产的个体工商户近5000户。戴南镇是中国著名的不锈钢强镇,拥有40多家企业生产不锈钢丝绳,年产量5万多吨。黄桥镇以乐器产业为主导,拥有各类乐器生产企业200多家,其中规模以上企业40多家、中等特色型企业60多家、配套加工企业20多家;并拥有乐器配件加工作坊50多家、高档提琴工作室10多家,被誉为"中国提琴产业之都"。孟河镇是全国汽摩配名镇,目前已集聚了900家汽摩配企业,2015年汽车零部件产业销售收入达172亿元。这些村镇的工业产业发展潜力巨大,特色显著,具有良好的培育基础和较强的竞争力,能够支撑特色村镇的自身发展。

四、建立考核和退出机制

为解决当前特色村镇培育和建设工作中面临的问题和错误倾向,应不断加强监督管理,建立科学的评价管理体系,实行考核和退出机制。在投资要求、特色要求、功能融合、高端要素集聚等方面设置详尽的考核标准,以及优秀、良好、合格、警告、降格、退出等明确的评价等级。对于创建不合格的特色村镇,按照警告、降格或退出的处罚标准进行严格处理。如对历史遗产保护不力的历史经典特色村镇,主管部门应向所在县、区人民政府提出警示通报,破坏情况严重并经主管部门认定不再符合要求的村镇,应退出建设名单;对规划、设计、选址不适合,或未按照既定计划执行的特色村镇,应退出建设名单;对年度考核验收不合格的特色村镇,应给予警告处分,并暂停进一步的政策、经费支持;连续两年考核不达标的特色村镇,应退出建设名单。

当然,特色村镇的培育和建设都是基于村镇自身的"特色",因此在考核方式和标准上也需要针对各自特色以及申报时的建设承诺进行区别对待,设置多重标准的科学评价指标,避免由于评价标准过于单一而导致处置不当的情况出现。

五、多方支持,融合发展

培育特色产业需要大量资金、科技、文化的支撑,应充分利用社会的多方参与和支持,推进一、二、三产业融合发展。

(一) 特色产业+产业链支撑

案例一:黄牛小镇(内蒙古舍伯吐镇)

科尔沁草原上的舍伯吐镇拥有繁荣的商贸流通网络和发达的农牧业,是远近闻名的黄牛之乡,年存栏22.8万头,年出栏育肥牛8000

头,养殖业收入占农牧民收入的30%以上。依托黄牛资源优势,舍伯吐镇确立了特色鲜明的主导产业,突出"养殖—交易—加工"三大环节,形成包括研发、育种、繁育、育肥、交易、屠宰、加工、冷链配送的完整产业链条。全镇涌现出20个养牛专业村和重点村,牲畜交易市场年交易量突破100万头,实现交易额100亿元。黄牛产业带动了地方经济的快速发展,已成为农牧民致富的重要渠道。

案例二:太湖影视小镇(江苏无锡山水城)

无锡影视产业起步较早,20世纪80年代就已成为中国首批影视外景拍摄地之一,拥有一定的产业和人才基础。太湖影视小镇位于无锡市滨湖区山水城,拥有得天独厚的自然风光和历史文化资源,2014年被评为"国家级文化和科技融合示范基地",2015年被国家广电总局列入"中国重要制片基地",吸引了400多家国内外一流影视公司、后期制作公司、名人工作室等相关企业落户,产业集聚效应明显。据统计,截至2016年年末,无锡影视产业实现产值超过38亿元,税收超过5亿元,完成影视剧立项250余部,承接影视剧拍摄制作450余部。仅2017年1~4月,太湖影视小镇就实现产值13亿元,税收1.6亿,并有快手、盛悦国际、金纪元、中青新影、鼎恒时代、仓圣影业、星安皓石等155家重点企业落户于此。以数字电影产业为核心,无锡太湖影视小镇已形成集电影拍摄、影视制作、申报发行、电影交易、金融服务、衍生品开发、文创办公、休闲度假等功能于一体的影视文化创意产业集群。

案例三:眼镜风尚小镇(江苏镇江丹阳镇)

眼镜产业是丹阳的传统特色产业,历经40多年的发展、整合,丹阳眼镜产业已形成规模化配套产业链及上下衔接的产业体系,丹阳也因此成为世界最大的镜片生产基地、亚洲最大的眼镜产品集散地和中国眼镜生产基地,被誉为"中国眼镜之乡"。据统计,丹阳拥有眼镜产业及相关配套工贸企业近2000家,注册商标3100多个,其中中国驰名商标5个、省著名商标14个,从业人员6万余人,镜架年产量1亿多副,占全国的33%,镜片年产量3亿多副,占全国的75%。2015年,丹阳市全行业销售收入约130亿元,占全国眼镜业销售的1/6。以此传统产业为基础,丹阳一方面着力于眼镜产业转型升级,做好研发设计、定制、贸易、体验、眼视康、主题会展等；一方面着力于挖掘眼镜产业价值、文化内涵、时尚元素。同时，继续整合产业链，将运河风光与时尚文化、工业遗址与城市新貌、产业品牌与城市名片进行深度叠加、融合，构建以眼镜产业为拉动，创业、旅游、文化休闲等多业协同发展的产业体系，形成一个"产业、文化、旅游、社区"相互交融的产业集群。

（二）产品产销+互联网支撑

案例一：互联网农业小镇（海南石山镇）

石山镇距海口市20多千米，火山岩地貌，耕地较少，以种植荔枝、龙眼、黑豆等农产品为主，近来开始种植石斛。由于交通条件限制，石山镇的农产品主要供应本地市场，仅部分能销到海口。2015年，石山镇开始建设互联网农业小镇试点，如今已取得显著成效。通过电商平台，10万斤荔枝可以在3分钟之内全部竞拍出去，甚至在荔枝成熟之前，销售订单就已到达农户手中；石山黑豆的价格也由供应本地市场时的6~8元/斤升高到49元/斤。畅通便捷的销售渠道取代了传统购销形式，为石山镇的农产品销售注入了新的生机和活力，也为传统农耕运作带来了新技术和新销路。

案例二：淘宝家具小镇（徐州沙集镇）

沙集是以生产和在线销售拼装家具为主要产业载体的特色村镇。该产业模式始于2006年返乡大学生利用淘宝网自发创业，后自产自销拼装家具，并获得成功，迅速推广。2010年，该产业销售规模为3亿多元，2011年超5亿元。[①]网商及销售规模的迅速增长带动了家具生产制造、物流快递、原材料加工和配件销售等产业的发展。截至2016年9月底，沙集共有物流快递公司（分公司、子公司）73家，物流快递总收入达7.1亿元；拥有网商11696户，网店15869个，实体企业1693家，皇冠、双皇冠网店超100个；相关配套产业包括摄影企业24家，电商运营服务机构3家，原材料供应商70家，五金配件厂商36家，床垫加工厂42家，纸箱厂12家，会计服务公司14家等。睢宁全县的"淘宝镇"、"淘宝村"数量更是位居全省第一，共有3个"淘宝镇"、22个"淘宝村"，全县

---

①汪向东.农村经济社会转型的新模式——以沙集电子商务为例[J].工程研究——跨学科视野中的工程,2013(6).

共有网商25276家、网店36289家,实现网络零售额113亿元。

依靠互联网电子商务以及当地政府的一系列政策支持,沙集仅仅用了不到十年的时间,就从苏北的传统空心村发展成国内网销家具第一镇,"沙集模式"也作为农村电子商务的典型模式,被不断复制、推广。

案例三:花木电商小镇(宿迁颜集镇)

颜集素有"虞姬故里,花木之乡"之称,盛产花木、板栗、银杏、林木等,尤以花木最为著名。20世纪末,颜集镇实施"花木兴镇"战略,以花木种植为主导产业,充分发挥花木生产的传统优势,全镇经济得到迅猛发展,2000年被林业部评为全国首批"中国花木之乡"。凭借繁荣的线下花木产业,颜集开始全面推进网络创业工程,打造电商致富渠道,"互联网+花木"的线上模式大获成功。目前,颜集拥有花木种植面积5万亩,花木品种2000余个,花木种植户1.2万户,花木从业人员3.6万人,花木年销售额近20亿元。2015年、2016年连续两年获评"中国淘宝镇",先后获得全国"一村一品示范镇"、江苏省"农村电子商务示范镇"、江苏省"农村信息化应用示范基地"、江苏省"农业电子商务示范镇"等13项省级以上荣誉称号;堰下、沙湾等12个村被评为"中国淘宝村";在堰下村建成了淘宝集聚区,主要以花木集散、快递物流、淘宝集聚为主。此外,颜集所属的沭阳县也凭借"互联网+花木"模式,实现"十二五"期间农民人均年收入从7986元增长至12940元,年均收入4000元以下的32.7万低收入人口全部脱贫的华丽蜕变。

(三) 生态与文化资源+乡村旅游

案例一:白族第一镇(云南喜洲镇)

喜洲镇位于大理北部,东临洱海,西枕苍山,是南诏古城之一,距今已有千年的历史。喜洲是重要的白族聚居之地,保留有自明代以来的上百院白族民居建筑群,以及丰富多彩的白族文化资源。依托苍山洱海之间的生态格局、独特的白族文化和遗产资源,注重一产与三产联动发展,拓展绿色有机农业、体验生态农业及观光农业,推动社会经济全面可持续发展。

案例二:世外桃源、太湖驿站(苏州东山镇三山村)

　　三山岛是目前太湖中唯一未与陆域直接联通并有居民生息的独岛,至今保留着湖岛的传统起居生活方式。舟楫轮渡仍是出入三山岛的唯一交通方式,岛上交通以非机动交通为主。岛上园林植被主要由自然次生林、人工经济林、农田及部分观赏植物所组成,其中次生林以润叶混交林为主。岛上居民主要种植桔、梅、枣、枇杷及茶等经济作物,其中"洞庭红"橘和"马眼枣"等较为著名。丰富的湿地资源和良好的湿地环境为湿地动物的生存繁衍提供了天然的栖息地,加上充足的食物资源,造就了三山岛湿地动物资源的丰富性和多样性。环岛湖岸带均有水生植物和湿生植物分布,河道和湖岸带区域有大量的鱼类以及大量的底栖动物、浮游动物。同时,岛上居民大多养殖有鸡鸭等家禽,也有部分农户饲养家兔。

　　三山岛的偏远闭塞虽造成交通不便,但与此同时,也保留了其幽静、秀美、原始的生态环境。独具特色的湖岛生态环境和丰富的生物多样性为三山岛发展观光农业生态旅游提供了有利条件。近年来,以"世外桃园、太湖驿站"为主题,三山岛大力发展生态旅游观光农业,每年8月举办的"太湖三山岛马眼枣采摘文化旅游节",已成为三山岛生态农业旅游的重要名片。同时,生态旅游业的发展也带动了果品的发展和销售,特别是具有地方特色的时令鲜果,备受游客欢迎。农户家的果园也成为旅游者的休闲目的地,以"农家乐"为主的农业观光旅游收入逐渐成为岛上农民的主要经济收入。目前,三山岛上的农家乐已经有110余家,占岛上住户总数的47%,用于农家乐旅游的床位多达5000个;岛上不做农家乐的居民也都在从事与旅游相关的服务行业,真正实现了农村经济增长和农民增收以及三山村的可持续发展。

　　案例三:茶旅文化小镇(宜兴张渚镇)

　　张渚产茶历史悠久,早在唐代即是阳羡贡茶的主要产区,也是唐代官办督造贡茶机构的所在地。即《江南通志》所载:"唐李栖筠守常州时,有僧献阳羡茗,陆羽以为芳香可供尚方,遂置舍岁供。"所产阳羡茶品质卓越,唐代以来一直极负盛名,有"天子未尝阳羡,茶百草不敢先开花","山实东吴秀,茶称瑞草魁"等美誉。如今的宜兴名茶"阳羡雪芽",也是在恢复阳羡芽茶制作工艺的基础上创制而成的。发展至今,张渚仍是江苏省著名商品茶生产基地,也是苏浙皖交界地区首个设立规模茶叶市场的重镇。全镇茶叶种植面积1.7万亩,是江苏省连片面积最大的茶叶基地。依托区域内优越的自然生态环境、良好的农业资源、丰富的旅游业态,通过整合茶文化、茶历史、茶产业、茶品牌等资源,张渚镇着力打造以原生态休闲游为特色的"茶旅文化小镇",并拥有苏南地区首个慢行公园——龙池山自行车公园,集自行车运动、山水风光及阳羡茶文化等特色于一体,2015年9月成功入选中国十佳茶旅路线,成为江苏省茶、游有机结合的典型案例。

(四)传统产业+科技支撑

案例一:农业科技小镇(陕西五泉镇)

五泉镇是陕西省咸阳市杨凌区实现科技与农业相结合的基地,依托杨凌现代农业示范区农科教优势,获得了大量科技、经济、政策支撑。五泉镇将现代农业发展作为镇域主导产业,按照"产学研融合、育繁推一体、种加销并重"的总体思路,强化"农科"特色,以龙头企业、家庭农场、合作社、现代农庄为引领,积极发展新技术、新品种、新模式,形成了现代农业与二、三产业交叉融合的特色产业体系。已组建专业合作社63家,登记注册家庭农场14家,建成设施大棚8000亩,经济林果和苗木基地1.3万亩,流转土地1.5万亩,实现设施农业、经济林果、苗木、养殖、食用菌五大产业全覆盖。

案例二:农科特色小镇(南京白马镇)

白马镇位于南京市溧水区东南,属典型的丘陵山区地势,山水形胜,森林覆盖率高,水质和空气质量良好,自然生态环境优越,是国家级生态镇、市级森林镇和美丽乡村示范区。该镇以生态农业为主导,是宁镇地区粮、油、林、桑、茶、果等农作物的主产区。2009年以来,白马镇以传统生态农业为基础,通过科技引领,大力发展现代农业高新技术,打造农业创新高地,2010年被科技部批准为国家农业科技园区,2012年被南京市委市政府定位为中国(南京)生物农业谷,2013年被农业部认定为"江苏省南京市溧水区白马农业产业化示范基地"。

目前,白马镇的主导产业已从传统的生态农业延伸至食品加工、生物科技、农机装备、休闲旅游等领域,集聚南京农业大学、南京林业大学、江苏省农科院等7家农业科研院校的基地和200多家农业科技企业，100多个研发课题组。投入各类研发资金累计达9.6亿元，已建立各类科技平台43个，先后共取得各类农业科技成果479项，先后引进蔬菜、瓜果、树木等新品种180多个，引进草莓高架栽培、蓝莓新品种栽培及加工技术、地源热泵温度调控等农业新技术60多项。2015年实现总产值56.47亿元，辐射带动周边相关产业形成产值100亿元以上，带动当地1万多人创业就业，当地农民人均年纯收入超过2万元。

案例三：工程电气小镇（镇江新坝镇）

新坝地处扬中市西部，是工业重镇和产业名镇，自20世纪90年代起就被誉为"苏中第一镇"，是工程电气产品、硅材料、钎焊材料、乳胶系列、磨具磨料、职业装等的全国特色产业基地。其中，工程电气产业是新坝镇的主导产业，2016年规模达到550亿元，占全镇产业规模的78.6%，占全国中低压电气产业20%的市场份额。为进一步提升电气产业核心竞争力，新坝引入科技要素支撑，与华北电力大学、中科院等共建智能电气研究院，先后设立智能微电网、继电保护、智能通信、大数据云平台、智能机器人等8家研究所，签订新坝工程电气产业集群协同创新合作协议，在园区建设研究院中试基地，为企业提供订单式研发服务，创成省级智能电气产业产学研协同创新基地，目前全区大中型工业企业和高新技术企业研发机构建有率达到100%。依托骨干和龙头企业，建成院士工作站4家，博士后工作站5家，国家级工程技术研究中心1个，拥有国家"千人计划"5人，集聚了大全集团智能电气检测平台、科技孵化中心、云计算公共服务平台、智能电气研发中心等4家公共技术检测服务平台，承担了多项省重大科技成果转化资金项目，成功打造创新发展"新高地"。

六、以人为本，宜业宜居

习近平总书记在2013年中央城镇化工作会议上指出，城镇化要让居民望得见山、看得见水，记得住乡愁。强调新型城镇化建设不仅要注重生态环境，而且要充分尊重和发展当地的生活和文化传统，满足人民的根本利益。这与特色村镇"人文气息浓厚、生态环境优美、宜业宜居宜游"的建设理念高度一致。也就是说,民生与可持续发展不仅是新型城镇化的重要内涵,同时也是特色村镇的创建目标。

宜居的生态环境是特色村镇建设的物质基础,以人为本的人文环境是特色村镇发展的精神支柱,物质基础和精神支柱又是吸引人、留住人的重要条件。因此,在特色村镇建设中,应以改善民生为根本,不断完善医疗、住房、户籍、教育等各项保障制度,为居民提供优质的公共服务,吸引当地和周边居民参与、集聚,吸引并留住产业与创新人才。

同时,通过挖掘丰富而独特的文化内涵和产业特点,营造居民的文化归属感和价值认同,培育共同记忆和乡愁。如通过历史文化遗迹和人文景观的传承与保护,塑造特色村镇的性格和精神,以适应居民精神文化层面的需求,实现生态、生活、生产"三生"融合,从而真正实现城乡一体化发展。

第三节 特色小镇未来发展问题与思考

特色村镇是新型城镇化和新农村建设的新载体,其以特色产业为基础、以"三生"融合为引领的发展理念,是实现中国特色新型城镇化持续健康发展以及实现"人的城镇化"的重要举措。江苏历史文化悠久、产业优势明显,而且村镇建设起步较早,基础扎实。同时,江苏拥有较强的综合实力,在创新驱动和转型升级战略方面潜力巨大。因此,特色村镇建设工作开展迅速,近来取得的成绩也较为显著。

但是,特色村镇是一个全新的理念,其建设尚处于起步阶段,还需要多方面的理论支持、经验借鉴和实践操作。江苏作为经济大省、文化大省,在特色村镇建设过程中,更要始终遵循创新、协调、绿色、开放、共享的理念,坚持以人为本、因地制宜、突出特色、创新机制的战略部署,充分发挥自身强项,聚焦特色优势产业,同时避免走入建设误区,及时发现并纠正建设中的错误倾向,使特色村镇建设为落实江苏"聚力创新、聚焦富民"的目标发挥切实作用。

参考文献

[1]陈炎兵,姚永玲.特色小镇——中国城镇化创新之路[M].北京:人民出版社,2017.

[2]国家文物局编著.国际文化遗产保护文件选编[M].北京:文物出版社,2007.

[3]胡霞,胡越高.全球村镇建设进展[M].北京:中国农业出版社,2015.

[4]林峰.特色小镇孵化器:特色小镇全产业链全程服务解决方案[M].北京:中国旅游出版社,2016.

[5]王宁,王炜,赵荣山,等.小城镇规划与设计[M].北京:科学出版社,2001.

[6]王思明,李明.江苏农业文化遗产调查研究[M].北京:中国农业科学技术出版社,2011.

[7]向春玲.中国特色城镇化重大理论与现实问题研究[M].北京:中共中央党校出版社,2015.

[8]徐绍史.国家新型城镇化报告2015[M].北京:中国计划出版社,2016.

[9]姚伟钧等.从文化资源到文化产业——历史文化资源的保护与开发[M].武汉:华中师范大学出版社,2012.

[10]中国城镇化促进会.中国特色小城镇发展报告2016[M].北京:人民出版社,2017.

[11]周乾松.中国历史村镇文化遗产保护利用研究[M].北京:中国建筑工业出版社,2015.